Inhalt

Den Schatten, die mich begleiten

Es ist in der Tat so:
nicht alle Menschen sind kräftig genug,
um es lange in Jerusalem auszuhalten;
selbst diejenigen, die das Klima ertragen
und nicht von Krankheiten befallen werden,
unterliegen häufig.

Selma Lagerlöf, Jerusalem

Das Buch

Schalom Ben-Chorin, in München geboren, 1935 nach Jerusalem emigriert, schildert in seinen Erinnerungen das Wachsen und Werden dieser berühmten Stadt, die ihm selbst zum Schicksal wurde. Ganz subjektiv erzählt er vom Leben und Erleben Jerusalems in fast vier Jahrzehnten. Als Schriftsteller und Journalist, als Wortführer im christlich-jüdischen Dialog und als Vorkämpfer für eine religiöse Erneuerung des Judentums begegnete er großen Dichtern, Denkern und Politikern. Lebendig und farbig schildert er in diesem Buch die Begegnungen mit Martin Buber, Thomas Mann, Max Brod, Graf Folke Bernadotte, David Ben-Gurion oder Else Lasker-Schüler; daneben vermittelt er Verständnis für die religiöse Situation des Weltjudentums, er macht vertraut mit dessen Geschichte und zeigt seine Schwierigkeiten auf. In lockerer Folge von Anekdote und Analyse, von historischer Schilderung und existentiellem Bekenntnis werden hier ganz unterschiedliche Aspekte Jerusalems sichtbar: Jerusalem als Schicksal, als Ort der Begegnung mit Menschen des Geistes und der Tat oder mit seltsamen Leuten, die Seitenwege zum Himmel suchen. Ben-Chorins Erinnerungen »fesseln durch die Kraft des Wortes und ihre Aufrichtigkeit. Seine Gedanken und Geistesblitze faszinieren wie ein brillantes Feuerwerk«. (Braunschweiger Zeitung)

Der Autor

Schalom Ben-Chorin wurde 1913 in München geboren und studierte dort Literaturgeschichte und vergleichende Religionswissenschaft. Nach mehrfachen Verhaftungen durch die Gestapo emigrierte er 1935 nach Jerusalem. Als Dichter und theologischer Denker gehört Ben-Chorin zu den maßgebenden Vorkämpfern eines besseren Verhältnisses zwischen Juden und Christen, zwischen Israelis und Deutschen. Ihm wurden viele hohe Auszeichnungen verliehen, unter anderem der Leo-Baeck-Preis (1959) und die Buber-Rosenzweig-Medaille (1982). Die Universität Stuttgart verlieh Schalom Ben-Chorin 1986 die Professorenwürde.

Schalom Ben-Chorin: Ich lebe in Jerusalem
Ein Bekenntnis zu Geschichte und Gegenwart

Deutscher
Taschenbuch
Verlag

dtv

Von Schalom Ben-Chorin
sind im Deutschen Taschenbuch Verlag erschienen:
Bruder Jesus (1253)
Paulus (1550)
Mutter Mirjam (1784)
Die Heimkehr (Kassettenausgabe der drei
oben genannten Bände; 5996)
Jugend an der Isar (10937)

Ungekürzte Ausgabe
Juli 1988
Deutscher Taschenbuch Verlag GmbH & Co. KG,
München

ISBN 3-88350-001-1
Umschlaggestaltung: Celestino Piatti
Umschlagfoto Rückseite: Schafgans, Bonn
Gesamtherstellung: C. H. Beck'sche Buchdruckerei,
Nördlingen
Printed in Germany · ISBN 3-423-10938-6

Vorwort zur Neuausgabe

Wieder geht mein Jerusalemer Lebensbericht in die Welt, zum fünften Mal, seit er ursprünglich bei Paul List in München (1972) in Leinen gebunden erschienen ist.

Ich habe den Text des Buches unverändert belassen, nur der Titel bedürfte einer Revision: ›Ich lebe *noch* in Jerusalem‹, »denn das Leben des Menschen währet siebzig Jahre, und wenn es hoch kommt, achtzig ...« (Psalm 90, 10).

Diese Zeilen schreibe ich wenige Tage vor meinem fünfundsiebzigsten Geburtstag, und so muß ich mir wohl der Befristung inne werden, die meinem Leben im irdischen Jerusalem gesetzt ist. Aber Jerusalem ist die einzige zweidimensionale Stadt der Welt. Es gibt ein irdisches und ein himmlisches Jerusalem, so daß also nur mit einem Umzug gerechnet werden muß.

Seit über einem halben Jahrhundert lebe ich in Jerusalem und gehöre nun selbst schon zu den »jüdischen Altertümern«, um mit Josephus Flavius zu sprechen. Das hat dazu geführt, daß mich viele Reisegruppen besuchen oder einladen, und ich erzähle ihnen dann von dem Stück Weltgeschichte, das ich als Zeitgenosse in Jerusalem miterlebt habe.

Vor allem aber will man im Ausland, insbesondere in der Bundesrepublik Deutschland, von mir immer und immer wieder Geschichten aus einem erlebten Jerusalem hören. Ich habe in diesem Zusammenhang von der »Aureole der Adresse« gesprochen, die den Gast aus Jerusalem umgibt.

Jerusalem, als die dreimal heilige Stadt für Juden, Christen und Muslime, wird auch als Brennpunkt des interreligiösen Gesprächs empfunden.

So hat die Gesellschaft für christlich-jüdische Zusammenarbeit in München anläßlich ihres fünfundzwanzigjährigen Bestehens das siebente Kapitel dieses Buches, ›Das ewige Gespräch‹, als Sonderdruck herausgegeben, der mir im Juli 1983 überreicht wurde. Ein besonderes Schicksal erfuhr mein Gedicht ›Das Zeichen‹, das sich im letzten Kapitel dieses Buches findet: Es wurde sozusagen ein Hit der Friedensbewegung in Deutschland. Anläßlich des Deutschen Evangelischen Kirchentages in Hannover 1983 erschien ein Liederheft ›Umkehr zum Leben‹ und dort findet sich unter Nummer 701 mein Gedicht, vertont von Fritz Baltruweit. Nicht nur auf dem Kirchentag, sondern in vielen Gemeinden und anläßlich meiner Vorträge auf einer Tournee in diesem Sommer haben mich junge Kehlen mit meinen eigenen Worten begrüßt. Ich bin dafür dankbar, daß die Worte, die ich vor über vierzig Jahren in dunkler Zeit geschrieben habe, wie der Mandelzweig selbst, wieder blühen. Als ich im Juni 1981 im Lyrik Forum des Deutschen Allgemeinen Sonntagsblattes in der »Fabrik« zu Hamburg dieses Gedicht vor hunderten Jugendlichen las, sprach ein junger Mann meine Frau an und sagte: »Wenn Verse, so voll Hoffnung, in der trübsten Kriegszeit entstehen konnten – hat sich für mich der Besuch dieses Abends gelohnt, denn aus diesen Zeilen können auch wir neue Hoffnung schöpfen.«

Das zähle ich zu meinen schönsten Erfolgen.

Als ich meiner Frau aber stolz sagte, daß ich wohl der erste jüdische Autor sei, der in ein evangelisches Gesangbuch aufgenommen wurde, meinte sie: »Der zweite, denn König David war schon vor dir«.

Nun, ich lasse mir diese Nachfolge gefallen.

Je länger ich in Jerusalem lebe, desto mehr hat ein Wort aus dem Propheten Sacharja (12, 6) für mich an Bedeutung gewonnen: »Und Jerusalem soll an seinem Platz bleiben – zu Jerusalem«. Das hört sich fast wie ein Pleonasmus an und ist doch ein Bekenntnis historischer Wahrheit, die ich selbst erlebt und erlitten habe.

Jerusalem war eine kleine Provinzstadt, als ich 1935 einwanderte. Es ist heute die Hauptstadt des Staates Israel, größer als es je gewesen. Seit über zwei Jahrzehnten, seit dem Sechstagekrieg von 1967, ist die Stadt Jerusalem, die neunzehn Jahre geteilt, zerrissen war, wieder vereinigt – und von einer neuen Zerreißprobe bedroht. Nur zögernd setzt man gegenwärtig, im Winter 1987/88, den Fuß in das Gebiet von Ost-Jerusalem, in welchem der arabische Terror und die israelischen Gegenmaßnahmen die Szene verdüstern.

Wer aber, wie der Schreiber dieser Zeilen, die Wandlungen Jerusalems durch ein halbes Jahrhundert miterlebt hat, der wird sich nicht beirren lassen und an der Losung gläubig festhalten: »Jerusalem ist erbaut als eine Stadt, in der man zusammenkommen soll.« (Psalm 122, 3). Durch alle Wandlungen hindurch blieb Jerusalem an seinem Platz zu Jerusalem – und ich in dieser Stadt, ja sogar seit Februar 1937 im selben Hause, das im Romema-Viertel am Rande der Stadt sich erhob, jetzt aber fast im Zentrum liegt.

Es erging mir wie den Freunden Däumerle und Bäumerle in der philosophischen Erzählung von Theodor Herzl. Bäumerle, der in die Zukunft vertraute, baute sein Häuschen ganz weit draußen am Rande der Stadt. Und als ihn nach Jahren sein Freund Däumerle besuchte, war die Stadt nachgefolgt und das Haus aus der Einöde stand nun in einer beginnenden Gasse.

Herzl schrieb das 1902. Ich habe es achtzig Jahre später nacherlebt.

Ob ich darüber glücklich bin? Das ist schwer zu sagen. Ich freue mich, daß Jerusalem so gewachsen ist, aber der pausenlose Auto-Verkehr in meiner einst idyllischen Gasse erfreut mich weniger. Man kann nicht alles haben: Wachstum und Stille. So will ich mich am Wachstum freuen, denn die Stille ist mir verbürgt. Ich will mich an dem pulsierenden Leben Jerusalems freuen, das auch der Prophet Sacharja vorausgesagt hat: »So spricht der Herr der Scharen: Es sollen hinfort wieder sitzen auf den Plätzen Jerusalems alte Männer und Frauen, jeder mit seinem Stock in der Hand vor hohem Alter, und die Plätze der Stadt sollen voll sein von Knaben und Mädchen, die dort spielen. So spricht der Herr der Scharen: Erscheint dies auch unmöglich in den Augen derer, die in dieser Zeit übriggeblieben sind von diesem Volk, sollte es darum auch unmöglich erscheinen in *meinen* Augen? spricht der Herr der Scharen. So spricht der Herr der Scharen: Siehe, ich will mein Volk erlösen aus dem Lande gegen Aufgang und aus dem Lande gegen Niedergang der Sonne und will sie heimbringen, daß sie in Jerusalem wohnen. Und sie sollen mein Volk sein, und ich will ihr Gott sein in Treue und Gerechtigkeit« (Sacharja 8, 4–8).

Da sitze ich nun also, als einer der alten Männer des Sacharja, mit dem Stock, wie es vorgesehen ist. Und meine Enkel spielen Fußball ... Heimgeholt hat der Herr sein Volk aus über achtzig Herkunftsländern nach Jerusalem, Er hat seine Treue bewahrt und wir sollen wieder *werden,* was mit uns gemeint ist: *sein* Volk.

Das ist nicht leicht, denn es haften uns alle Schlacken der Getto-Vergangenheit an und neue Übel sind hinzugekommen, und doch liegt der Glanz der Verheißung über diesem Rest der Bewahrten, mit dem wir beten:

Ein neues Licht erstrahle über Zion
und wir alle sollen dieses neuen Lichtes
gewürdigt werden.

Jerusalem, im Frühjahr 1988 Schalom Ben-Chorin

Vorwort
Destination Jerusalem

Im Titel dieses Buches wird ausgedrückt, daß ich in Jerusalem lebe. Aber ich bin nicht in Jerusalem geboren, und es war kein Zufall, daß ich Jerusalem als Wohnort wählte. Ich bin dem Kompaß des Herzens gefolgt, der nicht wie der magnetische Kompaß auf Norden, sondern auf Osten, Else Lasker-Schüler hätte gesagt: auf Gott-Osten, eingestellt war und blieb.

Ein Jahr, bevor die Welt von gestern unterging, am 20. Juli 1913, wurde ich im Haus zur Post, in der Zweibrückenstraße nahe dem Isartorplatz in München, als zweites Kind meiner Eltern Richard und Marie Rosenthal, geborene Schlüsselblum, geboren.

Das Haus steht noch, geschmückt mit dem langsam verblassenden Bild eines riesenhaften Postillons, der auf seinem Horn sein lautloses Lied an meiner Wiege blies. Niemand wußte damals, daß dies der Abschiedsgesang für eine versinkende Welt bürgerlicher Zivilisation war.

Die Familie meines Vaters stammte aus Laupheim bei Ulm, wo mein Großvater Abraham Rosenthal ehrenhalber das Amt eines Vorbeters in der Jüdischen Gemeinde versah. Ich habe diesen Großvater nicht mehr gekannt; er ist lange vor meiner Geburt gestorben. In Jerusalem aber sagte mir einmal ein uralter Herr, der mich in der Synagoge singen hörte, daß ihn meine Stimme an seine Kindertage erinnere, an die Art und Weise, wie ein gewisser Abraham Rosenthal, kurz Avremele genannt, zu Laupheim in Württemberg vorgebetet habe... Der Mann wußte nicht, daß es sich um meinen Großvater handelte, und mir ist wissentlich nichts von seiner Sangesweise überkommen, da im Hause meiner Eltern von jüdischem Brauchtum keine Spur verblieben war.

Die Familie meiner Mutter kam aus Landau in der Pfalz, wo mein Urgroßvater, der Schuster Löb Schlüsselblum, als der älteste Mann am Orte berühmt war. Meine Großmutter, Mathilde, aber trat zu Floß in der Oberpfalz das Kraut in der Gemeindebütte, was nur Mädchen mit besonders kräftigen Beinen vorbehalten blieb. Die stramme Schönheit vom Judenberg in Floß soll den Neid christlicher Mädchen ausgelöst haben, was bis zu Handgreiflichkeiten führte. Es war also das Sauerkraut in der Gemeindebütte, das die Judenfrage in Floß auslöste. (Nun die Motive sind verschieden, aber die Frage bleibt dieselbe, und eine gültige Antwort steht noch aus.)

Bald nach Ausbruch des ersten Weltkrieges verzogen meine Eltern aus der Großstadt München aufs Land nach Krailling, einem kleinen Dorf in der Umgebung, in welchem die Ernährungslage günstiger als in der Stadt war. Der benachbarte Wallfahrtsort St. Maria-Eich, wo ein wundertätiges Madonnenbild verehrt wurde, gehörte zu meinen ersten und tiefsten Kindheitseindrücken. Ich habe, an der Hand unseres Dienstmädchens, das auch mich betreute, katholische Frömmigkeit kennengelernt, ehe mir die Glaubenswelt des Judentums begegnete.

Zu Kriegsende wieder in die Stadt zurückgekehrt, mußte ich erst langsam urbanisiert werden, da ich mir Gehabe und Redeweise der Bauernkinder zu eigen gemacht hatte. Der Prozeß dieser Urbanisierung wurde durch Fräulein Hell gefördert, die eine Privatschule im Herzogpark unterhielt, in welcher ich das erste Schuljahr erlebte. Dann aber kam ich in unruhiger Revolutionszeit in die allgemeine St. Anna-Volksschule, wo ich mit Kindern aller Kreise, von einem Grafen Feilitzsch bis zum Sohn eines Hilfsarbeiters, zusammen unterrichtet wurde. Auch eine Anzahl jüdischer Mitschüler gab es hier, unter ihnen meinen Freund Hans Lamm, heute Abteilungsleiter an der Volkshochschule in München und Präsident der Jüdischen Gemeinde der Landeshauptstadt. In seinem Elternhause erlebte ich den ersten Seder-Abend, das erste traditionelle Passah-Mahl meiner Kindheit. Mein lieber Vater holte mich abends nach der Passah-Feier vom Hause Lamm ab und sang mit uns noch die letzten Tischlieder der hebräischen Liturgie. Ich war maßlos erstaunt, daß ihm diese Bräuche vertraut schienen, von denen mir nichts bekannt war. Ich fragte ahnungslos: »Papa, woher kennst du denn diese Lieder, warst du schon einmal bei der Familie Lamm?«

In meinem Elternhaus, ja schon im Hause meines

Großvaters Schlüsselblum aus Landau gab es bereits einen Weihnachtsbaum. Wir suchten zu Ostern bunte Eier im Garten und übten uns im Bleigießen zu Silvester. Am jüdischen Neujahrs- und Versöhnungstage aber ging mein Vater, feierlich gekleidet, das Haupt mit dem Zylinder bedeckt, zur Synagoge. Es war dies eine in sich sicher unlogische, aber häufig praktizierte Synthese von Herkunft und Gegenwart, wobei man sich über die Zukunft keine Gedanken machte.

Ich aber machte sie mir als Zehnjähriger: im Jahre 1923. Es war das Jahr des Hitler-Putsches, der im Rückblick wie eine schauerliche Ouvertüre zur Tragödie des Dritten Reiches erscheint. Die Juden Münchens schlossen zitternd Türen und Fenster, als ob sie sich an das Wort des Propheten Jesaja erinnerten: »Geh in deine Kammer, mein Volk, bis der Sturm vorüber ist.«

Ich kannte dieses Wort damals noch nicht, wie mir die Bibel als Ganzes noch unbekannt war. Aber damals brach in dem Kinde die Frage auf: Warum müssen wir uns fürchten? Und die Antwort war: Weil wir Juden sind. Aber was ist das: ein Jude? Welchen Sinn und welches Schicksal umfaßt dieser Name?

Ich hatte diesbezüglich äußerst unklare Vorstellungen. In unserer Familie ging ein Wort um, das ich wohl als Fünfjähriger gesprochen hatte. An der Hand meiner geliebten Mutter stand ich in der Volksmenge am Max-Josephs-Platz vor der Residenz, wo das Bayernvolk zum letzten Male seinem König und seiner Königin zujubelte, anläßlich der Goldenen Hochzeit der Majestäten. Ich fragte meine Mutter leise: »Ist der König auch ein Jude?« Sie verneinte lachend und fragte mich, wie ich denn auf diesen Einfall käme, worauf ich versetzte: »Alle besseren Leute sind doch Juden.«

Das zeigt eine gewisse gesellschaftliche Isolierung, die jüdischer Existenz in Deutschland anhaftete. Man verkehrte unter sich, während das Hauspersonal und die Lieferanten, für die ein besonderer Hauseingang vorgesehen war, niemals zur Jüdischen Gemeinde gehörten. Der Hausarzt hingegen war natürlich ein Jude.

Der jäh auflodernde Haß gegen die Juden, wie er sich im Unheilsjahre 1923 bereits ankündigte, schreckte uns auf. Auch in der Schule war dieser Haß zu spüren, so daß wir jüdischen Schüler uns gegen manchen Angriff tapfer zu wehren hatten. Der alte Fluch, den angeblich die jüdische Menge vor Pilatus ausgestoßen haben soll, die Kreuzigung Jesu fordernd: »Sein Blut komme über uns und unsere Kinder« verdüsterte auch meine Kindheit. Ich sehe noch die bedrohlichen Gesichter der Nachbarskinder vor mir, die mich auf der Spielwiese des Hirschangers im Englischen Garten umstanden und mich fragten: warum *wir* den Herrn und Heiland gekreuzigt hätten? Ich wußte keine Antwort darauf, ja, das Bild des Schmerzensmannes am Marterholz war mir selbst von meinen Besuchen im Wallfahrtskirchlein her tief in die Seele eingeprägt. Nie hätte ich gedacht, daß ich für die Leiden des am Kreuze Erhöhten verantwortlich gemacht würde. Und doch war es so. So trat mir das jüdische Schicksal nur in den dunklen Gestalten des Hasses und der Verstrickung entgegen, ohne daß ich den Sinn solcher Existenzen erfassen konnte.

Es gab im Hause meiner Eltern ein wenig benutztes Buch: Die Vierundzwanzig Bücher der Heiligen Schrift, übersetzt von Dr. Zunz. Irgendwie ahnte ich, daß mir aus diesem Buche Antwort auf meine Fragen gegeben würde.

Ich sollte mich darin nicht täuschen.

In diesem Buch las ich nun die Geschichte meines Volkes und seiner Begegnung mit dem Ewigen. In diesem Buche las ich auch vom Lande der Verheißung, das bereits meinem Urvater Abraham zugesprochen war, der genauso hieß wie mein Großvater, dessen Bild im Wohnzimmer hing. Der Großvater Abraham und der Erzvater Abraham verwoben sich in meiner kindlichen Phantasie zu *einer* Figur. Für mich war Abraham nicht aus Ur in Chaldäa, sondern aus Laupheim in Württemberg ausgezogen, um für seine Kinder und Enkel das Gelobte Land zu suchen.

So wurde ich eigentlich Zionist, ohne den Ausdruck zu kennen. Bald versuchte ich, die aus der Bibel gewonnenen Kenntnisse in mein eigenes Leben zu übertragen. Ich suchte und fand Anschluß an jüdische Mitschüler, in deren Familien die religiöse Tradition noch lebendig war, und schließlich führte mich der Weg innerer Logik in die zionistische Jugendbewegung »Kadima«, in der wir begannen, Hebräisch zu lernen und das Land der Juden mit der Seele zu suchen.

Man darf sich aber solch eine Entwicklung nicht gradlinig vorstellen. Gleichzeitig war in mir die Liebe zur deutschen Dichtung erwacht. Die Fixsterne am Himmel des Siebzehnjährigen waren Stefan George, Rainer Maria Rilke und der große Epiker Thomas Mann, an dessen Villa mein täglicher Schulweg einige Zeit vorüberführte. An der Universität in München hörte ich Vorlesungen über deutsche Literaturgeschichte und Theaterwissenschaft bei Professor Artur Kutscher. Meine ersten literarischen Gehversuche unternahm ich natürlich in den Fußstapfen dieser Meister, aber auch die Gestalt Matin Bubers war bereits wegweisend für mich geworden.

Es kam das Jahr 1933 und mit ihm der Zusammenbruch aller Illusionen, die sich Juden in Deutschland gemacht hatten. Wir waren plötzlich (oder vielleicht war es eben nicht plötzlich ...) die Ausgestoßenen, für die kein »Lebensraum« mehr in Deutschland blieb. Bereits am 1. April 1933, dem berüchtigten Boykottsamstag, wurde ich verhaftet und schwer mißhandelt und machte meine erste Bekanntschaft mit dem Polizeigefängnis an der Ettstraße. Es sollte nicht meine letzte sein, denn bis zu meiner Auswanderung 1935 wurde ich noch einige Male von der Gestapo verhaftet.

Meine einzige Schwester Jeanne Bachmann war schon im Jahre 1933 nach Argentinien ausgewandert, wo sie ein Onkel, Bruder meiner Mutter, aufnahm. (Meine Mutter starb 1934, den Vater hatte ich schon zehn Jahre vorher verloren, und so war ich nun praktisch allein in München zurückgeblieben.) Meine Schwester sandte mir eine Einreiseerlaubnis nach Argentinien und sogar eine Schiffskarte nach Buenos Aires. Ich aber konnte mich nicht entschließen, diese Geschenke anzunehmen, die mir doch den ersehnten Weg in die Freiheit eröffnen sollten.

Im Frühling 1934 hatte ich soeben bei einem Reisebüro gegenüber dem Café Luitpold in München die Schiffskarte, die mich ab Amsterdam zur Seefahrt nach Argentinien legitimierte, behoben. Um mich sozusagen von dem Schock zu erholen, den mir dieses Dokument mehr oder minder endgültiger Entscheidung versetzt hatte, begab ich mich in das nahegelegene Café Lenbach und saß sehr niedergeschlagen bei einer Tasse Türkischem.

Zufällig, nein: führungsmäßig, fügungsmäßig kam eine liebe Bekannte an meinem Tisch vorbei und sah mich besorgt an: »Sie machen so einen bedrückten Eindruck.« Ich gab zu, daß der Eindruck nicht trüge, daß ich tatsächlich sehr niedergeschlagen sei, da ich nach Argentien auswandern müsse und nun schon die Fahrkarte nach Buenos Aires in der Tasche hätte.

Die Bekannte (sie war keine Jüdin, sondern was man damals amtlich eine »Arierin« nannte) versuchte mich zu trösten und meinte, es sei doch das Beste für mich, jetzt wenigstens zeitweise das Land zu verlassen. (Sie wußte sehr wohl, daß ich schon mehrmals verhaftet worden war, am Rande des KZ im Polizeigefängnis in »Schutzhaft« gesessen hatte, so daß es in der Tat höchste Zeit war auszuwandern.)

Ich gab rundweg zu, daß meines Bleibens hier nicht mehr lange sein konnte, aber meine Bedenken bezogen sich auf das *Ziel* der Auswanderung. Wenn ich schon in Bayern, wo meine Familie so lange ansässig war, nicht heimisch werden durfte, wie sollte das in einem fremden Erdteil gelingen, mit dessen Sprache und Geschichte, Volk und Kultur mich nichts verband? Ich erklärte der Dame, daß die Destination meines Herzens Jerusalem sei. Dort gehörte ich hin. Dort haben meine Ahnen gelebt. Die Kultur, die auf dem steinigen Boden Jerusalems gewachsen ist, ist immerhin ein Teil von mir. Die Sprache, das Hebräische, beherrschte ich zwar noch nicht, hatte aber doch eine tiefe Liebe dazu bei ersten Studien gefaßt.

Das hörte die fremde Frau, die mir in diesem Gespräch so nahekam, still aber verständnisvoll an und schließlich sagte sie mit der Einfachheit der letzten Wahrheit: »Man soll immer auf die innere Stimme hören. Diese Stimme spricht nicht oft, aber in Ihrem Falle hat sie klar gesprochen. Folgen Sie dieser Stimme.«

Die Bestimmtheit, mit der diese Worte gesprochen

wurden, aber auch eine ganz bestimmte Formulierung gaben den Ausschlag für eine weittragende Lebensentscheidung.

Hatte die Freundin nicht gesagt: Die Stimme spricht in meinem Fall klar.

Ein schmaler Gedichtband von Karl Wolfskehl, dem jüdischen Freund und Jünger Stefan Georges hatte in diesen Schicksalstagen nachhaltigen Eindruck auf mich, und nicht nur auf mich, gemacht. Diese Sammlung von Gedichten des jüdischen Schicksals hieß: ›Die Stimme spricht‹.

Diese Reminiszenz, diese Assoziation kam hinzu: Die Stimme spricht. Wolfskehl hatte in diesen Versen unsere Situation bleibend ausgesprochen:

Immer wieder, wenn vom Wanderstaube
Müde wir geruht in anderer Laube,
Riß der Andern Faust uns auf voll Drohn:
Ihr gehört nicht her, macht euch davon!
Immer wieder.

Ich kannte Wolfskehl flüchtig, verglich ihn oft im Geiste mit Simson, wenn er, riesenhaft und fast blind, schweren Schrittes durch die Straßen Schwabings ging.

Jetzt war er bereits fort, in Florenz, später führte ihn der Weg nach Neuseeland, wo er in einsamem Exil starb. Er spürte den Ruf Zions, kündete ihn und – folgte ihm nicht. Ein sehr ähnliches Schicksal zeichnete den Weg Richard Beer-Hofmanns, der in der Dichtung Jerusalem so nahe war, das er mit dem archaischen Namen Uruschalim benannte. Aber auch er blieb in der Ferne, in New York. Selbst gewähltes Moses-Schicksal dieser Dichter? Furcht vor dem Zusammenstoß von Traum und Wirklichkeit?

Ich weiß es nicht. Ich weiß nur, daß ich nach diesem kurzen Gespräch im Café der Destination Jerusalem folgte. Ich ging in das Reisebüro zurück, gab dort der verwunderten Beamtin meine Fahrkarte und sagte: »Ich reise nicht, anullieren Sie die Buchung.«

Die Sache war mir so peinlich, daß ich mich auf kein Gespräch mehr einließ, die nötigen Formulare unterzeichnete und so schnell wie möglich das Reisebüro verließ.

Ein halbes Jahr später konnte ich dann die Reise nach Jerusalem ermöglichen, zwar nicht als legaler Einwanderer, sondern als Tourist, der schließlich im Lande verblieb, wie viele Tausende.

Martin Buber erinnerte gern an einen Ausspruch seiner Großmutter: »Einen Engel erkennt man erst, wenn er vorübergegangen ist.«

Ich bin sicher, daß die Frau, die damals im Café Lenbach das lösende Wort gesprochen hatte, ein Engel war, ein deutscher Engel, oder ein Engel, als deutsche Bekannte verkleidet.

Aus biblischen Geschichten von Jakob und Manoah wissen wir, daß die Engel ihre Namen nicht nennen. Und wenn sie sie dennoch nennen, dann löschen sie den Namen wieder aus dem Gedächtnis. So ist es mir ergangen. Ich kann den Namen der Frau nicht mehr finden. Sie war eben ein Engel und ist sicher längst wieder aus unseren irdischen Bezirken entschwebt. Sie zeigte mir den Weg nach Jerusalem.

Es war der richtige Weg, wenn er auch oft nicht leicht zu beschreiten und fortzusetzen blieb. Jerusalem liegt hoch, achthundert Meter über dem Meeresspiegel. Es ist die hochgebaute Stadt, in der es oft nicht leicht ist, sich zu behaupten. Und dennoch ist es mir nie fraglich geworden, daß hier für mich Schicksal, nicht Zufall, waltete.

Ein Gespräch in München 1934 hat mir den endgültigen Weg nach Jerusalem gewiesen. Und ein Gespräch in München, im Sommer 1971, gab die Anregung zu diesen Aufzeichnungen. Als ich Freunden in meiner Geburtsstadt immer wieder gesprächsweise von Jerusalem erzählte, drängten sie mich, diese (sehr subjektiven) Erlebnisse einem weiteren Kreis zu vermitteln, denn hier sei ein Stück Geschichte erlebt worden.

Ich erzähle gern, freilich auf meine angeborene Weise. Jakob Wassermann, der zu Beginn der zwanziger Jahre eine gleichsam synthetische autobiographische Skizze schrieb, ›Mein Weg als Deutscher und Jude‹, unterschied scharfsinnig in einem früheren Dialog zwischen dem deutschen und dem jüdischen Erzähler. Die klassischen deutschen Erzählungen sind sozusagen, so meinte Wassermann, um ihrer selbst willen erzählt worden. Der jüdische Erzähler aber wähle die Fabel nur zum Vorwand, um an ihr einen allgemeinen gültigen Zusammenhang zu demonstrieren. Wenn es nicht einen schalen Nachgeschmack hinterließe, könnte man sagen: um der Moral der Geschichte willen. Aber das heißt beileibe nicht, daß die jüdischen Geschichten immer moralisch sein müssen.

Etwas von dieser Transparenz der Fabel mag vielen Anekdoten und Zusammenhängen anhaften, die auf diesen Seiten vermittelt werden. Das große Problem, das sich mir stellte, hat der Maler Max Liebermann in einem anderen Zusammenhang so formuliert: »Zeichnen heißt Weglassen«.

Das gilt auch für das Erzählen, insbesondere bei Erinnerungen. Unser Gedächtnis ist ohnedies – zum Glück! – selektiv. Es wäre ja schrecklich, wenn man sich an alles erinnerte. Aber es muß eine Auswahl, eine richtige Auswahl aus dem Erinnerungsgut erfolgen.

Die hier vorliegenden Blätter stellen keine Autobiographie im eigentlichen Sinne dar. Ich habe mich immer und immer wieder von der Wirklichkeit Jerusalems bestimmen lassen. Weite Gebiete des persönlichen Lebens wie Ehe und Familie werden kaum berührt, das Private scheidet weitgehend aus, unwesentlich für einen weiteren Kreis. (In diesem Zusammenhang kann man viel aus dem posthumen Werk von Stefan Zweig ›Die Welt von Gestern‹ lernen, das die richtigen Proportionen und das Setzen der Akzente im richtigen Gleichgewicht zeigt.) Mir schien es wesentlich, vom Erlebnis Jerusalems aus ein Stück Zeitgeschichte subjektiv zu schildern, wie es mir erlebbar wurde. Ich bin mir dabei der Lückenhaftigkeit voll bewußt, weiß auch, daß Fehler nicht zu vermeiden waren. Ich mußte mich vorwiegend auf mein Gedächtnis verlassen, hatte kaum Aufzeichnungen oder Dokumente zur Hand.

Ich habe nicht die Ambition des Historikers. Geschichte kann man nur aus objektivierender Perspektive gewinnen, die mir hier nicht gegeben ist. »Was reif in diesen Zeilen steht«, ist selbst erlebt und erlitten und kann daher nicht mit der dozierenden Geste des Geschichtslehrers vorgetragen werden. Natürlich kann bei einem Versuch dieser Art keine Objektivität erzielt, noch nicht einmal angestrebt werden, aber der Subjektivität sind dennoch Grenzen gezogen. Ich habe mich bemüht, sie zu erkennen. Diese Grenzen sind identisch mit den Mauern Jerusalems. Der Fall wird dadurch etwas kompliziert, daß diese Mauern Jerusalems im inneren Bild für mich mit den Mauern der Stadt München verwachsen, von denen ich 1937 in einem Gedicht bemerkte:

> Aber deine Mauern ruhn in mir.
> In den Nächten baue ich dich neu,
> Durch die nieverschlossne Träume-Tür
> Darf ich dich betreten ohne Scheu.

Wer die Sphäre des Intimen in der Intimität beläßt und zum Raum objektiver Geschichtsbetrachtung keinen Zutritt hat, der verbleibt in einem Niemandsland von Zufall und Anekdote, von Reflexionen und punkthaften Erkenntnissen. In diesem Niemandsland sind meine Erinnerungen angesiedelt. Kein unpassender Raum, denn über neunzehn lange Jahre hin zog sich durch das zerrissene Jerusalem ein Niemandsland.

Wie schwer wird es, in bewegter Zeit Rückschau zu halten. Ich habe im November 1971 mit der Konzeption dieser Zeilen begonnen und sie ein halbes Jahr später beendet. Wieviel hat sich in diesem halben Jahr abgespielt, durch die drängende Aktualität des Heute jeweils die Relevanz des Gestern verstellend. Die Forderung des Tages schiebt sich vor die Bilder der Vergangenheit. Eine ferne Vergangenheit, Geschichte im nicht selbst erlebten Sinne, kann objektiviert werden, abgelöst vom Sog der Stunde zur Darstellung gedeihen. Wie schwer aber ist die eigene nur sehr begrenzt belangvolle Vergangenheit der Vergessenheit abzuringen. Es ist ein ständiges Schwimmen gegen den Strom, den ziehenden Strom der Gegenwart, der in Richtung Zukunft fließt. Wie soll man in solcher Strömung nicht mitgerissen werden und Blick und Relation bewahren?

Die Bemühung ist zum Scheitern verurteilt, aber in unserm Scheitern und gerade darin sind wir exemplarisch, so daß auch dieser gescheiterte Versuch als ein echtes Beispiel menschlichen Lebens in unserer Zeit Geltung beanspruchen darf.

Jerusalem, 1. Juni 1972 — Schalom Ben-Chorin

I

Nicht im Himmel ist sie

Von der Thora, dem Gesetz Gottes, heißt es im 5. Buch Mose: »Nicht im Himmel ist sie ...« (5. Mose 30, 12). Den Menschen ist das Wort zu irdischer Bewährung gegeben. Die Weisen des Talmud haben dieses Wort von der Irdischkeit des göttlichen Gesetzes sehr ernst genommen. Eine Legende erzählt: Einst waren die Rabbinen in ein Streitgespräch verwickelt, da ertönte eine himmlische Stimme, um das Lehrgespräch zu entscheiden. Die Disputierenden aber wiesen die transzendente Entscheidung zurück, unter Berufung auf die Thora selbst, die nicht im Himmel ist, sondern auf Erden. Und Gott soll lächelnd dazu bemerkt haben: Meine Kinder haben mich besiegt.

Etwas von dieser Irdischkeit ist auch dem jüdischen Verhältnis zu Jerusalem eigen.

Professor Ben-Sasson von der Hebräischen Universität in Jerusalem entdeckte vor einigen Jahren eine mittelalterliche provenzalische hebräische Handschrift, in welcher der unbekannte jüdische Autor vermerkt: »Auch die Christen erheben Anspruch auf Jerusalem, aber sie sprechen von einem himmlischen Jerusalem. Wir wollen es ihnen überlassen und wünschen nur in das irdische Jerusalem zurückzukehren.«

Es liegt gewiß die Ironie des Machtlosen in dieser Bemerkung des mittelalterlichen Gettojuden, der gegen das Schwert der Kreuzfahrer nur seinen spitzen Federkiel auf das Pergament setzen konnte. Aber es ist noch mehr als Ironie, denn im Hintergrund dieser sporadischen Äußerung steht eine talmudische Maxime: Gott wird das himmlische Jerusalem nicht betreten, ehe er das irdische betreten hat.

Der Gedanke des himmlischen Jerusalems ist vor allem in der jüdischen Apokalyptik gegeben, zu der ja auch die Offenbarung Johannis gehört. Sie weiß sehr wohl um ein himmlisches Jerusalem.

Aber die Apokalyptik blieb für das spätere Judentum eine Randerscheinung. Gesetz und Legende des Talmud wurden vordergründig, die Apokalyptik blieb als Teil des hellenistischen Diaspora-Judentums an der Peripherie des jüdischen Bewußtseins behaust. Der deutsche Neutestamentler Lietzmann meinte einmal mit grimmigem Humor, der Talmud habe das hellenistische Judentum erschlagen.

Aber auch im talmudischen Judentum blieb die sicher neuplatonische Konzeption des himmlischen Jerusalems erhalten. Diese Bezeichnung wird zwar nicht gewählt, man spricht nur, zurückhaltender, von einem oberen und unteren Jerusalem. In diesem oberen Jerusalem ist bereits der dritte Tempel fix und fertig. Wie sehr diese Vorstellung noch in den Köpfen orthodoxer Rabbiner lebt, ging aus einer Rede hervor, die der orientalische Oberrabbiner Jizchak Nissim im Sommer 1967, nach dem Sechstagekrieg, der zur Wiedervereinigung Jerusalems geführt hat, hielt. Im Schatten des Tempelberges, am improvisierten Sitz des geistlichen Obergerichtes (in einem arabischen Schulhaus) sagte der Oberrabbiner: Alles, was von Menschenhand geschehen kann, ist nun geschehen. Wir stehen am Tische des Herrn (gemeint war der Brandopferaltar), aber wir können nicht hinzutreten. Wir haben aber eine Überlieferung von unseren Meistern. Sie lehrt uns, daß der dritte Tempel nicht von Menschenhand erbaut wird, sondern aus dem Himmel herniederschwebt.

Auch wenn man mythologische Vorstellungen dieser Art nicht zu teilen vermag, wirkte diese Erklärung des Oberrabbiners eigentlich beruhigend. So aktiv der heutige Israeli ist, der sein Schicksal in die eigene Hand nehmen will, nicht mehr als Objekt anderer Mächte sein Dasein zu fristen gedenkt, vor der Majestät des Tempels endet seine Aktivität.

Man betet weiter an der Westmauer des Tempels, die christliche Reisende *Klagemauer* genannt haben. Freilich wurde diese Mauer, die eingepfercht zwischen arabischen Wohnhäusern und profanem Mauerwerk aller Art durch die Jahrhunderte verschattet war, freigelegt. Weitere Partien des antiken Bauwerkes wurden sichtbar. Jerusalems größter Bauherr König Herodes erlebte nach fast zwei Jahrtausenden ein ungeahntes Comeback.

Die Klagemauer wurde zur Freudenmauer, an der getanzt und gefeiert, geheiratet und konfirmiert wird – und zur Protestmauer, in deren Schatten Resolutionen gegen die Unterdrückung der Juden in der Sowjetunion und die Verfolgung der Juden in arabischen Ländern gefaßt werden.

Aber man bleibt an der Mauer, über der sich der Tempelberg erhebt.

Der weite Platz vor der Tempelmauer, erst jetzt, nach dem Sieg von 1967 freigelegt, wurde in typischer Selbstironie von deutschen Juden »Tempelhofer Feld« genannt.

Noch im Witz ein tiefer Ernst. Man bleibt im Tempelhof, betritt den Tempelplatz nicht oder sollte ihn nicht betreten. Schilder des Rabbinats, in hebräischer und englischer Sprache, warnen vor dem Betreten des Tempelplatzes. Es ist heiliger Boden, auf dem das Allerheiligste stand. Heute erheben sich hier der Felsendom, der sich mit goldener Kuppel über dem riesigen Stein – Moria – schließt, auf dem Urvater Abraham seinen Sohn Isaak darzubringen bereit war. Von hier aber soll auch der Prophet Mohammed auf seinem Zauberpferd Barak in jener Nacht des Fluges von Mekka nach Jerusalem, die in der 17. Sure des Koran beschrieben wird, gen Himmel geritten sein.

Auch die El-Aksa-Moschee schimmert hier mit bescheidenerer silberner Kuppel. Diese Moschee war in jüngster Vergangenheit, im August 1969, Gegenstand der Brandstiftung des wahnsinnigen christlichen Sektierers Michael Denis Rohan aus Australien, der meinte, auf göttliches Geheiß den Tempelplatz auf diese Weise für die Wiederkunft Christi vorbereiten zu müssen. Der eschatologische Pyromane sinnt jetzt seinem Fanal in einer israelischen Nervenklinik – auf Rechnung des israelischen Steuerzahlers – unbefristet nach.

Weit freundlicher erwartete eine alte Engländerin noch in der Zeit des britischen Mandats über Palästina (1918–1948) die Wiederkunft Christi. Täglich zog sie mit einem Picknickkorb auf den Ölberg, um dort die Ankunft des Herrn zu erwarten, dem sie eine »nice cup of tea« aus der Thermosflasche anzubieten gedachte.

Es gibt auch unter Juden diese Art von eschatologischem Realismus. Junge Leute, die Cohn, Cohen, oder Kahn heißen, also aus der alten Kaste der Kohanim, der Priester, stammen, die sich von Aaron, dem Bruder des Moses ableiten, studieren auf dem Berge Zion über Jerusalem, der nicht mit dem Tempelberg identisch ist, die Vorschriften über den Opferdienst, um einsatzbereit zu sein, falls der Messias erscheinen sollte.

Noch eiliger hatten es einige kabbalistische Mystiker im Frühling 1948. Schon hatte sich die kleine Armee des jungen Staates Israel, die noch mehr eine Miliz war, der Jerusalemer Altstadt genähert. Der Tempelberg war in greifbarer Nähe. Da wurden einige alte Kabbalisten bei Ministerpräsident David Ben-Gurion vorstellig und baten um die Erlaubnis, einen Brandopferaltar zur Darbringung der ersten Opfer seit der Tempelzerstörung im Jahre 70 n. Chr. errichten zu dürfen. Politiker und Stratege Ben-Gurion verwies die Bittsteller an den damaligen Oberrabbiner Dr. Herzog, der völlig ratlos war. Dieser Fall war ihm in seiner seelsorgerischen Praxis bisher noch nicht untergekommen. Er schickte die Deputation zum Ministerpräsidenten zurück, und der entschied weise: »Tun Sie, was Sie für richtig halten.«

Es sollte, glücklicherweise, nicht dazu kommen. Als im Juni 1967 Jerusalem wirklich in der Hand Israels war, spielten sich Freudenszenen an der befreiten Mauer ab, aber niemand opferte auf dem Tempelberg. Der Opfer waren genug gefallen ...

Wie immer das Schicksal Jerusalems, das ich nun schon durch ein Menschenalter teile, verläuft, Jerusalem bleibt für uns das Herz der Welt. Eine Stadt, von Hügeln umgeben, schwer von Geschichte, und vom Licht der Ewigkeit überstrahlt. Mythos und Realität – wer könnte sie in Jerusalem voneinander sondern?

»Aber Jerusalem soll an seinem Platz bleiben.« (Sacharja 12, 6). Dieser Platz Jerusalems an der Grenze der alten Stammesgebiete von Juda und Benjamin ist ein geopolitischer und theopolitischer Ort. Die geopolitische Qualität erkannte vor dreitausend Jahren der König David, der in Bethlehem geboren und in Hebron gekrönt oder gesalbt wurde, aber Jerusalem zu seiner Residenz erwählte. Es war eine Jebusiterfestung, eine Enklave im Gebiet des hebräischen Stämmeverbandes. Hie Juda, hie Benjamin – und dazwischen dieses Stückchen Jebus. Und das nahm David mit kühnem Handstreich, wie er alles nahm, die Schaubrote vom Tische des Herrn, das Weib des Uria oder das Schwert des Goliath. Ihm fiel alles zu – die schönsten Frauen und die schönsten Psalmen – und Jerusalem.

Es gehörte keinem Stamm, es gehörte David. »Ir David«, die Davidsstadt nannte er sie und kaufte die Tenne des Aravna, des Jebusiters, um dort Jahwe ein Haus zu bauen.

Er, der Liebling Gottes, dem alles zufiel, das Reich und die Herrlichkeit, der Sieg und der Sang, er kaufte dieses Grundstück, wie Urvater Abraham die Höhle Machpela in Hebron gekauft hat. Diese Käufe sind in der Bibel verewigt. Ist es denn so wichtig, daß David, der Eroberer, gerade die Tenne des Aravna auf dem Hügel Moria gekauft hat? Ist es tatsächlich buchenswert, daß Abraham, dem sein Gott das ganze Land Kanaan verheißen hat, einen Acker mit Hain und Höhle vor rund viertausend Jahren gegen Bargeld erworben hat?

Ja, es hat seinen guten Sinn. Über dem Altar sollte kein Eisen geschwungen werden, so daß er aus unbehauenen Steinen gefügt sein mußte. Und über dem Raum des Altars, dem Tempel, sollte kein Schwert erhoben werden. Rechtmäßig erworben sollte die Stätte sein, an der der Gott der Hebräer, der Garant des Rechtes, verehrt wurde.

Und rechtmäßig erworben sollte auch der erste Grundbesitz des ziehenden Beduinen-Scheichs Abraham im Lande Kanaan sein. Als Pfand legte Abraham die tote Fürstin Sara in die rechtmäßig gekaufte Höhle, die auch seine eigenen Gebeine fassen sollte und die von Sohn und Enkel und deren Frauen, mit Ausnahme der jung verstorbenen Rahel, die vor Bethlehem durch die Jahrtausende auf die Rückkehr ihrer Kinder in das Land wartete. Der reiche Jude Sir Moses Montefiore aus England errichtete ihr im 19. Jahrhundert ein schmuckes Wartehäuschen, das die heimgekehrten Söhne inzwischen mit viel Liebe und ein wenig Kitsch dekoriert haben.

Aber zurück zu David! Er dachte geopolitisch und theopolitisch. Geopolitisch war die Festung der Jebusiter, das alte Schalem des Priesterkönigs Malkizedek, reichsunmittelbar. Kein Stamm konnte hier auf den anderen eifersüchtig sein. Jeruschalajim war die Stadt des Königs und blieb die Stadt des Großen Königs, denn David dachte auch theopolitisch und ließ die Bundeslade, das transportable Heiligtum der Amphyktion der hebräischen Stämme, von dem kleinen Örtchen Kirjath Jearim, westlich von Jerusalem, in die neue Hauptstadt bringen, wo erst sein Sohn Salomo den Tempel über dieser Lade errichtete. Aber schon mit der Überführung der Bundeslade wird Jerusalem der theopolitiche Mittelpunkt Israels.

Er ist es geblieben, auch wenn man in weiterem Sinne an das Weltjudentum, an das Christentum denkt, das sich so gern als das Neue Israel sieht; und zusätzlich ist es ein Brennpunkt des Islams, der freilich noch zwei weitere Zentren vorrangiger Art, Mekka und Medina, kennt.

Die Geographie des antiken Judentums verläuft in konzentrischen Kreisen. Das Land Israel ist der Mittelpunkt der Welt. Jerusalem ist der Mittelpunkt Israels. Der Tempel ist der Mittelpunkt Jerusalems, und das Allerheiligste, jener leere Raum, in welchem die Gegenwart Gottes gedacht wurde, ist der Mittelpunkt des Tempels.

Etwas von diesem konzentrischen Weltgefühl ist uns Jerusalemern verblieben. Natürlich ist für uns, wie für alle Patrioten Israels, dieses Land der Mittelpunkt der Welt. Wir werden in diesem Superioritätsgefühl – leider – dadurch bestärkt, daß dieses kleine Ländchen zwischen Europa und Afrika nicht aus der Diskussion der Großmächte und der Vereinten Nationen weicht. Seit über dreieinhalb Jahrzehnten verfolge ich selbst, als federführender Chronist, die Schicksale dieses Landes, das aus dem Blut seiner Söhne und Töchter neu geboren wurde. Als Journalist möchte ich aus der Berufsperspektive bemerken: So viele Schlagzeilen erschlagen ein so kleines Land.

Und Jerusalem ist freilich das Herz Israels und das Herz der Welt. Man sieht das aber nur mit den Augen der Liebe.

Als im Zweiten Weltkrieg der Dichter Louis Fürnberg, der als Emigrant aus der Tschechoslowakei in Jerusalem im Exil lebte, mir sein gramvolles Herz ausschüttete, tröstete ich ihn: »Fürnberg, Sie leben doch hier in Jerusalem – und das ist das Herz der Welt!«

»Es ist der Arsch der Welt!« knirschte Fürnberg und ging bei erster Gelegenheit zurück nach Prag, wo er, der linientreue Stalinist, von seinen kommunistischen Parteigenossen eingesperrt wurde. Er durfte sich dann allerdings nach Weimar absetzen, wo er im Schatten des Olympiers gestorben ist.

Warum ich das erzähle? Weil Jerusalem nur für die Augen des Glaubens, der Hoffnung und der Liebe das Herz der Welt ist und bleibt.

Mit den Augen des Glaubens blickten wir aus jeder Ferne nach Jerusalem und sagten und sangen in Babylon, in Rom, in Saloniki, in Toledo, in Warschau, in Amsterdam, in Berlin, in New York, in Buenos Aires ... »Das kommende Jahr in Jerusalem«.

Mit den Augen der Hoffnung blickten wir auf die Trümmer Jerusalems, auch auf das 1948 zerstörte jüdische Viertel der Altstadt und auf die aufgerissenen Gräber des Judenfriedhofs am Ölberg über Jerusalem – und sagten: Du wirst erbaut werden.

Und mit den Augen der Liebe sahen wir in die ärmlichen Behausungen der Stadtteile Machane Jehuda, Mea Schearim, Geula, Kerem Abraham, in die niedrigen Häuschen von Jemin Mosche im Schatten der Windmühle, in das Goldene Jerusalem hinein.

Mit Augen der Liebe sehen Jerusalem nicht nur die Altfrommen, sondern auch assimilierte Juden. Lange bevor ich meinen Fuß auf den Boden Jerusalems setzen konnte, zehn Jahre bevor ich in München an der Isar diese Welt betrat (soweit Säuglinge etwas betreten), reiste der Berliner Theaterkritiker Alfred Kerr nach Jerusalem und wurde hier in seine hebräische Urexistenz zurückverwandelt. Mit Augen der Liebe sah er Jerusalem und beschrieb es in fünfundsechzig Abschnitten seines unsterblichen Essays ›Jeruschalajim‹ (1903) im zweiten Band seiner Reisebilder ›Die Welt im Licht‹:

Abseits liegt, gen Morgen, am Meer, fromm-versunken, ein Land.
Mit Jeruschalajim der Bergstadt zwischen Meeren, Heiligstes Land.
Fern verblaßt nun der Körperling und Bauer Simson.
Barkochba jedoch, als welcher um die Freiheit rang, lebt.
Rahel, die holde Braut Jakofs lebt. Mirjam lebt, die stille Mutter des Heilandbochers. Wir alle leben.

Wir alle leben – in Jerusalem.

Das ist manchen Menschen im Auslande kaum faßbar.

Hugo Bergmann, Professor der Philosophie an der Hebräischen Universität in Jerusalem, erzählte einmal, daß er in New York mit einem kleinen Neger, der als Liftboy im Hotel arbeitete, ins Gespräch kam. Der Junge fragte den Gast, woher er käme. Bergmann antwortete wahrheitsgetreu: »Aus Jerusalem.«

Der Junge mußte lachen: »Das ist ein Witz, Jerusalem liegt ja im Himmel.« Erst als Bergmann dem kleinen Neger seinen Paß vorwies, in welchem Jerusalem als Wohnort angegeben war, ließ sich der Junge überzeugen, küßte dem Professor ergriffen die Hand und stammelte: »Dann sind Sie ein Engel, Herr!«

Wir sind keine Engel in Jerusalem, denn nicht im Himmel ist es, sondern sehr auf Erden. Auch wenn die Hügel seine Baugründe sind, Zion und Moria, der Scopus und der Ölberg und – nicht zu vergessen! – der Berg des Bösen Rates ... bleibt es auf Erden. Aber diese Hügel, diese Berge, die blau und rot erstrahlen, die Berge Moabs, sind für mich, hier in Jerusalem, Zeugen und Trost: »Denn es sollen wohl Berge weichen und Hügel hinfallen, aber meine Gnade soll nicht von dir weichen, und der Bund meines Friedens soll nicht hinfallen, spricht der Herr, dein Erbarmer.« (Jesaja 54, 10–11)

Jerusalem ist immer wieder Gegenstand von Untersuchungs-Kommissionen und politischen Erörterungen. Aber nur mit den Augen der Liebe sieht man es richtig, wie man ja eigentlich auch die Menschen nur mit den Augen der Liebe richtig sieht. Die präziseste Aussage über Jerusalem machte die Dichterin Else Lasker-Schüler:

Gott baute aus Seinem Rückgrat: Palästina
aus einem einzigen Knochen: Jerusalem.

Sie ist am 22. Januar 1945 in Jerusalem gestorben. Auf dem Ölberg wurde sie begraben. Arabische Legionäre zerstörten ihr Grab, aber 1967 wurde der Stein mit dem Namen der Dichterin aufgefunden und unweit der Friedhofsmauer wieder erstellt. Damit hat sich genau erfüllt, was sie in der Einsamkeit ihrer Jerusalemer Jahre gedichtet hat:

Ich liege wo am Wegrand übermattet –
Und über mir die finstere kalte Nacht –
Und zähl schon zu den Toten längst bestattet.

Wie alt ist Jerusalem? Vor dreitausend Jahren war es schon die Hauptstadt Davids. Tausend Jahre vorher war der Priesterkönig von Salem dem Abraham vielleicht schon tributpflichtig. Dreitausend Jahre, viertausend Jahre ... der Ursprung verliert sich in der Dämmerung der Geschichte.

In ihrem schönen Buch ›3000 Jahre Jerusalem‹ beginnt Irene Lande-Nash: »Wann die Stadt gegründet worden ist, weiß niemand. Aus dem Abgrund der Zeiten schleudert uns der Zufall das erste Zeugnis ihrer Existenz herauf: eine ägyptische Vasenscherbe aus dem 19. Jahrhundert v. Chr. In hieroglyphischen Zeichen trägt sie den Namen Uruschamen – Jerusalem ...«

Blickt man in die Zisternen Jerusalems, die sich im Winter mit Regenwasser füllen, so denkt man an den Auftakt zu Thomas Manns großem Bibelroman ›Joseph und seine Brüder‹: »Tief ist der Brunnen der Vergangenheit. Sollte man ihn nicht unergründlich nennen?«

Die Brunnen Jerusalems sind unergründlich, denn sie sind die Brunnen einer bodenlosen Vergangenheit.

Schicht um Schicht legen die Archäologen die Kulturen Jerusalems frei. Wie viele Völker sind über diesen Boden gezogen? Araber und Franken, Mameluken, Perser, Römer. Ihre Fußspuren sind oft verweht, aber die Fußspuren der Hebräer sind geblieben. Hier ging seinen letzten Gang Jesus von Nazareth. Hier gingen Salomo und David. Hier stand die Bundeslade. Hier wurde die Idee des moralischen Gottes geboren: »Zion wird durch Rechte erlöst und seine Heimkehrer durch Gerechtigkeit.« (Jesaja 1, 27)

Und weiter: die Jebusiterfestung, das Stadtkönigtum jenes Ekam, von dem die Tonscherbe aus Theben spricht: »Der Herrscher von Jerusalem, namens Ekam, und alle Vertrauten, die mit ihm sind, und der Herrscher von Jerusalem namens Ssam und alle Vertrauten, die mit ihm sind, alle Menschen von Jerusalem, ihre Helden, ihre Schnelläufer, ihre Verbündeten, ihre Mitkämpfer, die rebellieren werden, die Ränke spinnen werden, die kämpfen wollen, die Rebellion planen, in diesem ganzen Lande ...«

Wann haben Ekam und Ssam gelebt? Vor den Jebusitern? Vermutlich. Und doch hat sich nichts geändert. Auch heute gab es und gibt es in Jerusalem Helden und Rebellen. Ich habe sie kennengelernt.

An einem regnerischen Herbstabend des Jahres 1935 betrat ich Jerusalem zum ersten Mal. Es zeigte sich nicht von seiner glanzvollsten Seite. Wenn man vom Westen her, vom modernen Tel-Aviv aus, in Jerusalem einfuhr, wurde man nicht von Heiligkeit und Geschichte, sondern von Elend und Hinfälligkeit der Menschen empfangen. Rechts war die Irrenanstalt und links ein Altersheim. Dann kam ein Krankenhaus und schließlich ein verwahrloster Markt.

Und doch war ich in Jerusalem.

Es war kalt und unfreundlich. Mit einem nassen Kuß zeigte mir Jerusalem die kalte Schulter. Im Zentrum der Neustadt hatte ich im Hotel Warschawsky am Zionsplatz Quartier genommen. Unten im Hause war ein Alt-Wiener Café, das auch den Namen »Vienna« führt. Ein jüdischer Emigrant aus Berlin, Marcel Noë sang dort – keine Zionslieder, sondern Schubert ...

Ich ging früh zu Bett, um früh aufzustehen, wollte den Sonnenaufgang über den Zinnen Zions erleben. Vor Tau und Tag trat ich auf den Balkon meines Zimmers und blickte ... auf das gegenüberliegende Gebäude, ein Kino, das den Namen »Zion« trug. Was wurde gegeben?

›Der blaue Engel‹ mit Marlene Dietrich. Ich liebte diesen Film und – natürlich – Marlene Dietrich, aber hier ... in *Jerusalem?* Es war fast eine Beleidigung ... Und am Abend ging ich ins »Cinema Zion« und war (wieder) begeistert.

II
Im Schatten der Mauer

Mein erster Gang in Jerusalem war aber trotzdem nicht in das Lichtspielhaus mit dem sakralen Namen »Zion« und dem Engel, den ich von allen Engeln am wenigsten in Jerusalem erwartet hatte, sondern – natürlich – zur Klagemauer.

Ein erster Gang bleibt unvergeßlich wie eine erste Liebe. Wie oft man den Gang auch wiederholen mag, über dem ersten liegt der Goldstaub des unvergleichlichen Erlebnisses – auch wenn er mit Enttäuschungen verbunden ist.

Je höher die Erwartung ist, desto tiefer die Enttäuschung. Aber Erwartung und Enttäuschung heben einander nicht auf, und die Erinnerung schafft das Gleichgewicht, dessen der Augenblick entbehrt. Nicht immer ist er so schön, daß du zu ihm das »Verweile doch!« sprechen möchtest. Aber es ist ein Körnchen Gold in diesem Augenblick gewesen, das erst später zu strahlen begann.

Durch das Jaffator ging man im Schatten des arabischen Bazars, des Suk, der auf den Neuling wie ein Tunnel wirkte. Irgendwo zweigte dann ein Winkelgäßchen ab und führte in die tiefe Schlucht vermooster Häuser, aus der die Mauer der Tränen ragte. Ich sehe sie in einem grünlichen Lichte vor mir. Woher kommt dieses Bild? Ist die Mauer von den Tränen der Generationen, die hier gebetet und geweint haben, feucht geworden. Ist das grünliche Licht ein Abglanz der Schechina, der göttlichen Herrlichkeit, die nie von diesem Stein gewichen sein soll?

Ich weiß es nicht. Ich will mich für das grünliche Licht und die tränennassen Quadern nicht verbürgen. Das alles lebt so und nicht anders in meiner Erinnerung, in welche die dürren braunen Hände der Bettler ragen, die den Pilger anflehen oder gierig nach ihm greifen.

Bettler, Schnorrer saßen an der Mauer und bereits auf dem Wege zur Mauer, hatten ihre festen Plätze, vom Großvater auf den Vater und weiter auf Sohn und Enkel vererbt. In Emailschüsselchen und Blechdosen sammelten die Armen der Mauer die Almosen. Manche sollen reich geworden sein. Ich kann das nicht nachprüfen.

Mit zahnlosem Mund murmelten bärtige Greise magische Segensformeln über das Haupt des Pilgers, nötigten ihn zum Entzünden von Lichtern in schwimmendem Öl und leierten nach Empfang ihres Obolus ein paar Psalmverse.

Eli Wiesel hat diese seltsame Gesellschaft der Bettler und Träumer, der Beter und Phantasten an der Mauer in seinem Buch ›Der Bettler von Jerusalem‹ beschrieben. Eine späte Schicht ... nach 1967. Damals war es noch die alte Garde.

In christlicher Nachbarschaft, am Heiligen Grab, zu dem Juden der Zutritt verboten war, obwohl ein Jude in diesem Grabe ruhte, gibt es einen Johanniterorden vom Heiligen Grab, Ritter in dekorativer Gewandung mit einem Großmeister an der Spitze. Sie wetteifern mit den Maltesern, die sich ebenfalls in Hermelin hüllen und Ritter vom Heiligen Grabe sind.

Unsere Ritter vom Heiligtum indes trugen nicht Hermelinmäntel, sondern verblichene Fetzen, waren aber auch in zwei Orden geteilt. Hier waren es nicht Johanniter und Malteser, sondern Aschkenasim und Sepharadim. Die Aschkenasim – Aschkenas ist eine Bezeichnung aus der Völkertafel der Genesis und wird für Deutschland benutzt – sind die deutschen Juden, aber keineswegs im engeren, sondern in einem äußerst imperialistisch großdeutschen Sinne. Als deutsch gelten sie, soweit sie Jiddisch sprechen, diesen Dialekt, der aus Mittelhochdeutsch mit hebräischer Syntax und slawischen und hebräischen Elementen besteht. Deutsch ist bekanntlich nur ein ... verdorbenes Jiddisch. Das also sind die Aschkenasim. Und die Sepharadim? Sepharad ist Spanien. Es sind also die spanischen Juden, aber wiederum im weitesten Sinne, inklusive der Portugiesen und vor allem der orientalischen Gemeinden von Marokko bis Algier und Tunis, Ägypten, Irak und Syrien. (Damals, 1935, gab es in den islamischen Ländern noch ein bodenständiges Judentum.) Die eigentlichen Sepharadim sprechen Spaniolisch, das aus dem Alt-Kastilischen stammt, also ein liberisches Gegenstück zum mittelhochdeutschen Jiddisch bildet.

Mir waren sie beide unheimlich fremd, die Aschkenasim und die Sepharadim. Ich hatte keine gemeinsame Sprache mit ihnen, und das Hebräische war mir noch ungewohnt.

Das Hebräische als Umgangssprache wurde um die Jahrhundertwende von einem hebräischen Puristen in Jerusalem, Elieser Ben-Jehuda, eingeführt und durchgesetzt. Theodor Herzl, der Planer des Judenstaates, hatte an diese Möglichkeit nicht geglaubt. Er schrieb in seinem ›Judenstaat‹: »Wir können doch nicht hebräisch miteinander reden. Wer von uns weiß genug Hebräisch, um in dieser Sprache ein Bahnbillet zu verlangen? Das gibt es nicht.«

Hier irrte Herzl. Ben-Jehuda behielt recht. Damals dachte ich: leider! Wo die Sprache uns nicht vertraut klingt, ist Fremde. Herzl schrieb Deutsch und dachte, daß er in dieser Sprache auch den Judenstaat regieren könne. Ben-Jehuda sah tiefer. Es war keine Marotte. Es war eine Notwendigkeit. Auch schon vor Ben-Jehuda sprachen Aschkenasim und Sepharadim in Jerusalem miteinander hebräisch. Es war die dritte Sprache, neben Jiddisch und Ladino, die interjüdische.

Jetzt redeten die Schnorrer jiddisch und spaniolisch und schließlich hebräisch auf mich ein ... und ich verstand gar nichts.

Sie einigten sich auf den unübersetzbaren Begriff »Jekke«. Gemeint ist damit ein deutscher Jude, der wirklich aus Deutschland kommt und kein jüdisches Idiom so recht versteht.

Aber die stumme Sprache der Steine verstand ich. Und sie war eindringlicher als alles Geplapper um mich herum. Menschliche Rede versank ins Wesenlose. Mein Dialog mit den Steinen der Vergangenheit war das Überwirkliche. Damals, bei dieser ersten Begegnung, entschied sich mein Schicksal. Mein Schicksal heißt: Jerusalem.

Ich bin kein »Lover of Zion«, der aus der Ferne Sehnsuchtslieder nach Zion dichtet. Ich bin ein Gefangener Jerusalems. Es hat mich mit Beschlag belegt.

Das war nicht leicht. Ein langjähriger Prozeß und doch schon bei dieser ersten Begegnung mit der Mauer entschieden. Was hat sie damals zu mir gesagt, die uralte Mauer? Es wäre eine Romantisierung, hart an der Grenze dessen, was man nationalen und religiösen Kitsch nennen muß, wenn ich jetzt, nach über einem Menschenalter, einen Dialog, eine Zwiesprache zwischen Quadern des Herodes und meiner Wenigkeit ersinnen würde. In Vers und in Prosa wäre es gelogen – und trotzdem wahr. Das ist die Schwierigkeit. Eine Wahrheit kann zur Lüge werden, wenn man sie ausspricht.

Das ungesprochene Wort kann eine Realität sein, stärker als viele geredete Wörter. Dieses ungesprochene Wort, das in mich eindrang, mich durchdrang, von mir Besitz ergriff, meinte: Du gehörst mir, denn wir gehören zusammen.

Ich glaube seit dieser Zeit auch an Wiedergeburt, vermute, daß ich hier in der Gegend wohl schon einmal (oder öfters) meine irdische Bahn zog.

Ich habe viele Jahre später eine deutsche Studentin kennengelernt, bei der dieses Gefühl so stark war, daß sie in Jerusalem die Spuren ihrer einstigen Existenz suchte. Sie fand sie nicht. Man kann diese Verborgenheit nicht topographisch aufhellen.

Ich spürte einfach: Hier gehörst du her, hier warst du schon, hier bist du gemeint.

Aber es war eine Begegnung am Tage. Der Mensch lebt jedoch auch in der Nacht. Und so begann mein Doppelleben.

In den Nächten kehrte ich träumend immer wieder zurück in die Stadt meiner Herkunft München.

Ein seltsamer Rollenwechsel fand in meinem Leben statt. Vom Goldenen Jerusalem hat man gehört, es wurde in prophetischer und apokalyptischer Version zur Stadt mit demantenen Toren; aber in meinem Nachtleben übernahm die Stadt München diese Rolle der himmlischen Braut. »München leuchtete«, so beginnt die Novelle ›Gladius Dei‹ von Thomas Mann, so lautet auch ein Werbespruch der Hauptstadt mit Herz, Stadt weltberühmter Biere, wie ein Poststempel verheißt. Aber so, wie es in meinen Träumen strahlte, kann es nicht einmal auf der Achthundertjahresmünze strahlen, die mir 1958 von meiner Vaterstadt verehrt wurde.

Ich habe das Erlebnis dieser Tag- und Nachtspannung in einem Gedicht ›Traumgeographie‹ festgehalten:

Daß die Fremde heimisch mir geworden,
Weist des Traumes lächelnd-leise Spur:
Zwischen neuen und verlornen Orten
Spann der Traum nun seine Silberschnur.

Immer ging ich in den letzten Jahren
Nur durch meiner Kindheit Straßennetz,
Fern den Tagessorgen und Gefahren
Heimgekehrt durch heimliches Gesetz.

Aber jetzt umfängt die Stadt der Träume
Meiner Träume, Nacht um Nacht
Ungeheure traumverbundne Räume,
Die ich schlafend mir in Eins gedacht.

Es geschieht nun, daß ich ungehindert
Von Jerusalem nach Schwabing geh ...
Tausend Meilen sind zum Sprung vermindert:
Tel-Aviv liegt nah am Tegernsee.

Sprachen fließen seltsam bunt zusammen,
Fremde Völker, Länder trennt kein Meer.
Schnaderhüpfl und Makamen
Sag und sing ich durcheinander her.

Meiner Träume Internationale
Hat die Grenzen aus der Welt gefegt:
Überglobus wird mir meine schmale
Bettstatt, kaum hab ich mich hingelegt.

Dieses Gedicht stellt bereits eine zweite Phase dar. Die erste umfaßte das immer wiederkehrende Bild, das immer goldener und leuchtender wurde, von einem satten Blaugrün getönt, der Stadt München allein, noch unverbunden mit Jerusalem, so daß ich buchstäblich tags in Jerusalem und nachts in München lebte ... ein umgekehrter Jehuda Halevi.

Dieser spanisch-hebräische Dichter der Zioniden sang: »Ich bin im Westen, aber mein Herz ist im Osten«, gemeint war Jerusalem, Zion.

Konnte ich singen: »Ich bin im Osten, aber mein Herz ist im Westen«? Das wäre wieder zu einfach. Der innere Vorgang ist komplizierter, mehrschichtig. Auch mein Herz war im Osten und ist hier, an den Quadern der Mauer, hängengeblieben. Aber das *Unterbewußtsein*, das *Kinderherz*, die unausgetragene Sehnsucht, das nicht zu Ende gesungene Lied ... die blieben vorerst noch dort, von wo ich vertrieben worden war. Erst als ich 1956 zum ersten Male wieder nach München zu Besuch kam, war der Bann gebrochen. Es bedurfte der Begegnung mit der Wirklichkeit, um den Traum aufzulösen. Aber das war schwer genug.

Schon einige Jahre vorher hatte mich die erste Einladung zu Vorträgen nach Deutschland erreicht. Ich mußte die erteilte Zusage wieder zurückziehen, unbetretbar schien mir das Land meiner Kindheit und Jugend, das mich ausgestoßen hatte.

Damals um 1954 gab es noch keine diplomatischen Beziehungen zwischen Israel und der Bundesrepublik Deutschland. Man mußte sich ein Visum für Deutschland beim Britischen Konsulat in Haifa holen. Ich fuhr also in den Landesnorden, um in Haifa die nötigen Formalitäten zu erledigen. Das Britische Konsulat war gewissermaßen der Wartesaal der Rückkehr. Hinter der Konsulatstüre lag für mich ... München. Ich hatte die unsinnige Vorstellung, durch eine namenlose Bürotür einzutreten und durch das Isartor das Konsulat wieder zu verlassen. Und das war es, was mich offenbar zögern ließ. Ich stand vor dem Gebäude am Kingsway im Haifaer Hafenviertel und konnte mich nicht mehr fortbewegen. Kalter Schweiß stand mir auf der Stirn. Ich hatte den Eindruck, daß keine Orientierung mehr möglich sei. Die vier Windrichtungen wurden mir fraglich. Ich empfand den Raum, den meine geschlossenen Füße einnahmen, als beängstigend klein. Das bist du. Mehr Raum nimmst du nicht ein. Ein Pünktchen auf dem Globus. Es kommt nicht darauf an, wo dieser Punkt gesetzt wird. Bemühe dich nicht, verwehendes Staubkorn.

Mit äußerster Anstrengung erreichte ich den Warteraum des Konsulats. Eine mildtätige Sekretärin bot mir ein Glas Wasser an. Ich erholte mich langsam, stotterte ein paar Worte der Entschuldigung, versprach wiederzukommen und – fuhr mit dem nächsten Autobus nach Jerusalem zurück.

Die Mauer lag zentnerschwer auf meinem Herzen. Verlaß mich nicht, sagte sie, sonst verwehst du. Ich sagte alle Verbindlichkeiten ab. Es dauerte noch zwei Jahre, bis ich mich entschließen konnte, den Weg zurück anzutreten, wenn auch nur für ein paar Wochen. Ich fühlte mich zuerst in den Straßen meiner Heimatstadt wie ein Toter auf Urlaub. Langsam erst, ganz langsam, gewann die Stadt neue Konturen, Konturen der Wirklichkeit. Die Gespenster verflogen, Menschen traten mir entgegen, Hände streckten sich aus, wollten ergriffen werden. Ich wurde ein Gast in der Stadt meiner Kindheit, ein gern gesehener Gast.

Wo war nun Heimat? Wo Unserer Frauen Türme ragen oder im Schatten der Mauer?

Es gibt Fragen, die nicht eindeutig zu beantworten sind. Ist das Leben eindeutig oder vieldeutig? Gibt es einen eindimensionalen Menschen? Nur bei Herbert Marcuse. Ich halte den Menschen für ein dreidimensionales Wesen, zusammengefügt aus Körper, Geist und Seele. Wo verlaufen die Nähte? Kein Physiologe weiß es, kein Pathologe kann es mit dem Skalpell feststellen, auch kein Psychologe in der Analyse. Einheit in der Pluralität, angesiedelt in Raum und Zeit, im Sinnlichen und Übersinnlichen, in Materie und Geist, in Intellekt und Gefühl. Und da soll ich eindeutige Antworten geben?

Seit dem Herbsttag des Jahres 1935 ließ mich die Mauer nicht mehr los. Wie oft bin ich zur Mauer gegangen, seit ich zum ersten Mal diesen Weg eingeschlagen habe. Er führte damals, wie gesagt, vom Jaffator durch den arabischen Suk. Dann aber wurde, nach 1936, dieser Weg zu gefährlich, denn der Haß unserer arabischen Nachbarn, geschürt vom Mufti von Jerusalem, Hadj Amin el-Husseini, ließ es nicht mehr ratsam erscheinen, das arabische Viertel zu durchqueren. Ein Außenweg, entlang der Stadtmauer, wurde benutzt, auf Schleichwegen und Umwegen mußten wir uns zur Westmauer stehlen. Und dann war auch das nicht mehr möglich. Meinen letzten Besuch an der Mauer werde ich nie vergessen. Es war im Sommer 1947 am Tischa Be-Av, dem Tag der Tempelzerstörung. Ein Ausgehverbot war über die Altstadt von den englischen Behörden verhängt worden. Niemand durfte die Altstadt verlassen und niemand durfte aus der Neustadt in sie eintreten. Am Abend des Tischa Be-Av kamen sonst Zehntausende an die Mauer, aber diesmal war es unmöglich. Da kam mir der Gedanke, eine Gruppe von Journalisten zu organisieren, die mit ihrem permanenten Curfew-Paß die Grenze zwischen Neustadt und Altstadt überschreiten durften. In der Dämmerung trafen wir uns an der Barclays Bank, um von hier aus in die Altstadt zu gehen.

Der englische Wachtposten war erstaunt, plötzlich etwa zwanzig Journalisten vor sich zu haben, und fragte, was denn geschehen sei? Der Tempel ist abgebrannt, sagte ich. Der Tommy fragte: Wann ist das denn passiert? – Vor rund zweitausend Jahren, sagte ich – und sah das maßlose Erstaunen des Wachtpostens über unsere verspätete Berichterstattung. Dann aber gingen wir durch die leeren Gassen der Stadt zur Mauer, wo nur vereinzelte Beter aus der Altstadt saßen, die sich noch herausgewagt hatten. Sie begrüßten uns stumm, Tränen in den Augen.

Mit uns war ein Journalist aus Tel Aviv: Salman Rubaschov, Chefredakteur des ›Davar‹. Er setzte sich an der Mauer nieder und begann, die Klagelieder zu rezitieren. Wer von uns hätte ahnen können, daß derselbe Salman Rubaschov als Staatspräsident Salman Schasar am 8. Juni 1967 hier wiederum an der Mauer beten würde – an der befreiten Mauer Israels.

Wenn ich auch durch über neunzehn Jahre, fast volle zwei Jahrzehnte, die Mauer nicht mehr besuchen konnte, in den unseligen Jahren des geteilten Jerusalem, so hatte die Mauer mich doch nicht vergessen. Sie holte mich ein – in Hamburg. Ich hatte am katechetischen Amt der Freien Hansestadt im Winter 1962 einen Vortrag zu halten. Es ging um die Darstellung der Passionsgeschichte im evangelischen Religionsunterricht, wobei die einseitige Gegenüberstellung von Jesus und den Jüngern einerseits und »den Juden« andererseits vermieden werden sollte. Dem Schüler muß klargemacht werden, das war meine These, daß auch Jesus, seine Mutter und seine Jünger Juden waren, seine Anhänger und seine Feinde, so daß es sich um einen *innerjüdischen* Konflikt handelte.

Nach Beendigung des Vortrags erhob sich einer der Teilnehmer und richtete das Wort an mich. Er dankte für diese Zusammenarbeit und erklärte mit schelmischem Lächeln, daß er mir ein Geschenk mitgebracht habe. Vor einigen Wochen war eine Gruppe aus Hamburg im Heiligen Land gewesen. Sie besuchte auch Ost-Jerusalem, kam von dort durch das heute längst nicht mehr bestehende Mandelbaumtor ins israelische Jerusalem. In der Altstadt aber hatte die Pilgergruppe die verwaiste Klagemauer besucht und in einem unbemerkten Augenblick ein faustgroßes Stück Stein dieser Mauer, das offenbar nur lose zwischen den Quadern stak, mitgenommen. Nun überreichte mir der hanseatische Religionslehrer diesen Stein von der Klagemauer in Jerusalem und betonte, daß die Schechina, die Herrlichkeit Gottes, noch auf diesem Rest des Restes ruhe.

Ich war gerührt und – verlegen. Wie schön, wie sinnig, dachte ich, und wie – unpraktisch.

Ein Stein bleibt ein Stein, auch wenn er ein heiliger Stein ist. Ich war aber keineswegs am Ziel meiner Reise. Von Hamburg ging es über Paris nach New York und weiter nach Washington D. C. und Cincinnati (Ohio) ... und das alles mit einem Stein von der Klagemauer im Luftgepäck. Aber sollte ich die Mauer aussetzen, die mich zurückgeholt hatte?

Als ich in Paris das Flugzeug nach New York bestieg, war auch der ehemalige Ministerpräsident Mosche Scharett an Bord. Er kannte mich von verschiedenen Pressekonferenzen und Empfängen her, noch aus der Zeit, als er vor Staatsgründung an der Spitze des politischen Departements der Jewish Agency stand. Wir kamen ins Gespräch, und ich erzählte Scharett, daß ich einen Stein von der Klagemauer in Jerusalem im Koffer mit mir führe.

Scharett erzählte mir daraufhin, daß noch ein Stein in diesem Flugzeug mitreise. Ein amerikanischer Jude war zu den Herbstfeiertagen des jüdischen Jahres in Moskau zum Gottesdienst in der Hauptsynagoge. Am Schluß des Laubhüttenfestes, am Tag der Thorafreude, tanzten sowjetische Juden, mit den Thorarollen im Arm, und sangen dazu Zionslieder. Da pfiff ein Stein durchs Fenster, zerschlug die Scheibe und fiel zu Boden, ohne einen Menschen zu verletzen. Diesen Stein nahm der amerikanische Tourist mit. Es war wohl das alte Gefühl, das schon Jesus teilte, als er sagte: »Wo diese (Menschen) schweigen, so werden die Steine schreien.«

Unsere beiden Steine schrien lautlos aus den Koffern. Der Moskauer Stein schrie die Worte Mosis und Aarons vor Pharao: »Laß mein Volk ziehen« – und mein Stein weinte wie Rahel um ihre Kinder, klagte in der Einsamkeit, denn die Mauer war nun verlassen.

Rückblickend ist es leicht, sentimental zu werden, doch damals wog der Stein schwer in meinem Luftkoffer. Aber er war wundertätig. Als ich bei der Zollkontrolle in New York auf dem Flugplatz, der damals noch Idlewood hieß, heute nach Kennedy benannt ist, meinen Koffer öffnete, fiel der mißtrauische Blick des Zöllners auf meinen Stein. Noch bevor der Beamte mich etwas fragen konnte, fragte ich ihn: »Lesen Sie täglich in der Bibel?«

Mit schöner Wahrheitsliebe sagte er: »Nicht täglich, aber zuweilen.«

»Dann wissen Sie sicher, was der Tempel Salomos war.«

Der Tempel war dem Zöllner von New York vertraut. »Dieser Stein«, sagte ich pathetisch, »ist vom Tempel Salomonis.« Und zur Bekräftigung wies ich auf meinen Jerusalemer Paß hin. Der Stein wirkte durchschlagend. Der Beamte rief mehrere seiner Kollegen, die alle ehrfürchtig den Stein vom Tempel Salomos direkt aus Jersualem bestaunten. (Den Umschlaghafen Hamburg hatte ich verschwiegen.)

Man beglückwünschte mich zu meinem Schatz, der als religiöses Objekt zollfrei war, und ich konnte unbehelligt meiner Bahn ziehen.

Meine nächste Station war die Hauptstadt Washington, wo ich im Tempel Sinai zur abendlichen Sabbathfeier sprechen sollte. Mein Plan stand fest: Hier wollte ich als sinnigen Gruß aus Jerusalem dem Rabbi der Gemeinde meinen Stein überreichen. Auf den Stufen zum Tempel empfing mich der Rabbi und wies auf den Eckstein seiner Synagoge hin, der dort am 21. Oktober 1961 gelegt worden war. Der Stein, so erklärte mir der Rabbi, ist in dieser Form zweitausend Jahre alt und aus Jerusalems dritter Mauer genommen, errichtet von König Agrippa in den Jahren 41–44 n. Chr. 1925 wurde diese Mauer ausgegraben. Der Archäologe der Hebräischen Universität Professor E. L. Sukenik, der diese Ausgrabungen leitete, überbrachte 1957 diesen Eck- und Grundstein der Gemeinde »Tempel Sinai«.

Was sollte ich nun angesichts dieses monströsen Jerusalemsteins mit meiner Taschenausgabe der Klagemauer anfangen? Beschämt ließ ich ihn wieder in meiner Rocktasche verschwinden, die er während des ganzen Abends ausbeulte.

Erst in Philadelphia konnte ich nach langen Fahrten den Stein von der Klagemauer einer Synagoge verehren. Ich fürchtete mich, mit diesem Stein nach Jerusalem zurückzukehren, denn kein *israelischer* Zöllner hätte mir geglaubt, daß ich einen Stein aus Jerusalem von Hamburg via Paris und New York nach Jerusalem bringe. Und doch wäre dies die reine Wahrheit gewesen.

Ich blieb der Mauer treu, und sie wahrte mir die Treue, bis wir uns 1967 wiedersahen. Jetzt, wo es so leicht ist, viel zu leicht, besuche ich die Mauer nur noch selten.

Sie braucht mich nicht mehr. Sie ist nicht mehr einsam, sehnt sich womöglich nach ein wenig Ruhe in zu viel Rummel. Juden kommen aus allen Gegenden der Welt hierher, aber auch Christen, und neuerdings eine japanische Sekte, ebenso schwarze Hebräer aus Amerika; nur den Reformjuden verbietet man, auf ihre Weise hier zu beten, da sie das Gitter nicht gelten lassen wollen, das der züchtige Religionsminister zwischen Männlein und Weiblein hier aufgerichtet hat.

Spät in der Nacht, im heißen Sommer, wenn des Mondes Silberlicht sich über die Mauer ergießt, klar genug, daß das alte Felsenantlitz zu sehen ist, und glücklicherweise doch zu schwach zum Photographieren (vom

Blitzlicht abgesehen), komme ich gerne zu einer Stippvisite.

Dann sieht man nur noch vereinzelte Touristen, die geschäftigen Orthodoxen, die die Mauer für sich gepachtet haben und gerne einen Pachtzins einziehen, sind verschwunden. Der Beamte des Religionsministeriums, der hier Nachtwache hält, und Papierkäppchen verteilt, damit kein Mann unbedeckten Hauptes an die Mauer tritt, (»Sonnenschutz vor dem Unendlichen«, sagte Franz Werfel), ist in den Tempelschlaf versunken. Dann gehe ich, wie in alten Zeiten, ganz leise auf die Mauer zu. Sie spricht wieder wortlos zu mir. Jetzt verstehe ich sie schon hebräisch, aber in unserem Dialog ohne Vokabeln spielt das keine Rolle.

Ich lehne die Stirn an die Mauer, auf der noch die letzte Wärme des Sonnenunterganges ruht. Zwischen den Ritzen der Quadern stecken die Bittzettelchen der Beter. Hier ist der Briefkasten des lieben Gottes. Hoffen wir, daß die Post hier besser funktioniert als sonst in Jerusalem. Hier ist ja der Briefkasten zur Superluftpost, das Postamt zu den Sieben Himmeln, in denen der Friede wohnt.

III
Der Felsendom

Die Mauer wird eigentlich überschätzt. Sie ist und bleibt doch nur die Westmauer des Tempelvorhofes; der Tempelplatz selbst breitet sich auf der Höhe darüber aus, auf dem Har-Habajith, dem Tempelberg. Ist er mit Zion identisch? Manche meinen es. In Jerusalem herrscht eine andere Tradition vor. Der Berg Zion wird heute im Südwesten der Stadt gezeigt, gegenüber dem Tempelberg, was freilich sehr gewagt scheint. Noch gewagter ist es, das Davidsgrab auf dem Zionsberg zu zeigen, denn der König David wurde in dem nach ihm selbst benannten alten Teil der Stadt, der Ir-David, Davidsstadt, begraben (1. Könige 2, 10), die von den Archäologen am Ophel, weiter nördlich geortet wird.

Das Davidsgrab ist so riesenhaft, daß ich einmal vermutete, hier ruhe nicht David, sondern Goliath, aber auch das ist nur Phantasie. Mehr spricht dafür, daß hier Stephanus begraben sein könnte, der erste christliche Märtyrer, da sich an dieser Stelle die erste christliche Kirche erhoben hat, die Hagia Sion, wohl über dem Märtyrergrabe.

Wie dem auch sei, der Berg Zion war lange Zeit Israels Ersatzheiligtum. Die Klagemauer lag verödet, der Tempelberg war uns schon vorher unzugänglich, nun aber war in einer stürmischen Nacht mit kühnem Handstreich im Freiheitskriege 1948 der Berg Zion als letzte Außenposition Israels genommen worden. Damit wurde auch das Davidsgrab jüdischer Nationalbesitz. Vorher besaß eine arabische Familie Dajani Erbrechte auf diesen Platz und gestattete nur einmal im Jahre dem orientalischen Oberrabbiner ein Gebet am Grabe des Nebi Daud, des Propheten David, wie der Islam den großen König der Juden nennt.

Der Berg Zion wurde im Laufe der nächsten Jahre fast die Privatdomäne des phantasiereichen Dr. Cahane, Generaldirektor des Religionsministeriums, der sich selbst zum Zionswart ernannte, Legenden und Märchen vom

Zionsberg produzierte und daher scherzhaft »Hans Christian Kahane« genannt wurde, was allerdings einer Verunglimpfung des dänischen Märchenerzählers gleichkommt. Der schlaue Kahane sah, daß das Volk einen heiligen Berg braucht, und wertete daher den Berg Zion im jüdischen Bewußtsein auf, so daß manche Gegner Cahanes das Wort aus den Klageliedern des Jeremia auf ihn deuteten: »Die Füchse schleichen über den Zion hin.« (Klagelieder 5, 18)

Mich verband in stürmischer Zeit ein seltsames, nicht der Komik entbehrendes Erlebnis mit diesem Berg.

Am Abend des Sturms auf den Berg Zion nahm ich als Journalist an der täglichen Pressekonferenz mit dem Sprecher der israelischen Streitkräfte Walter Eytan teil, der später israelischer Botschafter in Paris wurde.

Die Pressekonferenz fand im Zentrum der Neustadt, in der Ben-Jehuda-Straße statt. Eytan erklärte den Journalisten, daß niemand das Gebäude verlassen dürfe, bis die militärische Operation, Erstürmung des Zionsberges, durchgeführt sei. Erst dann wurde die Berichterstattung freigegeben. Es waren etwa dreißig Pressevertreter, darunter berühmte Korrespondenten aus Amerika, England, Frankreich, anwesend, aber nur zwei Journalisten durften an der Erstürmung des Berges teilnehmen, auf eigenes Risiko. Das Los sollte entscheiden.

Das Los fiel auf mich und auf einen gehbehinderten Kollegen von einer hebräischen Tageszeitung.

Obwohl ich nicht zum Helden geboren bin, galt meine erste Sorge meinem ... Anzug. Ich hatte den Eindruck, für einen nächtlichen Sturmangriff unpassend kostümiert zu sein. Ein bürgerlicher Maßanzug, Zweireiher mit Weste und ein Sturm auf den Zionsberg! Natürlich konnte ich dieses Argument nicht vorbringen. (Übrigens erzählte mir der Dichter Max Brod einmal eine ganz ähnliche Episode. Auf dem Flug von Tel Aviv nach Zürich wurde über dem Mittelmeer Alarm gegeben. Die Passagiere mußten Schwimmwesten für die Notwasserung anlegen. Brods erster Gedanke war sein neuer Anzug: Im neuen Anzug kann ich doch nicht ins Wasser springen! – Glücklicherweise erwiesen sich die Maßnahmen dann als überflüssig.)

Fast erleichtert war ich aber, als sich nach Schluß der Pressekonferenz Walter Eytan vertrauensvoll an mich wandte, als Patrioten mich ansprechend, und mich im Nationalinteresse dringend ersuchte, auf meinen Platz zugunsten des Korrespondenten der ›New York Times‹ zu verzichten. Das junge Israel hatte das größte Interesse an diesem Weltblatt, während ich nur eine bescheidene deutschsprachige Zeitung in Israel vertrat, so daß ich also einwilligen mußte. Der gehbehinderte Kollege, der den Sturm heroisch mitmachte, mußte die gesamte hebräische Presse versorgen, ich aber durfte den Exklusivbericht der ›New York Times‹ in meiner Stilisierung übernehmen, die freilich durch Durchgabeschwierigkeiten aller Art beeinträchtigt wurde.

Der Berg Zion fiel in israelische Hand. Vor dem Zionstor allerdings mußte nach harten Kämpfen die Aktion eingestellt werden. So blieb der Zion durch neunzehn Jahre das Wallfahrtsziel frommer Juden und Touristen, die von einem Aussichtspunkt, Mizpe Habajith genannt, auf die verwaiste Klagemauer und den Tempelplatz blickten.

In Abu Tor, einem Viertel gegenüber der Südseite des Zionsberges, hatte ein protestantischer Sektenmissionar ein kleines Zentrum errichtet, und auch von dort aus blickte man auf den Tempelplatz.

Nun aber, nach dem Junikrieg 1967, war der Tempelplatz selbst zum ersten Male für uns voll zugänglich geworden.

Seit über dreißig Jahren lebte ich in Jerusalem, und noch nie war ich im Felsendom, den man fälschlicherweise Omar-Moschee nennt, auf dem Tempelplatz gewesen. Auf dem Platz freilich war ich einmal, obwohl der Zutritt vom Obersten Moslemischen Komitee den jüdischen Bürgern streng verwehrt war, seit den Unruhen des Jahres 1936 in verschärftem Maße. Trotzdem kam ich einmal – versehentlich – bis an die Schwelle des Heiligtums. Und das kam so: Im Jahre 1947, als die letzte Untersuchungskommission UNSCOP (United Nations Special Committee on Palestine) im Lande weilte (die von den Vereinten Nationen eingesetzte Kommission, die den Teilungsbeschluß Palästinas vorbereitete), betrat ich, gemeinsam mit der Kommission, den Tempelplatz.

An einem lichten Morgen besuchten die Herren der Kommission den Felsendom alias Omar-Moschee; die Presse war zu dieser Exkursion zugelassen. Ich aber kam zu spät, hatte einfach verschlafen. Ich eilte durch den Suk, die Bazarstraße, direkt zum Tempelplatz, zeigte meine UNSCOP-Spezialpressekarte den Hütern des Heiligen Platzes vor und erreichte die Pforte zum Felsendom in dem Augenblick, da die Kommissionsmitglieder ihre Schuhe abstreiften, um das Heiligtum in Socken zu betreten. Ich wollte ein gleiches tun, da aber erspähte mich der griechische Presse-Beamte des UNSCOP, schlug die Hände über dem Kopf zusammen und rief mit einem Pathos, das der griechischen Tragödie würdig war: »Mister Ben-Chorin: Um des Himmels willen, was tun Sie hier?«

Ich wußte gar nicht, daß ich im Begriffe stand, ein Gentlemen's Agreement zu brechen. Vor Beginn der Altstadt-Tour hatte man nämlich mit meinen früh aufgestandenen Kollegen vereinbart, daß die jüdischen Journalisten die Kommission an der Klagemauer erwarteten und auf den Besuch der sogenannten Omar-Moschee verzichteten, da die moslemischen Behörden sich geweigert hatten, die Kommission einzulassen, falls israelische Pressevertreter sich mit in der Gesellschaft befänden. Nun aber war ich – als einziger Jude weit und breit – auf dem weiten und breiten Tempelplatz erschienen.

Der Grieche schlug mir nun eine ... Verhaftung vor. Ich widersetzte mich nicht, wurde also in aller Form von britischer Polizei wegen unbefugten Betretens des Haram es-Scharif, des Verbotenen Platzes, verhaftet und abgeführt. Fesseln wurden mir zwar nicht angelegt, aber die Komödie wurde eindrucksvoll gespielt, am Ausgang des Tempel-Areals wurde ich wiederum freigelassen und konnte mich der wartenden Gruppe meiner Kollegen an der Klagemauer anschließen.

Eine Komödie, aber dennoch eine beschämende Tragikomödie, aufgeführt von britischen Polizisten mit weißen Gamaschen, einem neutralen Griechen, vor den Vertretern der Vereinten Nationen und mit einem unfreiwilligen jüdischen Hauptakteur.

Damals gelobte ich mir, wiederzukommen, und diesen

Vorsatz führte ich wenige Tage nach der Eroberung der Altstadt im Juni 1967 aus. Jetzt war das Heiligtum offen für jedermann, und so ist es auch geblieben.

Merkwürdigerweise verboten nicht nur die intoleranten Moslems den Besuch des Heiligtums, sondern auch das orthodoxe Rabbinat. Schon Theodor Herzl, der Vater des Judenstaates, konnte davon ein Lied singen. Am 31. Oktober 1898 notierte er in seinem Tagebuch: »Man darf die Omar-Moschee, den Tempelplatz nicht betreten, sonst verfällt man dem Bann der Rabbiner. So geschah es Sir Moses Montefiore.

Wieviel Aberglaube und Fanatismus von allen Seiten. Dennoch fürchte ich mich nicht vor all den Fanatikern.«

Warum sind die orthodoxen Rabbiner eigentlich gegen den Besuch des Felsendoms? Weil man nicht so genau weiß, auf welchem oder über welchem Felsen dieser herrliche Prunkbau errichtet wurde. Die Moslems meinen es genau zu wissen. Für sie ist der weltalte Fels die Stelle, von der aus der Prophet Mohammend auf seinem Wunderpferd Burak unter Anleitung des Engels Gabriel gen Himmel fuhr, um dort weitere Offenbarungen entgegenzunehmen. Hufabdrücke des Wunderpferdes sind im Felsen noch zu bemerken, wenn man genügend Phantasie hat. Für uns aber ist der Fels ein großes Mysterium. Manche identifizieren ihn mit Moria, dem Berge, auf dem Erzvater Abraham seinen Sohn Isaak darbringen wollte und von einem Engel daran im letzten Augenblick gnädig gehindert wurde.

Wie kommt Moria hierher? Gerhard von Rad, der Heidelberger Alttestamentler, hatte seine Bedenken: »Bliebe nur noch – das Moria-Problem. Im hebräischen Text (1. Mose 22, 2) ist zwar keine Unebenheit oder sonst ein Bruch zu bemerken. Aber schon das wiegt schwer, daß wir, die wir den geographischen Umkreis der Abrahamsgeschichten einigermaßen kennen, von einem ›Land Moria‹ nichts wissen. Tatsächlich hat es nie ein ›Land Moria‹ gegeben. Ebenso auffällig ist es, daß schon die alten Übersetzer das Wort Moria gar nicht gelesen zu haben scheinen. Leider können sie uns mit ihrer Übersetzung auch nicht weiterhelfen. So erscheint es sicher, daß an dieser Stelle noch in verhältnismäßig später Zeit herumgeschrieben wurde und daß eine ältere Ortsangabe nachträglich übermalt wurde. Einen Berg Moria erwähnt das junge Chronistische Geschichtswerk und meint damit den Berg, auf dem Jahwe in Jerusalem dem David erschienen und wo dann der Tempel gebaut worden war (2. Chronik 3, 1). So ist die Annahme wohl kaum zu umgehen, daß man in einer späteren Zeit, die wir leider nicht mehr bestimmen können, der Meinung war, daß der Ort, an dem Isaak auf den Altar gelegt worden war, der Berg des späteren salomonischen Tempels in Jerusalem war. Demnach haben also in einer viel späteren Zeit (priesterliche?) Kreise in der Hauptstadt diese Abrahamserzählung als eine spezifisch altjerusalemische Überlieferung verstanden.«

Wie immer die ätiologische Sage entstanden sein mag, sie ist uralt und hat das Glaubensbewußtsein mit geprägt. Der heilige Felsen wurde auch als Grundstein der Welt verehrt, der zugleich die Wasser der Sintflut verschließt.

Sagen um Sagen ranken sich um diesen Stein. Manche neueren Forscher nehmen auch an, daß Jesus an diesen Felsen gedacht hat, als er in Cäsaräa Philippi zu Petrus die Worte sprach: »Du bist der Fels (Petros), auf den ich meine Ecclesia (Gemeinde) baue ...«

Der Fels schweigt, gibt seine Geheimnisse nicht preis.

Der Prachtbau, der ihn umschließt, wurde von dem Kalifen Abd el-Malik um 691 vollendet. Omar hingegen, der zweite Kalif, errichtete an dieser Stelle nur eine hölzerne Moschee, die längst verschwunden ist.

Der Felsendom ist auch keine Moschee im eigentlichen Sinne, sondern eine Andachtsstätte, in der am Freitag keine Gemeindegottesdienste stattfinden.

Die Kreuzfahrer, bar allen Geschichtsverständnisses, hielten diesen Bau einfach für den Tempel Salomos, wobei ihnen nicht bewußt war, daß dieser immerhin bereits im Jahre 587 vor der christlichen Zeitrechnung von Nebukadnezar, König von Babylon, zerstört wurde.

Goethes Fluch über die Geschichtslosigkeit trifft nachträglich noch die Kreuzritter:

Wer sich von dreitausend Jahren
Nicht weiß Rechenschaft zu geben

Bleibt im Grunde unerfahren
Mag von Tag zu Tage leben.

Die Kreuzfahrer konnten sich keine historische Rechenschaft geben, waren daran wohl auch nicht interessiert. Anders die Israelis. Bei ihnen wurde Archäologie zum Volkssport, man sucht in der Erde die Legitimation für die eigene Existenz.

Professor Joseph Klausner, der an der Hebräischen Universität in Jerusalem Hebräische Literatur und Geschichte des Zweiten Tempels lehrte und in den zwanziger Jahren das erste hebräische Werk über das Leben Jesu verfaßte, wies auf die psychologischen Gründe der Volks-Archäologie hin: Unsere Väter hatten den offenen Himmel über sich, wir aber müssen unser Judentum aus der Erde ausgraben.

In der Tat zeigt sich ein Gegensatz von Archäologen und Orthodoxen gerade im Umkreis heiliger Stätten am Tempelberge.

Unter Leitung des Chefarchäologen der Hebräischen Universität, Professor Benjamin Masar, wird Schicht um Schicht der Tempelmauer freigelegt. Man stößt zu herodianischen Fundamenten vor und weiter zu hasmonäischen Mosaiken. Schon lichtet sich das Dunkel über den Quadern Salomos.

Aber die Orthodoxen sehen das nicht gern. Das Oberrabbinat wünscht keine Störungen der ewigen Anbetung an der Mauer. Erbost erklärte ein Sprecher der Orthodoxen in der Knesseth, daß wir in der Heiligen Schrift gewichtigere Zeugnisse unseres legitimen Anspruchs auf Jerusalem haben, als sie die Archäologie zutage fördern kann.

Der Glaube blickt nach oben, die Archäologie in die Tiefe.

Israel aber, wenn es sich seines geschichtlichen Ego bewußt wird, ist gesegnet mit dem Segen der Höhe und der Tiefe (1. Moses 49, 25), wenn es auch den Heutigen schwer wird, diese biblische Wahrheit voll zu erkennen.

Der Historiker sucht mit Hilfe der Archäologie geschichtlich fixierbare Orte; der Glaube verehrt gern heilige Stätten.

Was ist eine heilige Stätte? Wer lange genug in Jerusalem gelebt hat, ohne sich vom Psalmodieren aller Konfessionen und Religionen einlullen zu lassen, wird hier zu einer gewissen Resignation gelangen: heilige Stätte ist, wo Menschen sich dem Heiligen näher fühlen als anderwärts, wo sich ihr Herz zu Gott erhebt oder zu Mittlern der Gottheit, wo das Numinose, im Sinne Rudolf Ottos, den Menschen überwältigt.

Ein nüchterner Protestantismus kennt freilich keine heiligen Stätten, und so hat auch in Jerusalem der Protestantismus keine Sonderrechte an den Heiligen Stätten der Christenheit angemeldet. Er überläßt den unseligen Streit um die Stationen der Seligkeit den älteren und ältesten Kirchen.

Karl Barth hat den protestantischen Verzicht auf heilige Stätten dogmatisch unterbaut. Nach der Auferstehung Christi, so lehrte der Baseler Dogmatiker, ist die ganze Erde heilige Stätte. – Nun ja, in Basel läßt sich das unschwer konzedieren, aus der Perspektive Jerusalems sieht das doch anders aus.

Ein revoltierender katholischer Prieser in Wien, Adolf Holl, hat 1971 in seinem Buch ›Jesus in schlechter Gesellschaft‹ die überzeugende These vertreten, daß Jesus nicht nur die Entartungen des Tempelkultes abgelehnt habe, sondern Tempel und heilige Stätten überhaupt. Es mag sein. Jedenfalls ist das, was in der Grabeskirche, nahe dem Tempelplatz, in der Jerusalemer Altstadt geboten wird, weit entfernt vom Geiste Jesu. Bilder und Statuen, prunkvolle Lampen, Obulus heischende Priester, konfessionelle Domänen ... man muß kein radikaler Protestant sein, um hier die tiefe Kluft zwischen heiliger Geschichte und heiliger Stätte zu spüren.

Auch die Grabeskirche war uns verschlossen, solange Jerusalem nicht in israelischer Hand vereinigt wurde. Ich erinnere mich sehr wohl, wie ein griechisch-orthodoxer Pope mich Ende der dreißiger Jahre am Portal zur Grabeskirche fragte: »Sind Sie Christ?« Als ich diese Frage wahrheitsgemäß verneinte, ersuchte er mich ebenso höflich wie entschieden, die Ruhesätte des Rabbi von Nazareth nicht zu betreten.

Dennoch besuchte ich einmal kurz nach dem Zweiten

Weltkriege die Grabeskirche. Der Patriarch Alexej von Moskau stattete Jerusalem einen offiziellen Besuch ab. Mit der Schar der Pilger, vorwiegend russischen Priestern und Nonnen, zog auch ich in die Grabeskirche. Am Heiligen Grabe selbst segnete der Patriarch die Gläubigen, die andächtig in die Knie sanken.

Hier verlief doch die Grenze meiner Toleranz. Den Kniefall vor dem Patriarchen von Moskau zu machen war ich nicht bereit. Es retteten mich einige stramme schottische Protestanten, die gleich mir stehend der Zeremonie zusahen, so daß ich nicht weiter auffiel.

Etwas Ähnliches wiederholte sich beim Besuch des Papstes Paul VI. in Jerusalem im Januar 1964. Feierlich zog Seine Heiligkeit auf den Zionsberg im Kloster Dormitio Mariä ein. Der Prior der Benediktiner-Abtei versank in tiefen Kniefall und küßte den Fischerring des Papstes. Die Patriarchen der Ostkirchen verneigten sich tief, ohne Kniefall, und küßten ebenfalls den Ring. Die Anglikaner machten tiefe Verbeugungen ohne Kuß und als letzter schüttelte ein amerikanischer Baptistenprediger, in dunkelblauem Anzug, der sich von den liturgischen Gewändern merkwürdig abhob, dem Papst kräftig die Hand und bemerkte: »Glad to meet you!«

Mein Herz schlägt für die radikalen Protestanten. Auch im Judentum. Auch wir haben so manche heilige Stätte, die der historischen Sonde nicht standhält.

Ich denke an das Grab des Wundertäters Rabbi Meir Baal Ha-Ness über Tiberias, das ich vor Jahrzehnten, noch grün im Lande, besuchte. Ein würdiger sephardischer Greis hieß mich Lichter entzünden und segnete mich mit dunklen Sprüchen, für die ich eine Spende zu entrichten hatte. Anschließend betrat ich eine benachbarte Talmudschule, deren Leiter mir ... das Grab des Rabbi Meir Baal Ha-Ness zeigen wollte. Ich bedeutete dem Lehrer, daß ich doch soeben am Grabe des Wundertäters Kerzen gestiftet und Segnungen empfangen hätte. Der Mann sah mich zweifelnd an: »Sind Sie denn ein Sepharde?« Ich mußte meine aschkenasische Abkunft des deutschen Juden zugeben, worauf mir der würdige Rektor apodiktisch erklärte: »Für Aschkenasim ist das Grab bei uns.« Ein Wundertäter – noch nach dem Tode: er ruht doppelt.

Von allen heiligen Stätten aber machte die Mauer der Tränen und des Jubels doch eine Ausnahme. Die den Frommen verhaßten Archäologen beweisen es. Hier ruht die Heiligkeit auf historischem Fundament.

Und der Felsen Moria, ob er nun Brandopferaltar oder Standort der Bundeslade war, der Felsen Abrahams, auf dem Isaak gebunden lag, oder sogar der Stein, auf dem Jakob träumend ruhte – er ist Urgestein der hebräischen Antike.

Etwas von uralter Tradiion blieb wohl auch über dem historisch sicher nicht zuverlässigen Rahelsgrab, nahe Jerusalem vor Bethlehem, wo man vor allem betende Frauen antrifft. Und noch älter dürfte die Höhle Machpela in Hebron sein. Auch hier wurden wir nicht eingelassen, obwohl die Väter des hebräischen Volkes: Abraham, Isaak und Jakob und die Mütter, Sara, Rebekka und Lea hier schlummern sollen. Bis zur siebenten Stufe durfte man gehen, weiter nicht. Ich erinnere mich noch des beschämenden Gefühls, das mich im feindseligen Hebron beschlich, als uns die Araber den Zugang zu dieser Stätte verwehrten. Sir Moses Montefiore erhielt einen Firman, einen Freibrief des Sultans, an den Gouverneur von Hebron, der ihm das Betreten der Moschee gestatten sollte, die über der Höhle Machpela errichtet ist. Der Gouverneur erklärte, daß er dem Befehl des Kalifen (der Sultan war zugleich Kalif aller Gläubigen) natürlich Folge leisten werde. Hier aber stand nur, daß der hohe jüdische Gast aus England die Höhle Machpela betreten dürfe, nicht aber, daß er sie auch wieder verlassen dürfe.

Sir Moses Montefiore hatte also die Wahl, lebend Hebron zu verlassen, ohne die Erzväter besucht zu haben, oder sich mit ihnen zum ewigen Schlaf zu versammeln. Er zog die Abreise vor.

Jetzt erst ist auch die Höhle Machpela für alle offen. Sollten wir uns nicht zum großen Treffen der Drei Ringe gerade an dieser Stelle versammeln, am Grabe Abrahams, wir, die Kinder Abrahams?

Abraham sollte ja ein Vater vieler Völker werden – und wurde es. Von seinem Erstgeborenen Sohne Ismael, dem

Sohn der ägyptischen Magd Hagar, stammen die Araber ab. Von seinem Sohne Isaak, dem späten Kind der Sara, leiten sich die Juden ab. Der Apostel Paulus aber spricht im Römerbrief davon, daß Abraham als der Vater des Glaubens auch der geistige Vater aller Gläubigen ist, die den Gott Abrahams, Isaaks und Jakobs bekennen.

Ich träume vom großen ökumenischen Konzil der Juden, Christen und Moslems zur Erneuerung des Abrahamsbundes in Hebron, in der Höhle Machpela.

Ob der Ort geschichtlich einwandfrei ist, wird unwichtig – wenn er heilsgeschichtlich wirksam werden kann.

Wenn heilige Stätten Gegenstand der Streitigkeiten der Religionen und Konfessionen sind, verlieren sie ihre Heiligkeit. Wenn sie aber Vorhallen des Friedens werden, dann erst erweisen sie sich als Heilige Stätten.

Als die Juden um 520 vor der christlichen Zeitrechnung aus dem Babylonischen Exil zurückkehrten und die Mauern Jerusalems wieder aufbauten, notierte Nehemia, einer der Führer der Rückkehrer, die Worte der Feinde: »Was machen diese ohnmächtigen Juden? ... Werden sie aus den Schutthaufen die Steine lebendig machen, die doch verbrannt sind? ... Laß sie nur bauen, wenn ein Fuchs auf ihre steinerne Mauer hinaufspringt, reißt er sie ein.« (Nehemia 3, 34–35)

Wie nahe ist uns das alles, wie heutig. Nehemia schließt das Kapitel: »Aber wir bauten die Mauer ... und das Volk gewann neuen Mut ...« (Nehemia 4, 38)

Auch wir bauen die Mauer und die Mauern und gewinnen bauend neuen Mut, auch wenn uns die Vereinten Nationen wegen unseres Bauens tadeln.

IV
Zu den Müttern

Unter der Überschrift: ›Himmelsbräutigam, Kalendergott‹ schreibt Adolf Holl in seinem Buch ›Jesus in schlechter Gesellschaft‹: »Zwar wußte keiner zu sagen, zu welcher Jahreszeit die Windeln des Jesuskindes zum ersten Mal gewechselt wurden, und den ersten Christen mochte das auch gleichgültig bleiben, bei scharfer Spannung aufs kommende Ende. Als das ausblieb, suchte man nach einem Datum, um die Geburt des göttlichen Knaben festlich zu wiederholen: Alle Jahre wieder kommt das Christuskind.

In Ägypten kam es zuerst, bereits im 2. Jahrhundert, und zwar in der Nacht vom 5. auf den 6. Januar. In Alexandrien nämlich wünschte man sich in dieser Nacht ein glückliches Neujahr und gedachte der Jungfrau Kore, die den Zeitgott (Aion) gebar. Das Kornmädchen Kore kam aus Griechenland und war die Tochter der dortigen Getreidegöttin Demeter, einer der volkstümlichsten heiligen Mütter im Mittelmeerraum. Auch Dionysos war nicht weit; am 6. Januar gedachte man seiner, der Wasser in Wein zu wandeln vermochte. Hinter fremdartigen Götternamen west ein vertrautes Gefühl. Das alte Jahr ist tot, ein neues wird geboren, man hat überlebt, kann neu anfangen. Die Sonne wird wieder steigen, die längste Nacht ist vorbei.

Letzteres führte zur Wahl des 25. Dezember für das Geburtsfest Christi. Und zwar in Rom, wo der Kaiser saß und seine kalendarischen Maßnahmen am ehesten durchsetzen konnte. Diesfalls die Einführung des Sonnenjahres (unter Augustus) und die Erklärung des 25. Dezember zum Reichsfeiertag (unter Aurelian) – als Fest des unbesiegten Sonnengottes. Mochten die Christen auch eine Zeitlang zwei verschiedene Daten für das Geburtsfest Christi haben, je nachdem ob sie in Gallien, Nordafrika oder Konstantinopel wohnten: Auf jeden Fall war Jesus in den Kalender gekommen, aufgenommen in den periodischen Wechsel der Jahreszeiten, mit allen

Konsequenzen. Nun war Maria deshalb noch nicht Kore, und Jesus nicht Sol oder Dionysos. Mächtig jedoch wirkten alte Feiergefühle nach, und auch heute noch sind die Kirchen zu Weihnachten am vollsten.«

Bis heute haben sich die diversen Geburtstage Jesu, die aus den Evangelien nicht ersichtlich werden, in dem kleinen Landstädtchen Bethlehem südlich von Jerusalem erhalten. In der Nacht vom 24. auf den 25. Dezember feiern die Katholiken und die Protestanten Weihnachten; in der Nacht vom 6. auf den 7. Januar folgen die Griechisch-Orthodoxen in Gemeinschaft mit den Kopten und den Syrisch-Orthodoxen und in der Nacht vom 18. auf den 19. Januar beschließen die Armenier den Adventsreigen.

Bethlehem, die Weihnachtsstadt, feiert also dreimal hintereinander das biblisch nicht bezeugte Geburtsfest Jesu, wobei der römische Geburtstag alle anderen an Touristik und Rummel bei weitem überstrahlt.

Ist Bethlehem tatsächlich der Geburtsort Jesu? Diese Frage kann, im Gegensatz zum Geburtsdatum, vom Neuen Testament her positiv beantwortet werden, da sich Bethlehem im Sinne einer Erfüllungssage im Matthäus-Evangelium 2, 5–6 findet und vor allem im eigentlichen Weihnachtsevangelium, im zweiten Kapitel bei Lukas.

Die Erüllungssage stützt sich nun wiederum auf ein prophetisches Wort aus dem Alten Testament. Beim Propheten Micha 5, 1 lesen wir: »Und du, Bethlehem Ephratha, die du klein bist unter den Städten in Juda, aus dir soll mir der kommen, der in Israel Herr sei, dessen Ausgang von Anfang und von Ewigkeit her gewesen ist.«

Diese Weissagung wurde auf die Geburt Jesu übertragen, der sonst der Nazarener genannt wird, was auf seine Herkunft aus dem galiläischen Bergstädtchen Nazareth schließen läßt, wo die Familie bezeugt ist. Manche neuen Forscher neigen sogar darüber hinaus dazu, Kphar-Nachum (Kapernaum) am See Genezareth, die Wiege des Evangeliums, den Ort, von dem die Predigt Jesu ausging, als seinen eigentlichen Geburtsort anzunehmen.

In Bethlehem will man von solchen Theorien nichts wissen. Es lebt von Weihnachten – das ganze Jahr. Man kann in der Geburtsgrotte, dort wo die Krippe gestanden haben soll, im einstigen Stall, über dem der Stern der Erlösung erstrahlt, an glühend heißen Augusttagen deutsche Pilger bemerken, die »Stille Nacht, heilige Nacht« mittags um zwei Uhr singen. Hier ist das ganze Jahr über Weihnachten.

Aber in der Nacht vom 24. auf den 25. Dezember ist doch noch ganz anders Weihnachten, wenngleich das in nächster Nachbarschaft, im israelischen West-Jerusalem weniger bemerkt wird als in Europa oder Amerika.

Ich habe Weihnachten in Bethlehem viermal erlebt, habe drei lateinische Patriarchen am legendären Schauplatz des Heilsgeschehens zelebrieren sehen: Monsignore Barlassina, Alberto Gori und Joseph Beltritti. Die Individualität der Patriarchen verschwindet unter dem Goldglanz der Mithra, aber die Situation war doch jedesmal eine andere.

Zum ersten Male fuhr ich in der Weihnachtszeit 1935, im Jahre meiner Einwanderung nach Jerusalem, vom Jaffator aus in einem klapprigen arabischen Autobus nach Bethlehem. Am Jaffator war nichts von Feststimmung zu bemerken. Arabische Arbeiter verluden Blumenkohl auf Lastwagen. In den Cafés hockten die Müßiggänger bei der Wasserpfeife wie an jedem Abend. Nur auf der Straße nach Bethlehem begegneten uns kleine Gruppen von Mönchen und Nonnen, die die kurze Strecke zu Fuß zurücklegten, um sozusagen als Pilger in die Stadt Davids einzuziehen.

Schon damals wurde es mir klar, daß eine Fahrt in die Weihnachtsstadt eine Fahrt zu den Müttern bedeutet. Ehe man zu Mutter Mirjam kommt, zu Maria, die in Bethlehem in dieser Nacht ihren ersten Sohn gebar, ihn in Windeln wickelte und in eine Krippe legte, »denn sie hatten sonst keinen Raum in der Herberge«, muß man einer anderen Mutter gedenken, der Mutter Rahel, an deren Grab die Straße nach Bethlehem vorüberführt: »Also starb Rahel und ward begraben an dem Wege gen Ephrath, das nun heißt Bethlehem. Und Jakob richtete ein Mal auf über ihrem Grab; dasselbe ist das Grabmal Rahels bis auf diesen Tag.« (1. Mose 35, 19–20)

Da steht es nun, das Grabmal Rahels, bis auf diesen Tag, ebenfalls angezweifelt von der Bibelkritik, da es andere Stellen im Alten Testament gibt, die auf eine andere Lokalisierung dieses Grabes hinweisen. In der Geschichte von Saul, der auszog, die Eselinnen seines Vater Kisch zu suchen und ein Königreich fand, steht: »Wenn du jetzt von mir gehst, so wirst du zwei Männer finden, bei dem Grabe Rahels, an der Grenze Benjamins zu Zelzah ...« (1. Samuel 10, 2); auch das gegenwärtige Grab Rahels kann man an der Grenze Benjamins, nämlich zwischen Benjamin und Juda vermuten, einer Grenze, die ziemlich drastische Korrekturen erfuhr.) Jeremia 31, 15 aber lesen wir gar: »So spricht der Herr: Horch! in Rama hört man klagen, bitterlich weinen, Rahel weint um ihre Kinder, will sich nicht trösten lassen, weil sie nicht mehr sind.« Die Lokalisierung des Ortes Rama ist nicht ganz einfach. Hier handelt es sich offenbar um jene Höhe Rama, die bei Josua 18, 25 erwähnt ist. Der Ort spielte im Leben des Jeremia eine gewisse Rolle, da er dort nach dem Fall Jerusalems, vor der Deportation nach Babylon, befreit wurde. Aus dieser Situation heraus wird es verständlich, daß dieser Prophet die klagende Urmutter Rahel sieht, die ihren Kindern nachweint, die in die Fremde ziehen müssen. Das Wort des Jeremia, in Rama gesprochen, findet sich aber als Inschrift im Grabtempelchen der Mutter Rahel bei Bethlehem. Es ist freilich nicht mehr das Grabmal, das der trauernde Witwer Jakob seiner Lieblingsfrau setzte, als sie bei der Geburt des Schmerzenskindes Benjamin auf der Beduinenwanderung umkam. Das heutige Grabmal hat der englisch-jüdische Philanthrop Sir Moses Montefiore im 19. Jahrhundert errichtet, und die Armee Israels hat 1967 das Grabtempelchen restauriert, so der Mutter sinnfällig anzeigend, daß die Söhne zurückgekehrt sind.

Jetzt aber, in solcher Nacht, führt der Weg am Grabe der Rahel nur vorbei zum Stall der Mirjam.

Mein erster Weihnachtseindruck in Bethlehem war ein Schock. Ich kannte die Innigkeit deutscher Weihnacht. Unvergessen ist mir eine Weihnachtsnacht in den Alpen, wo man auf Schlitten und Ski mit Laternen zur Mitternachtsmette fuhr. Wie traulich war dann in dem kleinen Dorfkirchlein der Gesang der Bauern (und Wintersportler ...), wie großartig und gewaltig war die Weihnachtsmesse, die Kardinal Faulhaber in meiner Geburtsstadt München im Dom zelebrierte.

Hier aber, in Bethlehem, war von alledem nichts zu spüren. Ein fast karnevalistischer Rummel. Unruhe in der Kirche. Prächtig, nur allzu prächtig – weltlich der Aufmarsch der Konsuln in goldgestickten Parade-Uniformen. Ich erbebte, als der Patriarch eine schlichte Holzpuppe aus der Krypta auf den Altar trug ... (Das hebräische Erbe in mir revoltierte offenbar gegen diesen primitiv wirkenden Bilderdienst.)

Ein deutscher Benediktiner erzählte mir, daß auch er, der dem liturgischen Geschehen viel näher stand als ich, denselben Schock erlitt. An einem Seitenaltar zelebrierte er eine stille Messe, und als er sich umwandte, kauerte eine Fellachin vor dem Altar und stillte ungeniert ihr Baby. Der Pater geriet schier aus der Fassung, dann aber, so meinte er lächelnd, wurde ihm dieses Bild transparent, und er sah Mutter Mirjam mit dem Kind in der Milchgrotte!

Etwas von der Innigkeit der Weihnachtsnacht, wie sie uns aus Deutschland vertraut blieb, konnte man hingegen auf dem Zionsberg in Dormitio Mariä erleben. Freilich zog sich dort die Andacht sehr in die Länge, und die ungeheizte Kirche blieb empfindlich kalt. In manchen Weihnachtsnächten war hier der Andrang so groß, daß die Gläubigen kaum mehr Platz finden konnten, da die schaulustigen Israelis in Mengen herbeiströmten, eine Erscheinung, die oft in der hebräischen Presse des Landes diskutiert wurde.

Eine echte deutsche Weihnacht erlebte ich bei meinem vierten Besuch in Bethlehem 1970. In der sogenannten Weihnachtskirche der deutschen Lutheraner. Wie aus einem alten Anker-Baukasten erstellt, ragt diese Kirche mit dem spitzen Zuckerhut des Turmes über die orientalische Stadt Bethlehem hinaus. Auf dem Altar liegt noch die Bibel, die die Kaiserin Auguste Victoria gestiftet hat. Ein Stück wilhelminisches Deutschland mitten im Lande Juda. Ich nahm als Gast des deutschen Propstes Hans Georg Köhler an diesem Gottesdienst teil, der in deutscher und englischer Sprache gehalten wurde. Die alten deutschen Weihnachtslieder wurden von einem arabischen

Mädchenchor schön, aber etwas kehlig vorgetragen. Neben mir schmetterte mit rechter Andacht ein deutscher Theologieprofessor aus Münster die Choräle der Heiligen Nacht, die in Bethlehem alles andere als still ist.

Aber ich greife vor.

Unvergeßlich bleibt mir der zweite Besuch im Jahre 1942. Es war mitten im Kriege. Palästina selbst blieb glücklicherweise von den Einwirkungen des Zweiten Weltkrieges fast völlig verschont. Aber hier trafen sich die Heere der Alliierten, allen voran natürlich Soldaten der Britischen Armee, da Palästina ja englisches Mandatsgebiet war. Hinzu kamen aus dem Empire die Australier, Freude der Kinder, da sie besonders gern mit den Kleinsten spielten und durch ihre großen Schlapphüte das Entzücken der Jugend auslösten.

Wir hatten aber auch Kontingente der polnischen Exilarmee hier, einige Vertreter der Freien Franzosen, Neger und Inder. Und das alles strömte nun nach Bethlehem, füllte die Kirche bis zum letzten Platz und noch die Piazza vor der Geburtskirche. Es war ergreifend zu sehen, wie die Krieger so vieler Völker kamen, um dem Friedensfürsten ihre Reverenz zu erweisen. Ich weiß nicht, ob allen Teilnehmern die großartige Symbolik dieser Szene bewußt wurde. Wahrscheinlich nicht. Aber darauf kommt es nicht an. Eine symbolische Geste, ein symbolisches Geschehen, wirkt durch sich selbst, unabhängig von der Subjektivität der Agierenden.

Auch mein dritter Besuch in der Stadt Davids in festlicher Nacht war von besonderer Symbolträchtigkeit: Weihnachten 1967. Zum ersten Male traf wieder zu, was im Weihnachts-Evangelium ausdrücklich steht: »Da Jesus geboren war zu Bethlehem im jüdischen Lande ...« (Matthäus 2, 1). Bethlehem war wieder im jüdischen Lande, im Staat Israel. Das Bild des Königs Hussein von Jordanien war aus Bethlehem verschwunden, nur das Bild des Königs von Israel war lebendig, wie es in dem englischen Weihnachtsliede heißt:

Noël, Noël, Noël
Born ist the King of Israel.

Man kann nicht sagen, daß sich alle Christen darüber freuten, obwohl sie doch sangen: »Freue dich, freue dich, Christenheit«. Arabische Anglikaner strichen den »King of Israel« wegen der Mißverständlichkeit aus ihrem Gesangbuch. Ein evangelischer Pastor meinte bedauernd, man müsse die Weihnachtsandacht jetzt zeitiger abhalten als unter jordanischem Regime, da die Straßen vielleicht nicht sicher seien. Die Befürchtung erwies sich zum Glück als unbegründet.

Ärgerlich waren auch die Leute von Nazareth, denn sie hatten durch neunzehn Jahre hindurch das Erbe Bethlehems in Israel genossen; nicht als Kapitulation vor der philologisch-historischen Kritik, sondern als Ersatz-Heiligtum. Aber »was kann von Nazareth Gutes kommen?« (Johannes 1, 46).

Da Jordanien die Mitternachtsmesse mit den Glocken von Bethlehem ausstrahlte, konnte Israel natürlich nicht zurückstehen und sendete mehrsprachig von Nazareth. Der Wettstreit des mohammedanischen und des jüdischen Staates um die Senderechte für das christliche Weihnachtsfest gehört zu den Treppenwitzen der Religionsgeschichte.

Jetzt aber verkündete das hebräische Radio aus der Stadt Davids im Jüdischen Lande in der Sprache Davids (und in der Sprache, die Jesus jedenfalls verständlich war, wenn er selbst wohl auch nicht hebräisch, sondern aramäisch gesprochen hat), ferner arabisch, englisch, französisch, italienisch und spanisch die Geburt des armen obdachlosen jüdischen Kindes, das Millionen Menschen auf der Welt als ihren Erlöser bekennen.

Historisch? Nicht historisch? Die Frage der Geschichte wird im Lichte der Heilsgeschichte für die Gläubigen unwesentlich. Ein jüdischer Atheist, Ernst Bloch, freilich kein Fachmann für Neues Testament, glaubt an die Historizität der Geburt in Bethlehem. Er meint, psychologisch gesehen denke sich niemand eine so niedrige Geburt des Messias, in einem Stall unter armen Leuten, aus. (Das stimmt mythengeschichtlich nicht, denn die Geburt des Mose ist zum Beispiel als nicht minder ärmlich, in Sklaverei und gefahrvoller Aussetzung auf den Wassern, beschrieben). Ich weiß nicht sicher, wo Jesus geboren wurde: in Bethlehem, in Nazareth, in Kapernaum. Es gibt heute sogar wieder Mythenforscher, die an der Geburt Jesu überhaupt zweifeln. So der Engländer John M. Allegro, der die Existenz Jesu leugnet und in ihm nur einen Decknamen für einen Drogenpilz sehen will, der die Gläubigen eines Mysterienkultes in Ekstase und Rausch versetzte.

Ich glaube allerdings, daß dieser Fliegenpilz Allegros direkt vom Fliegengott Beelzebub stammt und schnell vertrocknen wird. Wo Jesus geboren ist, ja sogar ob er geboren ist (obwohl das sicher zutrifft), ist völlig unwesentlich: er wird in Bethlehem in jeder Weihnachtsnacht neu geboren.

1967 und in den kommenden Jahren war eine neuartige Erscheinung festzustellen. Die Hippies kamen an die Krippe. Langhaarige Jünglinge und Mädchen, einige in wallenden Gewändern, andere in Bluejeans, sangen zur Gitarre Weihnachtslieder, Jahre bevor in Amerika und Europa eine eigentümliche Jesus-Renaissance einsetzte, die von Pop und Beat unter Überwindung von Drogen gekennzeichnet wurde. Es wäre zu untersuchen, ob nicht von Bethlehem, nach 1967, diese Bewegung ausgegangen ist.

Weniger lärmend, weniger massenbewegend, sind die beiden anderen Weihnachtsfeste in Bethlehem, das griechisch-orthodoxe und das armenische.

Das letztere erlebte ich einmal im Katholikon der Geburtskirche – durch einen Druckfehler. In der von der Mandatsverwaltung herausgegebenen englischen Radiozeitschrift las ich, daß am 18. Januar »American Christmas« stattfindet. Gemeint war natürlich »Armenian«, aber das wußte ich in den vierziger Jahren noch nicht, und ich fuhr nach Bethlehem, um die Amerikaner zu treffen. Ich suchte sie vergeblich und löste durch meine Fragen Erstaunen und Befremden der Bethlehemiten aus. Ich erwartete irgendeine amerikanische Sekte, die Mormonen oder Christian Science. Nichts davon war zu bemerken, bis mir schließlich klar wurde, daß es sich nicht um eine späte amerikanische Sekte, sondern um die sehr alte armenische Kirche handelte, deren Ritus von byzantinischer Strenge und Feierlichkeit getragen ist.

Im Weihnachts-Evangelium heißt es, »denn es war kein Raum in der Herberge«. Das ist eigentlich so geblieben. Die Hotelverhältnisse in Bethlehem sind noch immer unzureichend, zumindest für die Weihnachtsnacht, aber Jerusalem ist heute auf der Autostraße so rasch zu erreichen, daß man nicht mehr in Stall und Grotte Zuflucht suchen muß.

Man kann nicht sagen: Weihnachten überschattet die Vergangenheit Bethlehems. Besser wäre es wohl: es überstrahlt sie; denn die wackeren Bethlehemiten, selbst wenn sie Mohammedaner und keine Christen sind, sorgen für die prächtige Illumination ihrer Stadt in der Adventszeit, die sich hier auf zwei Monate erstreckt.

Und doch ist Bethlehem noch mehr als die Weihnachtsstadt. Es ist ja die Geburtsstadt Jesu, *weil* es die Geburtsstadt Davids ist. Der Sohn Davids, eigentlich der späte Enkel, sollte in der Stadt Davids geboren werden, wie es in der Verkündigung an die Hirten heißt. Aber es ist die Stadt Davids, weil es die Stadt des Großbauern Boas ist, der die getreue Moabiterin Ruth geehelicht hat, die so die Stamm-Mutter Davids und Jesu wurde. »Imperialistisch« wie ich bin, möchte ich das Andenken des Königs David, der hier einen besonderen Brunnen erwähnte, den Brunnen in Bethlehem unter dem Tor (2. Samuel 23, 15–16), nicht missen. Man muß nicht gerade ›Am Brunnen vor dem Tore‹ neben ›Stille Nacht, Heilige Nacht‹ singen, aber man sollte den Ursprung von Tradition und Legende nicht verkümmern lassen. Und vor allem sollte auch der getreuen Ruth gedacht werden, die aus fremdem Lande zu uns in das Land Juda kam, wie viele Frauen aus anderen Ländern, Völkern und Religionen heute mit ihren jüdischen Männern in Israel ansässig geworden sind. Wenn wir zu den Müttern pilgern, zu Rahel und Maria, vergessen wir die dritte Mutter nicht, die zwischen ihnen steht, Ruth, die die unvergeßlichen Worte sprach: »Dein Volk sei mein Volk, und dein Gott sei mein Gott.« Das wurde auf dem Wege nach Bethlehem gesagt.

Bethlehem stand immer im Zentrum des christlichen Interesses am Heiligen Lande. Bei der Ankunft der schwedischen Bauern aus Dalarne in Selma Lagerlöfs Roman ›Jerusalem‹ wird den Ankömmlingen in Jaffa die

Geographie des Landes vereinfacht erklärt: »Jerusalem liegt beinahe in gerader Linie hinter Jaffa, während Bethlehem ein Stück weiter südlich ist.« Damit ist das Wesentliche ausgesagt.

Das Städtchen Bethlehem ist auch heute noch die kleinste unter den Städten Judas, nur langsam findet es den Anschluß an die Gegenwart. Eine Heimindustrie, die sich vor allem mit Olivenholzschnitzerei befaßt, auch mit Perlmutterarbeiten, herrscht vor. In unendlicher Wiederholung werden die Figuren für die Weihnachtskrippe geschnitzt, wobei vor allem die Eselein eine prominente Rolle spielen. Der Ochse kommt merkwürdigerweise seltener vor, obwohl doch Ochs und Esel zu den unveräußerlichen Requisiten einer Weihnachtskrippe gehören. Zwar sind sie nicht im Evangelium bezeugt, aber ihr apokrypher Ursprung vermindert nicht ihre industrielle Verwertbarkeit. Auch die Kamele der Heiligen Drei Könige, die in der Bibel nur als Weise oder Magier auftreten, werden massenweise erzeugt. Kamele und Esel haben den Vorzug, das ganze Jahr über aktuell und nicht an die Saison gebunden zu sein.

Die Winkelgäßchen von Bethlehem klettern den steilen Hang hinan. Kirchtürme und Minarette weisen in einen gemeinsamen Himmel. Das unbestrittene Zentrum dieser Stadt ist der freie Platz vor der Geburtskirche. Unvergeßlich blieb mir ein Konzert der Philharmoniker Israels unter der Stabführung Zubin Mehtas, des indischen Dirigenten, auf diesem freien Platz. Es wurde Verdis Requiem aufgeführt – eine großartige Kundgebung menschlicher Solidarität im Ausblick auf die Ewigkeit.

Dann aber sank der Platz wieder zurück in die Stille, über der sonst nur das Läuten der Glocken und der Gebetsruf des Muezzin erklingen.

Millionen Menschen in aller Welt haben den Kompaß ihres Herzens um die Adventszeit auf Bethlehem gerichtet. Aber Menschen aus nächster Umgebung sind oft ahnungslos. So führte ich in den Jahren des Zweiten Weltkrieges eine Gruppe der Schokoladefabrik »Elite« aus Ramath-Gan durch Jerusalem und Bethlehem; ich hatte mich der Bildungsarbeit für die Angestellten zur Verfügung gestellt. In der Geburtskirche erklärte ich, gründlich vorbereitet, viele Details. Ich zeigte die Grotte, in der der heilige Hieronymus »im Gehäus« die Bibel ins Lateinische übersetzte, ich wies auf den Platz hin, da sich der Kreuzfahrerkönig Balduin I. in einer Weihnachtsnacht zum König von Jerusalem krönen ließ ...

Nachdem ich alles, so gut ich konnte, dargelegt hatte, fragte mich eine junge Arbeiterin: »Und *wer* ist das Baby hier?«

Diese Ahnungslosigkeit mag wohl eine Ausnahme bilden, und doch wurde noch im November 1971 im Israelischen Radio zweimal von der Grabeskirche in Bethlehem gesprochen. Erst als ich den Fehler telephonisch korrigierte, wurde er in einer dritten Nachrichtensendung richtiggestellt.

Man weiß zuwenig voneinander. Jeder lebt in seinem Getto. Mauern, Klagemauern, Verleumdungsmauern schließen die Menschen ein. Was wissen die Juden vom Christentum, die Christen vom Judentum und beide vom Islam? – Und was wissen die Mohammedaner von Juden und Christen?

Zwischen Juden und Christen bahnt sich heute auch in Jerusalem ein neues Verhältnis an. Im Rainbow Club treffen sich monatlich jüdische und christliche Intellektuelle zu theologischen Gesprächen. Viel schwerer ist es, Mohammedaner mit in diese Runde zu bringen.

Das war schon in der vorstaatlichen Zeit nicht anders. Für mohammedanische Araber bleibt der Jude ein imperialistischer Zionist, und auch der Christ ist, als Europäer oder Amerikaner, oft verdächtig.

In der Zeit des Zweiten Weltkrieges versuchte ich gemeinsam mit meinem 1947 verstorbenen Freund, dem schottischen Pfarrer von Tiberias, George L. B. Sloan, ein Wort des Friedens: ›Comfort Ye, Comfort Ye My People‹ von Jerusalem aus herauszugeben. Es sollte ein jüdischer und ein christlicher Beitrag zum Frieden sein, den wir durch einen mohammedanischen ergänzen wollten. Es gelang uns nicht. Nach langer Suche fanden wir einen Lehrer des Arab College, einen Historiker, der bereit war, mit uns über den Plan zu sprechen. Er wollte aber weder in mein Haus noch in das des »Engländers« (welche Beleidigung für einen Schotten!) gehen, und so trafen wir uns auf dem neutralen Boden der Wohnung des dänischen Pfarrers Nielsen in Jerusalem. Unser arabischer Gesprächspartner hörte sich den Plan an, gab seiner Sympathie dafür Ausdruck, bemerkte aber, daß er seines Lebens nicht mehr sicher sei, wenn er sich an diesem Friedensappell beteilige. So mußte die Broschüre 1943 ohne einen Beitrag von islamischer Seite erscheinen.

V
Seitenwege zum Himmel

In seiner ›Versuchung des heiligen Antonius‹ schilderte Gustave Flaubert die Anachoreten der Thebais in Oberägypten. Diese Einsiedler des frühen Christentums hatten sich die raffiniertesten Martern für sich selbst ausgedacht, jeder suchte seinen privaten Weg zum Himmel. Sie hausten in Höhlen und Hütten, manche hatten sich auch mitten in Alexandrien auf einer Säule niedergelassen, so dem Himmel nahe und für die Erde voll sichtbarer Verachtung, ausgedrückt durch Harn und Exkremente, die von der Säule herab der Erde und ihren Bürgern zugedacht waren.

In der Thebais, Tummelfeld des geistlichen Masochismus, beschimpften die Anachoreten einander nicht selten, bewarfen sich mit Steinen, da keiner in die Einsamkeit des anderen eindringen durfte. Alle schätzten es aber doch, von den Weltkindern bestaunt zu werden, die zu den Büßern in der Wüste eilten.

An Zustände dieser Art wurde ich in Jerusalem immer und immer wieder erinnert. Ein talmudisches Wort sagt: »Die Luft des Heiligen Landes macht weise.« Ich kann einen unmittelbaren Beweis dafür nicht finden, aber ich möchte dieses Wort ergänzen und sagen: »Die Luft Jerusalems macht oft verschroben.«

Das ist weiter nicht verwunderlich, denn Jerusalem hat natürlich eine geradezu magnetische Anziehungskraft für Sektierer aller Art. Dabei ist es gar nicht nötig, daß diese Schwärmer, die ihre eigenen Seitenwege zum Himmel einschlagen und die breite Heerstraße der Religionen und Kirchen verlassen, ständig in Jerusalem wohnen. Es genügt, daß sie sich zeitweise hier niederlassen, um, inspiriert vom Geiste der Heiligen Stadt, der keineswegs immer identisch sein muß mit dem Heiligen Geist, dann ihre Botschaft in die Welt hinauszutragen. Nach einem Worte des Propheten Jesaja im zweiten Kapitel, das ständig zitiert wird, geht von Zion die Lehre aus und das Wort des Herrn von Jerusalem. Aber auch Irrlehren gehen von Zion aus, und mancher meint, ein Gotteswort zu verkündigen, das sich später als Wahnidee herausstellt.

Die Unterschiede sind nicht immer so leicht erkennbar. Wo ist das Kriterium, das echte von falscher Prophetie scheidet? Oft kann das erst nach vielen Jahren klar erkannt werden. Der Philister hat es leicht: Was er nicht kennt, daß glaubt er nicht. Kierkegaard aber bezeichnet den religiös getarnten Unglauben als Verbeugung vor dem Bestehenden. Dort, wo Religion bereits Institution geworden ist, Kirche, Kultusgemeinde, womöglich mit Hierarchie und Bürokratie, ist das Wagnis des Glaubens weitgehend ausgeschaltet. Der Glaube ist bürgerlich rehabilitiert, wird genau das, was er nicht sein soll: eine gesellschaftliche Lebensversicherung.

In den wilden Sektierern, die auf eigene Faust ihre Seitenwege zum Himmel einschlagen, ist noch etwas von dem apostolischen Ethos und Pathos zu spüren, das aus den Worten des Paulus über der Apostel Amt und Niedrigkeit im 1. Korintherbrief (4, 9ff.) anklingt: »Denn mich dünkt, Gott habe uns Apostel als die Allergeringsten dargestellt, wie dem Tod übergeben, denn wir sind ein Schauspiel geworden der Welt und den Engeln und den Menschen. Wir sind Narren um Christi willen, ihr aber seid klug in Christus; wir schwach, ihr aber stark; ihr herrlich, wir aber verachtet.«

Hier ist der stolze Protest des einsamen Sektierers gegen das Establishment der Religion klassisch formuliert. In der Tat sind Menschen, die Seitenwege zum Himmel einschlagen, ein Schauspiel für die Welt, ob sie es tatsächlich auch für die Engel sind, wie Paulus in rhetorischer Übertreibung bemerkt, entzieht sich meiner Erfahrung.

Eine der absonderlichsten Gestalten begegnete mir gar nicht in Jerusalem wohl aber folgte ich zu Beginn des Jahres 1950 ihren Spuren, da Ende 1949 in Amerika ein Buch ›Thirtythree Candles‹ von David Horowitz erschien, der selbst in den dreißiger Jahren in Jerusalem gelebt hatte und dort in einem Höhlengrab von Sanhedria, der sogenannten Begräbnisstätte der Mitglieder des Synhedrions, des Hohen Rates, einem wunderlichen Heiligen begegnet war, der sich Moses Guibbory nannte. David Horowitz traf ich später öfters in Jerusalem und verdanke ihm viele Details über Moses Guibbory. Mit wallendem Haar und wildem Bart (heute würde das nicht mehr auffallen) hauste Guibbory wie einst Hieronymus im Gehäus und schrieb an einem Riesenwerk, das Horowitz später hebräisch und englisch herausgab: ›The Bible in the Hands of its Creators‹. Dieses seltsame Buch, das 1979 Seiten umfaßt, je eine Kolumne hebräisch und eine englisch, erschien im April 1943 in einem eigens hierfür in Jerusalem und New York gegründeten Verlag. Das Buch ist ein Unikum, wurde 1950 mit 500 Dollar auf dem Raritätenmarkt bewertet und dürfte heute nur noch in ganz wenigen Exemplaren verfügbar sein. Eines davon besitze ich. Es wurde mir von einem enttäuschten Anhänger Guibborys überlassen, zum Dank für die Artikel, die ich über diesen seltsamen Fall veröffentlichte. Erst später konnte ich feststellen, daß schon Arthur Köstler in seiner Autobiographie ›Pfeil ins Blaue‹ Guibbory erwähnte, jedoch nur einen peinlichen Zwischenfall in der Höhle. Der fromme Einsiedler wurde von einer kurdischen Frau mit Lebensmitteln in seiner Einsamkeit versorgt, scheint sich der gütigen Helferin aber auch anderweitig erfreut zu haben, worauf achtlos zurückgelassene hygienische Gummiartikel hinwiesen, die sich auf geheiligtem Boden befanden. Das erregte den verständlichen Volkszorn der Umgebung und scheint den Gottesmann in eine gefährliche Situation gebracht zu haben. Nur durch Flucht in andere Höhlen entzog er sich der Lynchjustiz.

Köstler wußte aber noch nicht, was sich dem Leser von Guibborys Monsterwerk auf Seite 1875 enthüllt. Ich zitiere hier nach der hebräischen und englischen Version: »Wisse auch dies, daß Moses Guibbory der Autor dieses Buches, Gott ist: Jah Jehovah, der Ewige, der Letzte der Götter, der Vater Israels und Judas, der Gott Abrahams, der Gott Isaaks und der Gott Jakobs, der große, der mächtige, der furchtbare Gott, Schöpfer des Himmels und der Erde, der allerheiligste Gott, voll der Gnade und des Erbarmens, langmütig und verzeihend ... neben dem es keinen anderen Gott gibt, der allein dieses Buch verfaßt hat ...«

Ein Geisteskranker? Ein Blasphemiker? Das alles ist

mit großer Vorsicht zu statuieren, denn Guibbory ist nicht ohne Vorgänger in der Religions- und Geistesgeschichte des Judentums. Man denke nur an den Sohn des Geflügelhändlers aus Smyrna, Sabbatai Zevi (1626–1676), der vorletzte Pseudomessias des Judentums. Es sind Amulette erhalten mit der Aufschrift: »Ich bin der Herr dein Gott Sabbatai Zevi«.

Man stelle sich aber auch vor (ich sage das im vollen Bewußtsein des Wagnisses solcher Aussage), wie die Konzeption der Inkarnation des göttlichen Logos in der Gestalt eines unbekannten galiläischen Zimmermanns auf die Zeitgenossen wirken mußte. Nach Jahrhunderten, im Rahmen eines hierarchischen Establishments, sieht das alles völlig anders aus, ist das Odium der Lächerlichkeit verschwunden, von dem noch Paulus Zeugnis gibt und Kierkegaard achtzehnhundert Jahre später, wenn er notiert: »Furchtbarstes Martyrium: zu Tode gegrinst zu werden.«

Es war überhaupt Kierkegaard, der mir, einem an sich nüchternen Menschen mit theologischen und religionsgeschichtlichen Interessen, einen gewissen Zugang zu den Einzelgängern des Glaubens eröffnete. Insbesondere ›Das Buch Adler‹ Kierkegaards. Besagter Adler war ein dänischer Küster, der behauptete, der Heilige Geist habe zu ihm gesprochen. Er wurde daraufhin sanft in eine Irrenanstalt abgeschoben. Kierkegaard war keineswegs davon überzeugt, daß sich der Heilige Geist dem Küster Adler wirklich offenbart habe, aber er erkannte, daß eine Kirche, die die Möglichkeit einer neuen Offenbarung des Heiligen Geistes eo ipso auf das Gebiet der Neurologie (statt der Theologie) verweist, ihre Glaubwürdigkeit verliert.

Die Sektierer, die vom Geist Besessenen, wobei es immer fraglich bleibt, welche Art von Geist es ist, stellen den gläubigen Menschen immer wieder auf eine harte Probe. Ich bin ihr nie ganz ausgewichen, allerdings geschützt durch eine gewisse Portion Humor, die mir die Gnade Gottes mitgegeben hat.

Aber zurück zu Guibbory. Er wurde 1900 in Bogopol in der Ukraine geboren. 1922 kam er als Flüchtling nach Konstantinopel, und 1925 wanderte er in Palästina ein. –

Das sind die amtlichen Daten. Aber dieser Mann, der sich in Jerusalem niederließ, wurde für einige wenige eine charismatische Gestalt, die sich verheerend in ihrem Leben auswirkte. Die nähere Umgebung dieses Mannes bemerkte zunächst nichts. Er heiratete eine schlichte orientalische Jüdin, hatte mehrere Kinder mit ihr. Diese »echten Gottessöhne« machten später durchaus bürgerliche Karriere, als Regierungsbeamte und – die Mädchen – als brave Hausfrauen, während sich Vater Guibbory mitten im Zweiten Weltkrieg 1941 in einem Privatflugzeug (!) nach den USA absetzen konnte.

Die nicht unbeträchtlichen Beträge für diese Himmelfahrt wurden von Anhängern Guibborys in den USA, Land der unbegrenzten Möglichkeiten, zur Verfügung gestellt.

Der Paulus des Guibbory war besagter David Horowitz, der sich später aber auch von ihm löste. Die Hauptacquisition des Guibbory (natürlich mit Hilfe von David Horowitz) war der populäre amerikanische Radiokommentator Boake Carter, ursprünglich Antisemit, nun aber bedingungsloser Anhänger Guibborys. 1941 verkündete er über die Ätherwellen: »Ich glaube, ich bin auf die größte Sensation meines Lebens gestoßen.« Diese größte Sensation war die Offenbarung der göttlichen Inkarnation in Moses Guibbory, Prophet der Sieben Höhlen, denn in den sieben Höhlen, vom Höhlengrab in Sanhedria in Jerusalem bis zu einer Höhle am Berge Sinai hauste Guibbory, unablässig seine Visionen niederschreibend, in Felsklüften, ehe er in den USA von der Villa Carters Besitz ergriff und schließlich auch von dessen attraktiver skandinavischer Frau, die ihm in göttlichem Heilsplan als neue Eva, in entsprechendem Kostüm, zugeführt werden mußte.

Eine weitere Akquisition Guibborys war ein jüdischer Neger, Aber Goldberg, der im Gefängnis endete.

Für mich in Jerusalem war es gar nicht leicht, die Spuren Guibborys neun Jahre nach seiner »Entrückung« nach den USA, aufzufinden. Die Familie wohnte zwar noch immer in ihrer ärmlichen Bleibe im bucharischen Viertel, aber Frau Guibbory lehnte es aus verständlichen Gründen ab, über ihren entflohenen Mann etwas zu sagen. Sie wußte angeblich nicht einmal seine Adresse. Auch die Kinder hüllten sich in Schweigen. Der Älteste erinnerte mich an Don Carlos: »Sprich mir von allen Schrecken des Gewissens / Von meinem Vater sprich mir nicht.«

Aber ein Billeteur an der Kasse eines kleinen Kinos in Jerusalem wurde mir als Jünger Guibborys genannt. Er saß hinter seinem Schalter und verkaufte Karten zur ersten Vorstellung. Ich mußte warten, bis alle Schaulustigen abgefertigt waren, dann erst konnte ich aus dem Schalterfenster unvergeßliche Worte hören: »Wer Gott sucht, der findet ihn«, sagte der Mann schlicht, als ich ihm schilderte, nach wieviel Umfragen ich zu ihm geleitet wurde.

Der Mann hinter dem Schalter erwies sich als Kabbalist. Gott verkörpert sich immer wieder auf Erden, sagte er mir und verwies mich auf die seltsame Stelle 2. Mose 7, 1: »Der Herr sprach zu Mose: Siehe ich habe dich zum Gott gesetzt, über Pharao, und Aaron, dein Bruder, soll dein Prophet sein.« So steht es tatsächlich in der Bibel. Daran ist nicht zu rütteln. Die klassischen Kommentare, wie Raschi, versuchen, die anstößige Stelle zu entschärfen, erklären das Wort *Elohim* (gleich Gott) mit Richter und Züchtiger, der Pharao mit Plagen und Schmerzen züchtigen soll. Der Targum Onkelos, die klassische aramäische Bibelübersetzung, macht dann aus dem Propheten Aaron nur einen Dolmetscher, aber das sind offenbar späte Versuche einer Entschärfung des Mysteriums.

Der Mann hinterm Schalter, der seinen Namen nicht preisgab, (mir wurde nur gesagt: der Billettverkäufer im Kino X) aber nahm die Bibelstelle wörtlich. Mose wurde zu Gott zur Zeit Pharaos, er wurde es wieder in unserer Zeit, nunmehr als Moses Guibbory.

Ich lernte, daß sich Gott in jeder Generation in einem Menschen verkörpert. Auf meine naheliegende Frage, ob auch Jesus von Nazareth eine Verkörperung Gottes war, erhielt ich keine Antwort.

Damit waren aber die Einweihungen ins Mysterium der Inkarnation an der Kinokasse (eine kafkaeske Situation) noch nicht beendet. Ich erfuhr, daß der sich jeweils neu inkarnierende Elohim ein erschaffener Gott ist. Auch das wurde mit verblüffender Einfachheit aus dem ersten Satz der hebräischen Bibel erklärt: »Im Anfang schuf Gott Himmel und Erde.« Hebräisch lautet dieser Satz: »Bereschith bara Elohim eth Haschamajim weeth Haarez.«

Nun übersetzte der Guibbory-Jünger: »Bereschith schuf Elohim, Himmel und Erde.«

Bereschith (im Anfang) wurde so zu einem Gottesnamen. Der Gott Bereschith schuf den Elohim, erst dann auch Himmel und Erde.

So gesehen gäbe es also *zwei* Götter: den Bereschith und den Elohim, der dann in späterer Offenbarung auch als *Jahweh* (Jehovah) auftritt.

Ich habe mir sagen lassen, daß diese merkwürdige Exegese nicht ohne Vorbild in der kabbalistischen Mystik sei; auch in der Gnosis des Marcion (gestorben um 160) wird zwischen einem Demiurgen, einem Schöpfergott, der dämonische Züge trägt, offenbar dem Gott Bereschith gleicht, und dem in Christus erschienenen Gott unterschieden. (Die Kirche hat den Marcionismus als Irrlehre gebannt, ebenso wie das offizielle Judentum natürlich nichts dulden konnte, was gegen den strengen Monotheismus verstieß.)

Guibbory offenbarte sich jenem David Horowitz, der für ihn wurde, was Nathan aus Gaza für den Pseudomessias Sabbatai Zevi war, was Chajim Vital vor vierhundert Jahren für den Mystiker Isak Luria in Safed bedeutete, durch ein Mirakel im Höhlengrab von Sanhedria. Guibbory befiehlt David Horowitz, an einem Freitagnachmittag dreiunddreißig Kerzen zu bringen, die er am Vorabend des Sabbaths unter stillem Gebet im Inneren der Höhle anordnet und entzündet.

Und was sieht David Horowitz? Die Kerzen bilden das Tetragrammaton, den vierbuchstabigen heiligen hebräischen Gottesnamen der Bibel, JHWH.

Der Prophet verschwindet in einem Seitenstollen der Höhle und läßt David allein, den plötzlich ein heiliges Schaudern erfaßt, so als spüre er die Anwesenheit des Ewigen. Und da ereignet sich ein Zeichen: Sieben Kerzen brennen vor dem heiligen Namen, sie bleiben unverändert. Aber mit den Kerzen, die den Gottesnamen bilden, geschieht eine Veränderung. Der dritte Balken des ersten

H (Heh) erlischt und ebenso die Kerze, die den Buchstaben Waw bildete. Es bleibt nach dieser Transformation übrig: Jod – Daleth – und Heh, was Hebräisch ergibt: JAD – Haschem (die Hand Gottes).

David ist verwirrt, bestürzt, beglückt: ein Zeichen. Wie so viele Menschen hat er auf ein Zeichen in seinem Leben gewartet, denn schon 1927 war er durch prophetische Träume und Erlebnisse darauf vorbereitet worden, fern dem Schauplatz in Jerusalem, im schwedischen Malmö.

Dort war ihm plötzlich auf einer Brücke am Fluß eine göttliche Stimme erklungen: Gehe nach Palästina.

Jetzt erst wird ihm klar, *warum* er hierherkommen mußte –, um diesem Propheten zu begegnen, der sich ihm als weit mehr denn ein Prophet enthüllt, als Verkörperung der Gottheit.

Ich habe später das Höhlengrab von Sanhedria aufgesucht und an der bezeichneten Stelle das Experiment mit den dreiundreißig Kerzen wiederholt, aber kein Windzug stellte sich ein, keine Veränderung der Flammen war festzustellen, die irgendeinen Symbolwert gehabt hätte. Das beweist natürlich nichts gegen die magischen Kräfte des Guibbory oder seines Mediums Horowitz, über die ich bestimmt nicht verfüge.

Jedenfalls war Horowitz in diesem Augenblick gewonnen: Er wurde sein Damaskus.

Guibbory salbte Horowitz zu seinem Propheten (Moses-Aaron-Situation). Horowitz arbeitete mit wahrer Besessenheit für die Offenbarung seines Meisters, übersetzte sein Monsterwerk, führte selbst den Druck dieser Super- oder Satansbibel durch, wurde aber schließlich verstoßen oder sagte sich selbst von Guibbory los, in dem er nun nicht mehr die Verkörperung *Gottes*, sondern des Teufels sah. Es liegt also im Auge des gläubigen Beschauers.

Der Fall Guibbory ist wohl der merkwürdigste, der mir begegnet ist, aber er steht keineswegs allein. Freilich ist mir der Fall von Menschen, die sich selbst für Gott halten, sonst nur noch einmal begegnet, wohl aber Fälle von Menschen, die sich für erwählte Propheten hielten, ja sogar für Jesus, unmittelbare Offenbarungen empfingen und dadurch auch auf andere Menschen wirkten.

Das Kriterium in allen diesen Fällen ist die *Wirkung*. Wenn sich ein armer Irrer in der Nervenheilanstalt für Napoleon hält, für Alexander den Großen, für Jesus, so ist nur ein Fall der Psychiatrie gegeben. Wenn dieses Sendungsbewußtsein aber so viel Strahlkraft hat, daß andere Menschen in den Bann des Inspirierten geschlagen werden, dann wird aus dem Neurotiker ein Charismatiker.

In diesem Zusammenhang ist ein »Brief Christi« (2. Korinther 3, 3) erwähnenswert. Im April 1972 erreichte mich das Schreiben eines Herrn L. aus Österreich: »Ich habe Ihr Buch gelesen, das Sie über *mich* geschrieben haben, betitelt ›Bruder Jesus‹.« Herr L. legte mir in vollem Ernst dar, daß er und kein anderer der wiederverkörperte Jesus sei. Ich zog es allerdings vor, mit dem österreichischen Jesus nicht in Korrespondenz zu treten, obwohl er meiner Sicht Jesu voll zustimmte.

Hätte der Epileptiker Mohammed nur den Spott der Leute von Mekka ausgelöst, ohne dort und in Medina Anhänger zu finden, die seinen Offenbarungen Glauben schenkten, er wäre längst vergessen.

Für die biblischen Propheten trifft das nicht in vollem Ausmaß zu, denn in diesen Frühzeiten war der Prophet im Ständestaat lokalisiert. Prophetsein war eine Funktion wie das Priestertum. Es stellte sich nur die Frage, ob es sich um einen *echten* oder einen *falschen* Propheten handelte, wofür das einzige Kriterium in der Thora ist, daß der wahre Prophet im Namen Jahwehs kündet und nicht gegen das kodifizierte Gesetz verstößt.

Nach der Tradition des Judentums erlosch die Prophetie bereits mit der Zerstörung des herodianischen Tempels im Jahre 70 n. Chr., was religionsgeschichtlich in etwa zu bestätigen ist. Prophetische Gestalten, die später auftreten, wurden nicht mehr kanonisiert.

Die Bibel und die rabbinische Überlieferung kennen nicht nur Propheten, sondern auch *Prophetinnen*: »Die Rabbinen lehrten: achtundvierzig Propheten und sieben Prophetinnen prophezeiten in Israel ... wer sind die sieben Prophetinnen? Sara, Mirjam, Deborah, Channah, Abigáil, Chulda und Esther.« (b. Megilla 14a) Ich bin zwei Prophetinnen in Jerusalem begegnet.

Nur im Auslande hatte ich ein Erlebnis, das dem Anspruch Guiborrys vergleichbar wäre. Nach einem Vortrag in der Deutsch-Israelischen Gesellschaft in Wiesbaden im Jahre 1970 überreichte mir eine Dame lächelnd ein Buch über Paulus und sagte dazu nur das eine Wort: »Jehova.« Höflich, aber durchaus mißverstehend, bemerkte ich: »Ah, von den Zeugen Jehovas.« (Ich tippte auf die weit verbreitete Sekte dieses Namens.) Die Dame korrigierte: »Nein, Jehova selbst.« In einem Brief, der dem Buch beigelegt war, offenbarte sich die Dame aus der Zeppelinstraße in Wiesbaden als Verkörperung Jehovas. Ich war einigermaßen erschüttert, denn man sieht nicht Gott und lebt. Aber nachdem ich diese Begegnung lebend überstanden hatte, schwanden meine biblisch begründeten Besorgnisse. Hier handelte es sich aber offenbar nur um Geisteskrankheit, denn die Strahlkraft fehlte völlig. Die Dame blieb mit ihrer Wahnvorstellung vereinsamt. Hart an der Grenze des Wahnsinns bewegte sich eine Jerusalemer Prophetin, die in den Jahren des Zweiten Weltkrieges unter dem Namen »Kescher Le-Echad« in Jerusalem äußerst populär war. Diese alte Dame, Jeanette Neuburger, übrigens eine Schulfreundin meiner Mutter aus München, durchzog die Straßen der Heiligen Stadt mit dem monotonen Kriegsruf: »Kescher Le-Echad«, zu deutsch: »Verbindung mit dem Einen«. Natürlich war damit die Verbindung mit Gott gemeint, obwohl es kaum möglich war, von der Manisch-Besessenen einen klaren Kommentar zu ihrer Losung zu erhalten. Erscheinungen dieser Art sind in der Religionsgeschichte Jerusalems nicht ohne Vorbild. So schildert Flavius Josephus in seinem ›Jüdischen Krieg‹ (6. Buch, 5. Kapitel, Absatz 3) einen gewissen Jesus Ben Chanan, der vier Jahre lang wie eine hebräische Kassandra durch Jerusalem zog und unablässig einen Wehruf ausstieß, den Untergang von Stadt und Tempel weissagend. (Der hebräische Historiker Micha Joseph Bin-Gorion [Berdycewski] sah in diesem Unglückspropheten in Anlehnung an Matthäus 23 u. 24, Markus 13, Lukas 21 ein Urbild des historischen Jesus. Bei Flavius Josephus heißt Ben Chanan: Jesus Ananus. Auch dieser Mann lehnte es trotz schwerer Züchtigungen ab, seine Rufe zu interpretieren.)

Die Kescher Le-Echad, wie sie allgemein genannt wurde, löste natürlich auch oft den Unmut gestörter Mitbürger aus, sowohl in Autobussen wie an Wohnungstüren, ja selbst Martin Buber verlor ihr gegenüber die Geduld.

In meiner ›Zwiesprache mit Martin Buber‹ schilderte ich eine Szene des tragikomischen Zusammenstoßes zwischen Buber und unserer Stadtprophetin, wobei die Dichterin Else Lasker-Schüler noch hinzukam.

In den Jahren des Zweiten Weltkrieges hielt Martin Buber am Sonnabendvormittag in der Jerusalemer Synagoge deutscher Juden »Emeth w'Emuna« ein »Offenes Forum« ab, das Zeit- und Streitfragen gewidmet war.

Die erste dieser Aussprachen stand unter einem unglücklichen Stern und gestaltete sich tragikomisch.

Buber begann in seiner vorsichtigen, zurückhaltenden, abwägenden, ja skeptischen Weise: »Wenn mir heute jemand sagen würde: Ich habe Offenbarungen, oder: Ich weiß genau, was die Geschichte bringen wird – dann würde ich ihm zutiefst mißtrauen.«

Weiter sollte Buber nicht kommen, denn aus einer Ecke des kleinen Andachtsraumes meldete sich in unverkennbarer Mischung von Berliner Dialekt und Wuppertaler Platt die Stimme einer Frau: »Aber Herr Professor, ich habe ständig Offenbarungen.«

Es war die Dichterin Else Lasker-Schüler, die mit ihrem Einwand, unmittelbare Offenbarungen des Himmels zu empfangen, Bubers Konzept einen heftigen Stoß versetzte.

Mit großer Ruhe und Geduld ging Buber auf den Einwand ein und fragte die Dichterin nach dem Wesen ihrer Offenbarungen, vorsichtig zu bedenken gebend, daß poetische Inspiration mit prophetischer Offenbarung nicht identisch sei.

Aber mit der Lasker-Schüler war da zu keinem Kompromiß zu gelangen. Sie beharrte auf den Offenbarungen, erklärte unumwunden, daß ihre Dichtungen inspiriert seien und daß kein Geringerer als der König David persönlich sie im Hotel Koschel in Berlin aufgesucht habe, um ihr Geheimnisse der Geisterwelt und der Zukunft zu offenbaren.

Buber strich sich bedächtig den Bart und ließ den Blick sinnend auf der ekstatisch bebenden Dichterin ruhen, deren winzige Gestalt sich emporreckte, als sie Buber schließlich den Satz: »Herr Professor, ich verehre Sie sehr!« wie einen Fehdehandschuh hinwarf – und die Synagoge verließ.

Wer gedacht hätte, daß damit der eigentümliche Zwischenfall erledigt sei und das Forumgespräch nun in Gang gekommen wäre, der hatte sich gründlich geirrt. Die Kescher Le-Echad meldete sich nun zum Wort und erklärte rundheraus, daß sie genau wisse, was die Zukunft bringe und den lückenlosen Ablauf der Ereignisse sofort darzustellen bereit sei.

Das Publikum murrte, und Buber winkte resigniert ab. Das Bedürfnis, die lückenlose Enthüllung der Zukunft aus dem Munde der exzentrischen Dame zu hören, war gering. Schließlich schaltete sich der Rabbiner der Synagoge, Dr. Wilhelm, gewissermaßen als Hausherr und Gastgeber ein und schlug der Kescher Le-Echad vor, Professor Buber die Enthüllungen der Zukunft gelegentlich privatim vorzutragen, wofür ihn kein dankbarer Blick Bubers streifte.

Nach dieser verunglückten Begegnung, die an Goethes berühmtes Wort

> Prophete rechts, Prophete links
> Das Weltkind in der Mitten

erinnerte, begleitete ich Buber nach Hause und sagte auf unserem Weg: »Heute haben Sie mir von Herzen leid getan, da Sie diesen beiden Damen Rede und Antwort stehen mußten.« Buber blieb betroffen stehen und sagte: »Wie können Sie diese beiden miteinander vergleichen oder gar in einem Atem nennen? Die Lasker-Schüler ist ja eine wirkliche Dichterin, der alles zu verzeihen ist; die andere aber ist keinen Schuß Pulver wert.«

Das war ein hartes, vielleicht zu hartes Wort. Freilich hatte unsere Prophetin nicht die Genialität der Dichterin, die ihrerseits prophetische Züge aufwies, aber auch in der alten Ruferin war etwas vom Pathos inspirierter Wahrheit, wenn auch gefährlich getrübt.

In dieser Frau waren prophetischer Verkündigungsdrang und realistischer Ordnungssinn seltsam vereinigt, was oft zu Kurzschlüssen gegenüber der Umwelt führte.

Während der Belagerung Jerusalems 1948 saß ich allein mit einer Schreibkraft im Büro der Tageszeitung ›Neueste Nachrichten‹, deren vervielfältigte Notausgabe (wir waren von Tel-Aviv abgeschnitten) ich redigierte. Da trat, buchstäblich im Donner der Geschütze, die Kescher Le-Echad ein und stieß ihren prophetischen Ruf aus.

Ich war außerstande, mir jetzt ihre Suada anzuhören, sagte das in dürren Worten und wollte sie hinauskomplimentieren. Sie aber bemerkte nur: »Ich wollte mein Abonnement bezahlen.«

Ich war beschämt und erschüttert. Kein Mensch dachte im belagerten Jerusalem daran, sich auf die Straße zu wagen, um ein Abonnement für die Zeitung zu bezahlen, die noch dazu nur in dürftiger Ersatzausgabe geliefert werden konnte.

Wir hatten weder Inserate noch Abonnementsgelder. Nur die Prophetin wandelte unangefochten durch die menschenleeren Straßen, sang ihr ›Kescher Le-Echad‹ und ... bezahlte ihr Abonnement.

Eine Gestalt von ganz anderer Dimension des Geistes und der äußeren Erscheinung war eine Deutsche, die sich Sinai nannte. Sie heißt eigentlich Rothtrud Barbara Pleyer, studiert abwechselnd in Hamburg und Florenz Medizin, nachdem sie bereits zwei Doktorate in Jurisprudenz und Nationalökonomie erworben hat. Im Zuge weiterer Offenbarungen fügte sie dem Namen Sinai, dem Berg der Offenbarung, noch den Namen Moria hinzu, den Namen des Tempelberges in Jerusalem, auch legendärer Schauplatz der – nicht vollzogenen – Opferung Isaaks.

Es gelang Dr. Rothtrud Barbara Pleyer, beide Namen amtlich zu legalisieren, so daß sie in ihrem deutschen Reisepaß als Sinai Moria fungiert.

Diese Namensmystik ist, bewußt oder unbewußt, ein Stück biblischer Tradition. Der Berufene wird neu gerufen: Aus Abram wird Abraham, aus Sarai wird Sara, aus Jakob Israel. Name ist in der biblischen Tradition nicht Schall und Rauch, sondern Schicksal und Sendung.

Aus dem Hintergrund der Hauskapelle des Deutschen Hospiz trat mir Sinai im August des Jahres 1970 entgegen, in ein knöchellanges weißes Gewand gehüllt, um das ein ebenfalls weißer indischer Sari drapiert war. Die rötlichblonde junge Frau in dieser außergewöhnlichen Kleidung erinnerte an einen Engel von Botticelli. Lächelnd stellte sie sich vor: »Ich bin Sinai«, und überreichte mir eine Photographie des Mosesberges mit dem Kloster St. Katharina und dem Originalstempel dieses Wüstenheiligtums der Halbinsel Sinai, sozusagen als Visitenkarte.

Seit 1958 weilte Sinai fast jährlich auf dem Berge Sinai zu ausgedehnten Gebetsübungen, nach berühmtem Vorbild bis zu vierzig Tagen und Nächten, wobei sie nur von Wasser und Brot lebte, manchmal nur von Wasser, manchmal auch ohne Flüssigkeit für einige Tage. In seltsamer Kombination von Askese einer Wüstenheiligen und medizinischem Experiment übersandte sie einem Biologen des Tel-Haschomer-Krankenhauses bei Petach-Tikwa Urinproben, da die Veränderungen während eines wochenlangen Fastens nur höchst selten überprüfbar sind.

Auf dem Berge Sinai wurde ihr in diesen ausgedehnten Meditationen ihr eigenes Wesen und ihre Sendung bewußt: »Ich bin Sinai«, und dort ging ihr die lebendige Mitte aller Religionen auf, die Gegenwart Gottes.

Von Hause aus einer deutsch-evangelischen Familie stammend, trat sie zum Katholizismus und zur orthodoxen Kirche über, fühlte sich aber gleichzeitig dem Islam und dem Judentum verbunden und praktizierte fernöstliche Andachtsübungen.

1971 entschloß sie sich, zum Judentum überzutreten, nachdem ihr bei weiteren Andachtsübungen auf dem Sinai diese Notwendigkeit zur inneren Gewißheit geworden war. Im Zuge dieser Offenbarung legte sie sich den zweiten Namen Moria bei und änderte Sinai in »Sina«, offenbar im (unbewußten) Anklang an die leichte Berufungsvariation der Erzmutter: Sarai – Sara.

Ihre Sendung sah und sieht sie in der Verkündigung eines Friedensprogramms, das vom Berge Sinai ausgehen sollte: Gott ist der Herr von Sinai, des Gebietes, welches keinen irdischen Herrn haben darf. (Auch hier schließt Sina Moria völlig unbewußt an ältere Traditionen an: Jehuda Halevi [1080–1145], Dichter und Religionsphilosoph der spanisch-jüdischen Scholastik, erklärt in seinem Buch ›Kusari‹, daß die Zehn Gebote auf dem Berge Sinai gegeben wurden und nicht im Lande Kanaan, denn sie waren der ganzen Menschheit zugedacht, und kein Volk sollte sagen, daß in seinem Lande der Herr sein ewiges Gesetz offenbart habe.)

Die Halbinsel Sinai soll die erste Friedensinsel der Welt werden, entmilitarisierte Zone und Siedlungsgebiet für die arabischen Flüchtlinge.

In der Mitte von Sinai ruht ein Geheimnis, das erst offenbar wird, wenn die ganze Halbinsel dem Frieden geweiht ist. Nur bis 1972 sollte Scharm-El-Schekh an Israel verpachtet werden. (An wen sollte der symbolische Pachtzins zu entrichten sein?) Dann aber sollte es an Sinai zurückfallen.

Staatsmänner der ganzen Welt lud Sina Moria ein, um hier eine Weltfriedenskonferenz abzuhalten, während die Völker um den Frieden beten sollten.

Sie hatte nicht nur mir ihr Friedensprogramm vorgetragen, sondern siebenunddreißig Staatsmännern, darunter König Feisal von Saudi-Arabien, Kaiser Haile Selassi von Äthiopien, Marschall Tito von Jugoslawien und Erzbischof Makarios von Zypern, der die Beterin vom Sinai in die griechisch-orthodoxe Kirche aufnahm.

Sina wurde auch von Ägyptens Präsident Nasser und von König Hussein von Jordanien empfangen. In Israel sprach sie nur mit dem Einordnungsminister Nathan Peled, der ihr Sinai-Programm an Ministerpräsident Golda Meir weiterzuleiten versprach. Israels großer alter Mann David Ben-Gurion, den Sinai von ihrer gemeinsamen Meditationszeit in Burma 1961 her kannte, hatte in langen Gesprächen in seiner Wüstensiedlung Sede-Boker dem Friedensplan zugestimmt, der übrigens in ähnlicher Form, aber ohne das religiöse Pathos, vom Leiter der Kolonisationsabteilung der Jewish Agency, Dr. Raanan Weitz, vertreten wurde.

El-Fatah-Führer Arafat allerdings hatte auf den Vorschlag, die arabischen Flüchtlinge in der Wüste Sinai anzusiedeln beziehungsweise in ihren Oasen, nicht reagiert. Die radikale Linke verhielt sich ebenfalls kühl. Im Jahre 1964, so versicherte mir Sina mehrmals, habe nur Nikita Chruschtschow als einziger von siebenunddreißig Staatsmännern das Friedenstreffen auf dem Berge Gottes abgelehnt.

Von Sina ging immer wieder, bei jeder Begegnung, eine außergewöhnliche Strahlkraft aus, die ja das Kriterium für Erscheinungen dieser Art ist und bleibt.

Die Presse reagierte interessiert, wenn auch nicht immer positiv. Als ich selbst für Sina in Jerusalem eine Pressekonferenz veranstaltete, wobei die große Fasterin ein Sektfrühstück geben wollte, das ich als sparsamer Haushalter nicht zuließ, reagierten In- und Auslandskorrespondenten positiv, mit Ausnahme der einzigen weiblichen Pressevertreterin, die ausgesprochen gehässig über den schönen Friedensengel vom Sinai berichtete.

Später erst entdeckten die Illustrierten die Sinai-Story, Israels Sensationsblatt ›Haolam Hasé‹ und das deutsche Magazin ›Stern‹.

Diesen Blättern genügte die Friedensgeschichte nicht, sie stellten die Prophetin als die büßende Tochter Rommels vor. Das Gerücht hatten arabische Fremdenführer ausgestreut, auf dem Berge Sinai sitze eine blonde Deutsche, die Tochter des Marschalls der »Wüstenfüchse« und bete für den Frieden, büße für die Sünden des Vaters und des Vaterlandes.

Eine fabelhafte Geschichte, die nur den Nachteil hat, nicht war zu sein. Sina ist die Tochter des Universitätsprofessors Dr. Kleo Pleyer aus Königsberg, der im Zweiten Weltkriege gefallen ist. Sie beteuerte immer und immer wieder, in keinerlei Verwandtschaftsgrad zu Marschall Rommel zu stehen, der übrigens nur einen Sohn und keine Tochter hatte. Der Mythos ist aber stärker als die Realität, lebt länger, hartnäckig: »Was sich nie und nirgends hat begeben / Das allein veraltet nie«, wie Schiller richtig erkannte.

Sina verstand es, in Jerusalem katholische Priester und Nonnen, jüdische Universitätsprofessoren, russische Exil-Aristokraten und sogar einige nüchterne Politiker in ihren Bann zu schlagen. Wo es keine Wege gab, öffneten sie sich ihr. Ein reicher amerikanischer Tourist stellte ihr ein Privatflugzeug zur Verfügung (ähnlich wie im Fall Guibbory). Ein Pilot der israelischen Binnenfluglinie, der wegen Nebels auf Sinai nicht landen wollte, fügte sich ihrem Befehl, den sie im Gebet empfangen hatte, bei jeder Witterung zu landen.

In Hamburg versicherte mir bei einem Treffen mit der Prophetin vom Sinai der Theologieprofessor Hans Rudolf Müller-Schwefe, daß man sich der Suggestion dieser Frau einfach nicht entziehen könne. So gelang es ihr, mit seiner Hilfe und der Unterstützung von Professor Arthur Jores, Wolf Graf von Baudissin und anderen bekannten Persönlichkeiten, eine »Gesellschaft für Religion, Wissenschaft und Frieden« zu gründen, die im Hamburger Vereinsregister unter Nummer 7587 eingetragen wurde und in Florenz (in der Villa einer Tante der Prophetin) internationale Friedenskonferenzen abhält, an denen Männer des Glaubens von Indien bis zum Athos teilnehmen.

Auch ich war zu einer dieser Friedenskonferenzen geladen, als Gast der Prophetin, zog es aber doch vor, in der Identifizierung nicht so weit zu gehen, da das für einen Israeli mit einem gewissen moralischen Risiko verbunden ist, das ich nicht verantworten konnte.

Sina war großzügig genug, das zu verstehen.

Wir sahen uns später wieder in der Schweiz und in Deutschland. Überall wandelte sie wie eine Erscheinung aus anderen Welten in ihrem weißen Gewand, die bloßen Füße (auch im härtesten Winter) nur mit leichten Sandalen bekleidet, durch die Straßen.

Sie konnte nach langem Fasten vom Gottesberge herabsteigen, oder nach einer ausgedehnten Bahnfahrt den Zug verlassen, ohne daß dem weißen Gewand ein Stäubchen anhaftete oder der Sari verknittert gewesen wäre. So erinnerte sie mich immer an das Wort aus der Offenbarung Johannis (3, 4): »Die ihre Kleider nicht besudelt haben; und sie werden mit mir wandeln in weißen Kleidern, denn sie sind's wert.«

Nicht eigentlich zum Typus der Prophetin, aber doch in die Kategorie der Inspirierten gehören zwei Frauen deutscher Herkunft, aber ganz verschiedenen Alters und

Milieus, die durch die seltsamen Umstände ihrer Christus-Offenbarung, die sie mir mitteilten, verbunden sind. Ich vermittelte via Jerusalem auch die Bekanntschaft der jungen Studentin mit der reifen Familienmutter, und beide verstanden sich gleich. Die Offenbarungen erfolgten auf dem Klosett, während der Verrichtung der Notdurft. Selbst diese zunächst anstößig oder blasphemisch wirkende Szenerie ist nicht ganz ohne Vorbild. Hier wäre an Luthers berühmtes »Turmerlebnis« zu erinnern: »Und alsbald ward meine Seele gesund. Danach ist es Gottes Gerechtigkeit, die uns gerecht macht und uns rettet. Und diese Worte wurden mir eine süße Botschaft. *Diese Erkenntnis gab mir der Heilige Geist auf dem Abtritt im Turm.*«*

Wolfgang Ronner bemerkt hierzu in seinem aufschlußreichen Buch ›Die Kirche und der Keuschheitswahn‹ (1971): »Protestantische Biographien sprechen beschönigend vom ›Turmerlebnis‹ des Mönches zu Wittenberg. In Türmen waren die Abtritte häufig eingebaut; die Fäkalien fielen nach außen in den Graben. Unten und oben, Gott und Teufel waren wieder getrennt, der Mensch war gerechtfertigt.«

Sogar das Teuflische fehlt in einer dieser Abtrittoffenbarungen nicht.

Als mir die Studentin bei einem Besuch in Jerusalem unbefangen von ihrer Christus-Vision auf dem Abort erzählte, wies ich sie in diesem Zusammenhang auf eine seltsame Talmudstelle im Traktat Aboda Sara 11b hin. Hier wird berichtet, daß der Proselyt und aramäische Bibelübersetzer Onkelos Jesus beschwor, ihn aus dem Totenreiche rufend: »Er fragte ihn: Was ist das wichtigste in dieser Welt? Er sprach zu ihm: Israel. Er fragte: Und wenn ich mich ihnen anschließe? Sprach er zu ihm: Suche ihr Wohl, nicht ihr Böses; wer sie antastet, tastet Gottes Augapfel an. Onkelos fragte: Und welches ist seine Strafe? Sprach er (Jesus) zu ihm: *Siedender Kot.* Wie eine Baraita (apokryphe Talmudstelle) sagt: Wer über die Worte der Weisen spottet, wird mit *siedendem Kot* bestraft. – Komm und sieh, wie unter-

* Hervorhebung von mir.

schieden sind die Frevler Israels von den Propheten der Weltvölker.«*

Die letzte Bemerkung bezieht sich darauf, daß der heidnische Seher Bileam dem frommen Onkelos den Rat gegeben hat, Israel Böses anzutun, während Jesus, der hier freilich als ein Frevler Israels angesehen wird, trotzdem für das Wohl seines Volkes spricht.

Für unsere psychologische Erkenntnis scheint es mir aber nicht unwichtig, daß die visionäre Erscheinung Jesu auch hier merkwürdigerweise in einen Zusammenhang mit der Analsphäre gerückt wird. Die Bestrafung durch siedenden Kot findet sich übrigens auch in orphischen Schilderungen der Pythagoreer, ebenso in dem apokryphen Petrusevangelium, wo Ehebrecherinnen diese besonders unappetitliche Strafe im Jenseits zugedacht ist. Auch Dante führt ähnliches in seinen Höllenvisionen an.

Die ältere Frau gab in einem Brief an mich eine so großartige Darstellung ihrer Vision, daß ich die Briefstelle hier zitieren möchte, allerdings – aus verständlichen Gründen – ohne Angabe des Namens der Autorin: »Da wurde es wieder ganz ruhig um mich. Aber ich war noch unglücklich, weil ich noch keine Antwort von Gott hatte. *Ich mußte dann auf den menschlichsten Thron gehen und saß da völlig erschöpft, weil ich noch keine Antwort von Gott hatte.* (Eigentlich hatte ich etwas Wut auf Jesus und auf die Christen.) Nun dachte ich: Mir ist es auch gleich, von mir aus kann Jesus auch Gottes Sohn sein; aber dann sollte ER doch auch unter Christen *leben* und nicht nur die Worte und immer wieder das Kruzifix. Ich ergab mich Gottes Willen, weil ich am Ende meiner Weisheit und Suchenskraft war und wollte nur noch die Wahrheit wissen. – Jetzt geschah es. –

Gott erbarmte sich meiner. Ich saß da mit geschlossenen Augen und beide Hände vors Gesicht gehalten:

Da erschien mit einem Mal Jesu Angesicht, vom Regenbogen umleuchtet. Ich sah Jesu Angesicht so deutlich wie ein Bild im Fernsehen, nur hinter meinen Händen so klein wie ein Medaillon, und der Regenbogen war so breit gespannt wie meine beiden Hände nebeneinander

* Hervorhebungen von mir.

waren. Jesus sah auf ein Ziel. Sein Blick schien mir auf Gott gerichtet zu sein. Nur seine Haare wehten gerade, sonst bewegte Jesus keine Miene. ER war ruhig und schön und majestätisch. So ruhig, wie Jesus erschienen war – etwa eine halbe Minute mochte es gewesen sein –, ist ER meinem Blick wieder entschwunden. Ich wollte IHN noch festhalten, was mir nicht möglich war. Ich war verwundert; denn so etwas hatte ich nicht für möglich gehalten und auch von so etwas noch nie gehört, daß es so etwas gibt. Und ich mußte denken: Hast doch eben Jesus gesehen und mußt dich doch wenigstens vergewissern, daß das auch wahr war, was du da eben gesehen hast. Und da ich Jesus nicht mehr sehen konnte, wollte ich IHN aus eigener Kraft zurückholen. – Da erschien mir der Teufelskopf aufbrausend und furchterregend, dunkelrot, mit Hörnern auf der Stirn. Seine Augenränder waren hellrot umrandet, was mir ein Zeichen dafür war, daß er von sich aus, von innen leuchtete. ›Gott sei Dank‹ war der Teufel nicht so klar zu sehen; aber ich habe ihn gerade noch erkennen können und riß die Hände vom Gesicht und meine Augen auf und sah mich ›Gott sei Dank‹ in meiner vertrauten Umgebung hellwach am Vormittag sitzen. Voller Wut zeigte ich dem Bösen noch schnell meine Zähne.

Durch diese gegensätzliche Erscheinung weiß ich gewiß, daß es wahr war, was ich gesehen habe.«*

Die Schilderung ist einem Brief vom August 1971 entnommen, das Erlebnis selbst liegt aber länger zurück. – Die mündlichen Angaben der Studentin deckten sich weitgehend mit dem authentischen schriftlichen Bericht der älteren, jedoch fehlte bei der Studentin die Teufelsvision, die das dualistische Element in die Szene bringt.

Beide Berichte, der mündliche und der schriftliche, tragen zweifellos das Siegel der Echtheit.

In eine ganz andere Kategorie der Wanderer auf den Seitenwegen zum Himmel gehörte Abram Polljak.

Er lebte in den Jahren des Zweiten Weltkrieges in Jerusalem und versuchte hier eine judenchristliche Gemeinde ganz eigener Prägung aufzuziehen. Es handelte sich um

* Hervorhebung von mir.

den rührenden Versuch, zweitausend Jahre Kirchengeschichte rückgängig zu machen und genau wieder da anzuknüpfen, wo das Band zwischen der Mutter Synagoge und der Tochter Ekklesia gerissen ist.

Unterstützt wurde er von einem Baron von Springer und einer attraktiven blonden Dame namens Waldstein. Polljak und die Seinen hatten eine eigenartige Theologie entwickelt. Sie unterschieden die Leibgemeinde und die Reichsgemeinde. Die Leibgemeinde, also Corpus Christi, sollten die Juden sein, Fleisch vom Fleische Jesu, während die Reichsgemeinde alle aus den Völkern Berufenen darstellt, die das Reich Gottes zu realisieren haben.

In einem bescheidenen Stübchen im Jerusalemer Stadtteil Musrara hatte sich die winzige Leibgemeinde etabliert. Ein Freitagabend, Beginn des jüdischen Sabbaths in diesem Kreise, war ein Erlebnis eigener Art. Alles sah aus wie in jedem anderen frommen jüdischen Hause. Die Hausfrau entzündete die Sabbathkerzen, der Wein und die beiden Sabbathbrote, mit einer Samtdecke verhüllt, zierten den festlich gedeckten Tisch. Polljak ergriff den Kelch und sang, wie jeder gute jüdische Hausvater, den Kiddusch, den Festsegen über Wein und Brot und den anbrechenden Sabbath. Dann aber ging er übergangslos zu den Einsetzungsworten des Abendmahls über: Dies ist der Kelch des Neuen Testaments, mein Blut und mein Fleisch, das Blut vergossen zur Erlösung vieler.

Das alles hebräisch in der Intonierung des jüdischen Kiddusch. Dazu wurde das Fenster geöffnet, das den Blick auf den Tempelberg freigab, und die Tischgemeinschaft stimmte den 126. Psalm an: »Wenn der Herr die Erlösten Zions heimführt, werden wir sein wie die Träumenden.«

Es war alles wie ein Traum. Die Fremdheit zwischen Judentum und Christentum war weggenommen. Die Urgemeinde versammelte sich wieder, wie in den Tagen der Apostel, in einem schlichten Privathaus in Jerusalem, um das Brot zu brechen, genau nach dem Zeugnis der Apostelgeschichte.

Polljak genügte das nicht. Er wollte einen Kibbuz gründen, eine Gemeinschaftssiedlung. In langen Ausführungen erklärte er mir, daß nur das Argument der Tat die

Vorurteile gegen christliche Juden ausräumen könne. Sie müßten einen Kibbuz schaffen, wie ihn atheistische und orthodoxe Juden errichteten. Nur dieses Argument würde im Lande Israel verstanden werden.

Das Projekt ist nicht gelungen. Verdächtigungen aller Art trieben Polljak aus dem Lande. Die Vorstellung christusgläubiger Juden blieb sowohl für das Establishment wie für den Mann auf der Straße völlig indiskutabel. Die Tatsache, daß Polljak und die Seinen sich keiner bestehenden Kirche oder Sekte anschlossen, keine Beziehungen zu christlichen Missionaren pflegten, sondern sich als Juden empfanden, wurde nicht akzeptiert.

Polljak ging nach Möttlingen bei Calw in Württemberg, dem Wirkungsort des Johann Christoph Blumhardt, der dort als evangelischer Erweckungsprediger im 19. Jahrhundert wirkte. Dort war noch etwas von dieser Reich-Gottes-Botschaft lebendig. Was in Jerusalem nicht gelingen konnte, gelang zwar auch in Möttlingen nicht: die judenchristliche Leibgemeinde; dafür aber breitete sich die Reichsgemeinde mit ihrem Patmos-Verlag, einer Zeitschrift, Büchern, Schallplatten aus. Polljak ging es wie dem Paulus: Er wurde ein Heidenapostel.

Einen umgekehrten Weg ging der seltsame Henri Schütz, ein protestantischer Schweizer aus dem Berner Oberland. Der Weg seines äußerlich stillen, innerlich stürmischen Lebens führte ihn in der Jugend nach Tunis, wo er in den Bannkreis des Islam geriet. Als frommer Moslem kehrte er in die Schweiz zurück.

Da aber wurde ihm klar, und in prophetischem Traum enthüllt, daß Christentum und Islam nur zweitrangige Ableger der wahren Religion, des Judentums, sind. Henri Schütz studierte die Quellen Israels und gab in einer autobiographischen Studie ›Unter Halbmond, Kreuz und Davidstern‹ sein Bekenntnis heraus, ergänzt durch eine weitere Schrift ›Rückkehr zum Judentum‹. Er nannte sich Braitou Ben Noach. Ben Noach heißt ein Sohn Noahs und sollte auf den ersten Bund Gottes mit der Menschheit hinweisen, den Noah-Bund, der durch den Regenbogen gekennzeichnet wird und – nach rabbinischer Tradition – die Völker der Welt auf sieben ethische Gebote verpflichtet.

Als Noachide folgte Henri Schütz dem Franzosen Aimé Pallière nach. Dieser, ursprünglich katholischer Priesterseminarist, wollte unter dem überwältigenden Eindruck eines Versöhnungstages in der Synagoge von Nizza zum Judentum übertreten, wurde aber von dem Rabbiner in Livorno, Rabbi Elia Ben-Amozeg, dazu bewogen, dem Judentum nicht beizutreten, sondern als erster *bewußter* Noachide »Israels Katholizismus« zu verwirklichen. Pallière folgte diesem Rat und wurde, ohne zum Judentum zu konvertieren, Prediger an der Liberalen Synagoge an der Rue Copernic in Paris. Sein begeisterter Apostel war durch Jahre hindurch Henri Schütz, Braitou Ben Noach.

Im Zweiten Weltkrieg erhielt ich aus Horboden/Diemtigen in der Schweiz einen Brief von Henri Schütz, in welchem er mich dringend ersuchte, ihm in Jerusalem ein Klischee mit seinem hebräischen Namen Braitou Ben Noach anfertigen zu lassen. Dieses sollte seinen Briefkopf bilden, für die überaus reichliche Korrespondenz, die der emsige Privattheologe führte. Ich ließ das Klischee anfertigen und wollte es in die Schweiz absenden. Aber der Krieg hatte strenge Zensurvorschriften mit sich gebracht. Der englische Zensor beorderte mich auf die Hauptpost, verlangte eine genaue Erklärung der Worte auf dem Klischee.

Ich führte aus, daß Henri Schütz ein Schweizer Nichtjude sei, der sich als Sohn des Menschheitsvaters Noah fühle, sich deshalb Ben Noach nenne und dies in hebräischen Lettern aus der Heiligen Stadt Jerusalem bescheinigt wünsche.

Soweit nahm mir der Zensor meine Geschichte ab. Jetzt aber kam der Name: Braitou.

Ich geriet in peinliche Verlegenheit, hatte keine Ahnung. Das erregte den bitteren Verdacht des Zensors. Vielleicht handelte es sich um ein Spionage-Code-Wort. Ehe Braitou nicht enträtselt war, blieb das Klischee in Zensurverwahrung.

Beschämt und geschlagen verließ ich den Zensor und lief dem größten hebräischen Philologen unserer Zeit, Professor Harry Torczyner (Tur Sinai), auf dem Postamt in die Arme: »Herr Professor, Sie sind der Engel meiner

Rettung ...«, begrüßte ich den Gelehrten und trug ihm den Fall Braitou Ben Noach vor.

Der Philologe, Professor für hebräische Sprache an der Hebräischen Universität in Jerusalem, Mitglied der Hebräischen Sprachakademie, Autor eines deutsch-hebräischen Wörterbuches, Übersetzer des Alten Testaments ins Deutsche, erklärte mir ausführlich, was ein Ben Noach sei. Ich hatte es gewußt, kein Zweifel nagte bezüglich der Kinder Noahs an meiner Seele.

»Aber Braitou, Herr Professor, was ist Braitou?«

Torczyner-Tur Sinai zuckte die Achseln: »Nie gehört!« und verließ das Postamt.

Nun schrieb ich an den Sohn Noahs in Horboden/Diemtigen, ihm die Zensurschwierigkeiten schildernd.

Er antwortete mir, daß die Absendung des Klischees nicht mehr nötig sei, denn am Versöhnungstag des Jahres 1940 hatte mein lieber Braitou eine islamische Vision und kehrte als Salach Edin Kemal in Bern zum Islam zurück, sandte mir ein neues Photo mit roten Tarbusch, Halbmond und Stern und teilte nur in einem Postscriptum mit, daß Braitou im tunesischen Judendialekt die Bezeichnung für Jude sei.

Es war nicht mehr aktuell: »Der alte Salach Edin lebt wieder!« begann der Jom-Kippur-Brief.

Ich holte mein Klischee nicht mehr ab. Es wurde dort wohl als verdächtiges Objekt bis zum Kriegsende bewahrt.

Schütz übersiedelte dann etwas später nach Kandersteg, wo er sich nun zu der Sekte der Tuaregs bekannte, die in Südarabien zu Hause ist. Nach meinem Artikel ›Der Tuareg von Kandersteg‹ riß unsere Korrespondenz ab, wurde aber um 1967 wieder aufgenommen, als sich Schütz in Malta niedergelassen hatte, wo er inzwischen praktizierender Katholik geworden war. Ein Globetrotter durch die Welt der Religionen, stets auf dem Weg nach Jerusalem, das er noch immer nicht erreicht hat.

Andere haben dieses Ziel im physischen und im geistigen Sinne erreicht.

Oft bin ich gefragt worden, ob man überhaupt Jude werden könne, denn Jude sei man doch nur durch Geburt. Diese Frage ist nicht unberechtigt. Das Judentum ist seinem Wesen nach keine missionarische Religion, stellt den Heilsweg Israels dar, läßt aber zugleich andere Wege zu Gott für Menschen aus anderen Völkern offen. Deshalb will das Judentum zwar seine ethische Botschaft der Welt vermitteln, ohne jedoch Proselyten zu machen.

Trotzdem werden Übertritte zum Judentum ermöglicht. Nach talmudischer Vorschrift soll man jeden Menschen, der Jude werden will, dreimal verwarnen und abweisen, ihm Verfolgung und Diskriminierung der Juden vor Augen halten. Sieht er aber in diesem Märtyrerschicksal des jüdischen Volkes »Züchtigungen aus Liebe«, so soll man ihn aufnehmen.

In der Praxis stellt fast jeder Übertritt zum Judentum einen privaten »Seitenweg zum Himmel« dar.

Ich sehe natürlich von den uninteressanten Fällen ab, bei denen – meist Frauen – den Weg in das Judentum wählen, um einen Juden zu heiraten. Leider wird in Israel aus Gründen der Staatsraison die Tendenz zu solchen Übertritten begünstigt, ganz im Gegensatz zum klassischen Judentum, das gerade eine Konversion zum Zwekke der Eheschließung verbietet. Man will aber im Staat Israel eine möglichst homogene Gesellschaft schaffen. In geradezu religiöser Unmusikalität bemerkte einmal Ministerpräsident Frau Golda Meir in einem Pressegespräch mit mir: »Wenn eine Frau ihrem Mann nach Israel folgt, ihr Volk und ihre Heimat, ihre Sprache und ihre Familie aufgibt, dann kann sie auch noch den letzten Schritt tun ... ins Tauchbad und Jüdin werden.«

Israels First Lady zeigte damit eine erschreckende Verständnislosigkeit oder aber ein biblisch-archaisches Denken, das in unserem Jahrhundert nicht mehr praktikabel ist.

Die Verständnislosigkeit erstreckt sich auf die Kategorie des Glaubens. Aus Liebe und Treue kann eine Frau ihrem Mann in ein anderes Land folgen, alle Veränderungen auf sich nehmend, die mit dem Begriff der Emigration verbunden sind. Der Glaube oder Unglaube aber ist in einer anderen Region angesiedelt, ist vom Begriff der (subjektiven) Wahrheit her zu fassen.

Biblisch gesehen, im Sinne der ältesten Teile des Alten Testaments, sieht das freilich anders aus. Die Moabiterin

Ruth sagt zu ihrer Schwiegermutter Naomi: »Dein Volk sei mein Volk, dein Gott sei mein Gott ...« Sie spricht diese geflügelten Worte an der Landesgrenze zwischen Moab und Juda, da sie nun vom Gebiet des moabitischen Gottes Kemosch in das Territorium des judäischen Gottes Jahwe übertritt. Die Götter der Antike waren chthonische Götter, die an ein bestimmtes Land gebunden blieben.

Das Judentum aber hat diese Vorstellung bereits in der Zeit des Babylonischen Exils überwunden und Jahwe zum König der Welt proklamiert. Für den heutigen Menschen ist die Vorstellung der Gültigkeit einer Religion in einem bestimmten Lande kaum nachvollziehbar, wenngleich noch die Reformation in Europa Religion und Staatsgebiet vereinigte. Trotzdem bleibt bestehen, »daß das Christentum als eine Individualreligion gestiftet wurde, die dem einzelnen hilft, durch eine persönliche Entscheidung ... sich aus seiner Unheilssituation zu lösen.« (Demosthenes Savramis: Theologie und Gesellschaft. München 1971. S. 99)

Aus dieser Sicht heraus erfolgen nun andererseits die einzig wirklichen Übertritte zum Judentum, Übertritte von Menschen, die hier ihre persönliche Entscheidung gegen alle Konventionen der Umwelt fällen.

Der erste Fall dieser Art, der mir begegnete, war der meines Freundes Hans Ludwig Schulz in München. Er entstammte einer evangelischen Familie, sein Bruder war protestantischer Pfarrer in Stuttgart. Schulz selbst betätigte sich als Kaufmann, aber seine Liebe galt dem Studium der Bibel. Dieses führte ihn aus der Kirche heraus in die Sekte der Adventisten vom Siebenten Tag. Nach dem Studium des Alten und des Neuen Testaments wurde es Schulz klar, daß nur der Sabbath göttliche Stiftung ist und keineswegs der Sonntag; auch Jesus hielt natürlich die Sabbatruhe ein, wenn vielleicht auch nicht pharisäisch-minuziös.

Nach einiger Zeit wurde es Schulz aber deutlich, daß nicht nur der Sabbat, sondern auch die Beschneidung göttliches Bundeszeichen ist. Der Adventistenprediger hatte darauf keine Antwort, so daß sich Schulz zum Übertritt zum Judentum entschloß. Der Gemeinderabbiner Dr. Leo Bärwald versuchte Schulz zwar abzuraten, aber nichts half. 1931 unterzog er sich im Jüdischen Krankenhaus an der Hermann-Schmidt-Straße in München der Beschneidung. Auch sein kleiner Sohn Karl wurde so in den Bund Abrahams aufgenommen. Frau Schulz wurde im Tauchbad konvertiert, aber ein älterer erwachsener Sohn trat – vielleicht aus Protest – in die SA ein.

Ich lernte Schulz im Hebräischen Sprachkurs der Zionistischen Organisation in München kennen. Schulz war unser Musterschüler. Er lernte Hebräisch, wurde glühender Zionist. Zionismus war für ihn Erfüllung biblischer Verheißungen.

Es kam das Unheilsjahr 1933. Bald war Schulz dem wütenden Haß der Nationalsozialisten ausgesetzt, die den arischen Juden ins KZ Dachau sperrten. Der Sohn Karl, der den hebräischen Namen Ephraim angenommen hatte, konnte Deutschland nicht mehr rechtzeitig verlassen, wurde im Kriege zur Wehrmacht eingezogen und wegen Befehlsverweigerung (worum mochte es sich wohl gehandelt haben?) erschossen.

Mutter Schulz gelang es, ihren Mann aus dem KZ zu befreien. Das Grab ihres Sohnes fand sie nicht, aber gleichsam als Ersatz dafür pflegte sie durch viele Jahre der Verfolgung und des Krieges das Grab meiner Eltern auf dem Jüdischen Friedhof in München, so daß ich es 1956, als ich zum erstenmal meine Heimatstadt wieder betrat, in tadellosem Zustand, mit Efeu bepflanzt, vorfand.

Nach dem Kriege nahm die Familie ein jüdisches Flüchtlingskind aus Polen auf. Nichts konnte den tiefen Glauben von Hans Ludwig Schulz, seiner Frau und seiner Tochter Irene erschüttern. Sie blieben dem Judentum treu. Er lebte in der sicheren Hoffnung der Auferstehung und sagte mir: »Wenn ich nicht mehr in diesem Leben nach Jerusalem komme, so wird dies bestimmt im Reiche Gottes geschehen.«

Jeder Fall eines Übertrittes zum Judentum liegt anders. Ich möchte hier nur noch zwei Fälle herausgreifen, den eines Trappistenmönches und den eines holländischen reformierten Pastors. Beide leben heute unter neuen hebräischen Namen in Israel. Der Mönch hat wieder die kollektive Lebensform gewählt und wurde Mitglied eines religiösen Kibbuz; der evangelische Prediger lebt mit seiner Familie seit Jahren in Jerusalem; seine Kinder sprechen nur noch Hebräisch.

Der Mönch war im Zuge seiner theologischen Studien in Österreich immer mehr und mehr von zwei Grundfragen erschüttert worden. Zunächst sah er die Entfernung des patristischen und scholastischen Denkens von den biblischen Quellen. Es wurde ihm klar, daß das griechische und lateinische Geistesgut das hebräische allmählich völlig überlagert hat. Dann aber, sozusagen auf dem Rückweg zum Ursprung, wurde ihm deutlich, daß das Neue Testament nicht die Erfüllung der Prophezeiungen des Alten Testaments darstellte, da die Welt, auch nach dem Opfergang Jesu nach Golgatha, unerlöst geblieben ist.

Das Judentum bleibt hier ganz realistisch, sieht die Welt in ihrer Unerlöstheit und erwartet den Kommenden, keineswegs den Wiederkommenden.

Der Mönch versuchte, mit dem Oberrabbiner von Wien, Dr. Eisenberg, in Kontakt zu treten, was diesen in einige Verlegenheit versetzte. Er riet dem Frager eine Reise nach Israel an, um dort das Judentum an seinem Ursprung zu studieren.

Der Weg war weit. Zunächst verließ der Mönch sein Kloster und wurde Gemeindepfarrer. Schließlich benutzte er einen Urlaub zu einer Reise nach Israel, von der er nicht mehr zurückkehrte, da er eine neue Heimat, auch im geistlichen Sinne, gefunden hatte.

Vorher aber rechnete er noch auf Heller und Pfennig ab, hinterlegte den Inhalt der Opferstöcke mit genauer Bilanz und vermachte auch seine Soutane seinem präsumptiven Nachfolger, da er als frommer Jude dafür keine Verwendung mehr hatte. Ich meinerseits schenkte ihm hier zum Ausgleich einen jüdischen Gebetsmantel, den vor Jahrzehnten der Vorbeter an der orthodoxen Synagoge meiner Heimatgemeinde München getragen hatte.

Der holländische Pastor hatte in seiner Jugend die Tragödie der Juden in Amsterdam in der Zeit der deutschen

Okkupation miterlebt, jene Atmosphäre, die der Welt aus dem ›Tagebuch der Anne Frank‹ bekannt wurde.

Das öffnete ihm in einem besonderen Sinne die Augen für das Werk seines großen Landsmannes Rembrandt, der wie kein anderer das jüdische Antlitz zu deuten wußte. Es ist wie eine späte »Wiedergutmachung«, daß hier Rembrandt als »Erzieher« genau in umgekehrter Weise wirkte, wie Julius Langbehn, dem »Rembrandtdeutschen«, der zu den Vätern des deutschen Nationalismus und Antisemitismus gehört.

In seinem theologischen Studium schloß sich der junge Holländer der liberalen Richtung an, wurde aber mehr und mehr zum reinen, durch kein Trinitätsdogma erweichten Monotheismus und zur Identifizierung mit dem Judentum geführt. Mit seiner Familie trat er in Paris vor einem Kollegium liberaler Rabbiner zum Judentum über, was in Israel gewisse Schwierigkeiten machte, da hier nur das orthodoxe Rabbinat voll anerkannt ist.

Ich habe bewußt diese beiden Fälle eines evangelischen und eines katholischen Theologen herausgegriffen. Ich möchte aber auch noch an einen Juristen erinnern, der auf ungewöhnlichen Umwegen nach Jerusalem gelangte.

Dr. A. E. war in seiner Jugend ein begeisterter Hitlerjunge. Gegen Ende des Krieges wurde er noch zur Flak eingezogen. Als das Tausendjährige Reich nach zwölf Jahren zusammenbrach, brach auch seine Welt, die eines gläubigen, verführten jungen Menschen zusammen.

Jetzt sehnte er sich nur noch nach raschem Erfolg und Geld. In außergewöhnlich kurzer Zeit gelang es ihm, sein juristisches Studium zu absolvieren. Er trat ins Bankfach ein, aber bald empfand er jene Leere, die das Evangelium in dem Jesus-Wort ausdrückt: »Was hülfe es dem Menschen, wenn er die ganze Welt gewönne und nähme doch Schaden an seiner Seele.«

Die Sehnsucht nach seelischer Erfüllung, nach Sinngebung des Lebens, führte ihn nach Indien. Dort zog er sich in einen Aschram zurück, der im Geiste Shri Auro-Binthos geführt wurde.

Hier verwies man ihn erstaunlicherweise auf die Bergpredigt, die auch für Gandhi zur Richtlinie seines Lebens der Gewaltlosigkeit geworden war.

Der junge Deutsche, der natürlich ein Namenschrist war, las nun in Indien zum erstenmal mit vollem Verständnis die Bergpredigt, die er in seiner Kirche zu Hause nicht vernommen hatte. Tief ergriffen von dieser Botschaft, sagte er sich, daß dies die Worte eines jüdischen Rabbi aus dem Lande Israel seien und so führte ihn der Weg über Indien nach Israel, wo er sich in jahrelangem Studium in das Judentum vertiefte, die hebräische Sprache erlernte und schließlich, nach Überwindung vieler Schwierigkeiten, in das Judentum aufgenommen wurde. Er lebt heute als observanter Jude in Jersualem und steht in der Arbeit der interkonfessionellen Verständigung.

Auch Frauen suchen und finden Wege zu Israel. Ich sage zu Israel, nicht in die jüdische Ehe, denn Fälle dieser Art liegen, wie gesagt, außerhalb unserer Interessensphäre.

Im Jahre 1961 erschien, herausgegeben von Hans Jürgen Schultz, ein Sammelband: ›Juden – Christen – Deutsche‹. Dieses Buch enthielt die Referate einer Sendereihe des Süddeutschen Rundfunks. Der evangelische Kreuz-Verlag in Stuttgart und der mehr katholisch ausgerichtete Walter-Verlag in Olten und Freiburg i. Br. legten diese Dokumentation vor, die sich wegen des ungewöhnlichen Hörerinteresses als notwendig erwiesen hatte. Innerhalb dieser Sammlung erschien mein Rundfunkreferat: ›Jüdische Fragen um Jesus Christus‹. Dieses Referat bildet sozusagen die Keimzelle meines späteren Buches: ›Bruder Jesus. Der Nazarener in jüdischer Sicht‹ (1967).

Dem Sammelband war ein alphabetisches Verzeichnis der Namen und Anschriften der Mitarbeiter beigegeben. Dies hatte zur Folge, daß mich eine Hochflut von Briefen erreichte, zustimmende, fragende, ablehnende, polemisierende, missionarische. Alle Spiel- und Tonarten waren vertreten.

In diesem Aufsatz hatte ich meine Stellung zu Jesus kurz zusammengefaßt, ihn als einen der großen Lehrer in Israel und Revolutionär der Herzen gezeichnet. Zugleich aber zog ich die scharfe Demarkationslinie zwischen Judentum und Christentum. Ich erklärte, daß Jesus von Nazareth für mich nicht der Messias sein könne, da die Welt unerlöst blieb, daß er nicht der Sohn Gottes in einem singularen Sinn sei, da das Judentum keine göttliche Inkarnation kennt und daß er bestimmt nicht als die zweite Person der Trinität gesehen werden könne, da das Judentum keine Heilige Dreifaltigkeit kennt.

Ich führte dann im positiven Teil aus, was mir aber Jesus von Nazareth als jüdischer Menschenbruder bedeutet. Unter den vielen Briefen, die mich erreichten, wurde einer schicksalhaft. Er stammte von einer jungen Frau aus Deutschland. Sie schrieb mir, daß ich in meinem Aufsatz alle die Argumente zusammengefaßt hätte, die latent und unartikuliert in ihrer Seele gegen den ihr angestammten katholischen Glauben opponiert hätten. Sie wolle nun aus dieser Erkenntnis die Konsequenzen ziehen und zum Judentum übertreten.

Hinzu kam ein persönliches Argument ganz anderer Art. Der Vater der Briefschreiberin hatte, ohne vielleicht ideologisch überzeugter Nazi zu sein, im Dritten Reich hohe Posten in der Industrie bekleidet, was natürlich mit einer gewissen Stellung innerhalb der Partei verbunden war.

Die junge Frau litt unter den Sünden des Vaters, wollte einen klaren Trennungsstrich zwischen dieser unbewältigten Vergangenheit und sich selbst ziehen. So beschloß sie den Schritt aus dem Volk der Verfolger in das Volk der Verfolgten. Es war die Frage der Religion, die sie noch abgehalten hatte, diesen Schritt zu vollziehen. Nun aber schien es ihr klar zu sein, daß ihre eigene religiöse Haltung sich mit meiner, also der eines Juden, durchaus deckte. So war für sie die Konversion beschlossene Tatsache.

Ich antwortete umgehend, warnend, beschwörend, keine übereilten Schritte zu unternehmen. Ich legte der Dame dar, daß Judentum nicht eine Philosophie ist, zu der man sich geistig entschcidet, auch eigentlich keine Religion, die man aus reinen Glaubensgründen annimmt, denn Judentum ist zugleich eine Volkswirklichkeit – und die, so schrieb ich, sei in der heutigen Bundesrepublik Deutschland nicht mehr zu erleben, sondern am besten in Israel, wo die Juden sich selbst darstellen. Ich schlug der Dame also vor, nach Israel auf Erkundungsfahrt zu kommen. Sie traf am Vortage des Passahfestes 1962 im Lande ein und feierte mit uns die Sedernacht, die an den Auszug aus Ägypten erinnert, und, wie ich in meinem Jesus-Buch ausführte, die Urform des Abendmahls, der Eucharistie darstellt.

Anschließend unternahm die Pilgerin, die das Land der Juden mit der Seele suchte, eine Rundfahrt durch Israel und kehrte mit dem festen Entschluß nach Deutschland zurück, sich dem Judentum anzuschließen. In langen Gesprächen hatte ich mich von dem tiefen Ernst der Entscheidung, die hier gefallen war, überzeugt. Auch die Kenntnisse des Judentums, die Fräulein I. durch ausgedehnte Lektüre erworben hatte, waren erstaunlich. In Deutschland begann sie den Sabbat zu halten, studierte die Speisegesetze des Judentums, besuchte die Synagoge, aber an Ängstlichkeit und Starrsinn des Ortsrabbiners scheiterte ihre Aufnahme in die Synagogengemeinde.

Während man in Amerika in konservativen und Reformgemeinden Klassen für Konvertiten eingerichtet hat, zögern in Europa die Rabbiner sehr oft mit der Aufnahme von Christen in das Judentum, um Komplikationen mit der jeweils herrschenden Kirche auszuweichen. Fräulein I. wurde das Opfer einer solchen Politik. Für mich ist sie eine echte Tochter Israels geworden, denn die Formalien scheinen mir zweitrangig zu sein. Der katholische Begriff der »Begierdetaufe« sollte auch für das Judentum Geltung haben. Wer den Wunsch, die »Begierde« zur Identifizierung mit Israel hat und dies mit seinem Leben bewährt, gilt für mich als Jude, auch wenn äußere Umstände eine rituelle Konversion nicht zulassen.

Damit stehe ich nicht außerhalb jüdischer Tradition, die den Begriff des »Ger toschav«, des Randproselyten kennt, der sich Israel anschließt, ohne auf die ganze Strenge des Gesetzes verpflichtet zu sein.

Die ganze Strenge des Gesetzes, im Sinne des orthodoxen Judentums, aber nahm eine andere junge Frau in Deutschland auf sich. Sie war lange unterwegs zum Judentum, kam aus einer liberalen protestantischen Familie und fand in diesem unterkühlten Kirchentum keine Antwort auf die Frage nach dem Sinn des Lebens. In mannigfachen Versuchen, Klärung zu finden, wandte sie sich philosophischen Systemen und verschiedenen Weltanschauungen zu, aber überall fehlte ihr die letzte Geschlossenheit des Systems, das sozusagen lückenlos Diesseits und Jenseits umfaßt. Im Judentum strengster Observanz fand sie die umfassende Antwort. Erst bei dieser Suche nach Wahrheit erfuhr sie, daß ihr eigener Vater halbjüdischer Herkunft war, was man in den dunklen Jahren der Verfolgung tunlichst verschwiegen hatte.

In einem langen Bekenntnisbrieb schrieb sie mir: »Als ich mich vor nun geschlagenen zehn Jahren fest dazu entschloß, wenn ich reif und würdig dazu sei, eines Tages zum Judentum überzutreten, wußte ich genau, daß es Jahre dauern würde, natürlich machte ich mich nicht auf eine so lange Zeit gefaßt. Aber es verging keine Woche, kein Monat, wo ich mich nicht fragte: Bist du wirklich standhaft? Bist du stehfest? Bläst man dich und deine Argumente nicht einfach um? Alle diese Zeit war getragen von einem großen Sehnen und einer großen Arbeit an der eigenen moralischen Reife, an dem Wissen für diesen Schritt. Leicht habe ich es mir nicht gemacht.

In meinem lange Zeit einsamen Streben fuhr ich guten Muts zu Schawuoth nach Düsseldorf, zu Rosch-Haschanah nach Frankfurt, zu den Hohen Feiertagen nach Paris, feierte wiederum Rosch-Haschanah und Jom Kippur in Florenz, besuchte die alten Synagogen in Venedig, Athen, Ungarn und in der Stadt aller Städte, Jeruasalem – immer in dem Irrtum befangen, der Feiertag sei wichtiger als der Schabbath, wo es doch umgekehrt ist! Heute, wo ich den Schabbath halte (und absichtlich fünf Minuten von der Synagoge wohne), kommt mir dieses Herumreisen in Sachen Jomtow-Erfüllung – mit nachsichtigem Lächeln – natürlich etwas eigenartig vor. Und trotzdem möchte ich es nicht missen – es hat mir eine Reihe von interessanten Gesprächen und Kurzbekanntschaften beschert, immer bis zu einem bestimmten Punkt, wo ich mir als jüdischer Gesprächspartner einfach noch nicht interessant genug war. Jetzt endlich bin ich mir gut genug, zum Judentum überzutreten! Gewappnet genug, stark genug – und auch wenn man mir die Seele aus dem Leib reißen würde, würde ich nichts anderes sein wollen bis an des Ende meiner Tage.«

Diese Zeilen schrieb die junge Frau 1970, kurz vor ihrer

Konversion zum orthodoxen Judentum. Ihr ist der Schritt gelungen.

Sie geht in ihrer Orthodoxie vielleicht nicht so weit wie die Französin Ruth Ben-David, die den Führer der extremsten orthodoxen Gruppe in Jerusalem, Rabbi Amram Blau, geheiratet hat und in die Entführung des jüdischen Kindes Jossele Schuchmacher verwickelt war, dessen extrem-orthodoxer Großvater den Knaben dem Einfluß seiner mehr weltlich gesinnten Eltern entziehen wollte. Handlangerin der ultraorthodoxen Juden war die ehemalige französische Katholikin, die unterdessen Jiddisch spricht und wie die anderen Frauen von Meah Schearim in Jerusalem die Traditionen des ostjüdischen Gettos fortführt.

Eine ganz andere Motivierung fand ich bei einer jungen Amerikanerin, die aus einer Unitarierfamilie stammte. Die Unitarier, eine vor allem in Amerika verbreitete Sekte, unterscheiden sich, streng theologisch gesehen, vom Judentum nur wenig. Sie sind kompromißlose Monotheisten und lehnen die Trinität ab. Jesus ist für sie nur eine vorbildliche Glaubensgestalt.

Ein Mädchen, das mit derartigen Glaubensvorstellungen aufwuchs, mußte nicht den Weg zum Judentum suchen, um ein neues Heilsgut zu erwerben.

Auf meine Frage, was sie dennoch zu diesem außergewöhnlichen Schritt bewog, gab sie eine entwaffnende Antwort: Bei den Unitariern bleibt alles im Raum intellektueller und rationaler Erwägungen, im Judentum aber hat jedes Fest seine eigene Prägung, buchstäblich seinen eigenen Duft, seine eigenen Speisen, seine eigenen Melodien. Die Seele wird bei den Unitariern ausgehungert ... im Judentum aber, wo keine Vergewaltigung des Intellekts verlangt wird, wird auch die Seele satt.

Ich möchte dieses Skizzenbuch seltsamer Fälle eigener Glaubensentscheidungen mit dem Hinweis auf den wohl ersten und einzigen japanischen Rabbiner schließen, den ich 1967 in Jerusalem kennenlernte. Sein Name war mir schon vorher bekannt. Am 6. Juni 1964 wurde mein Sohn Tovia im Rockdale Temple in Cincinnati (Ohio) vom Präsidenten des Hebrew Union College, dem bekannten Archäologen Professor Rabbi Nelson Glück (der 1971 starb), als Reformrabbiner ordiniert. Auf der besonders schönen Einladung zu der Zeremonie standen die vierundzwanzig Namen der Absolventen des Rabbinerseminars, die in diesem Jahre ihre Ordination erhielten. Unter guten jüdischen Namen wie Danziger, Garfein, Gluckman, Levy, Pomeranz, Singer, Weiß und israelisch-hebräischen Namen wie Ben-Chorin und Kehati fand sich der für einen Rabbinatskanidaten ungewöhnliche Name Hiroshi Okamoto.

Hiroshi Okamoto, der sich als Jude Obadja Abraham Ben-Abraham nennt, wurde 1926 in Tokio als Sohn einer buddhistischen Familie geboren. Sein Vater war Ingenieur und Offizier der japanischen Marine.

1958 kam der junge Japaner an das Hebrew Union College in Cincinnati (Ohio), um dort Orientalistik zu studieren. Über das Hebräische als Sprache wuchs ihm aber das hebräische Glaubensgut innerlich zu, und so entschloß er sich 1960 zur Konversion mit seiner Frau Hoshi und zwei Kindern, die er mit den schönen hebräischen Namen Schemaja und Arje benannte.

Bereits mit reichen hebräischen Kenntnissen ausgestattet, begann er nun sein Rabbinatsstudium und wurde wie gesagt 1964 ordiniert. Zwei Jahre wirkte er dann in Tokio in einem Jewish Center, zusammen mit zwei amerikanischen Militärrabbinern, und betreute zweihundert jüdische Familien. Natürlich wurde er zugleich zu einem Botschafter des Judentums, für das sich nicht zuletzt ein Bruder des Kaisers interessierte, der selbst das grundlegende Werk von Rabbiner Leo Baeck ›Das Wesen des Judentums‹ ins Japanische übertragen hat. In einer Arbeit über die Methoden des jüdischen Rechtes in der tanaitischen Literatur erwies sich Hiroshi Okamoto als jüdischer Gelehrter von hohen Graden.

Er war übrigens nicht der einzige Japaner, der diesen Weg wählte. Ein japanischer Professor unterzog sich noch vor einigen Jahren, in vorgerücktem Alter, der Prozedur der Beschneidung im Jerusalemer Schaarej-Zedek-Hospital.

Es ist in der Welt zu wenig bekannt, daß die Tore des Judentums sich immer und immer wieder Menschen aus allen Völkern öffnen. Ich habe nicht nur weiße und gelbe, sondern auch schwarze Juden kennengelernt, aus Äthiopien und den USA, die den Weg zu Israel gefunden hatten.

Es sind dies meist, wie ich verständlich machen wollte, Seitenwege, fernab der konventionellen Heerstraße. Ich habe eine tiefe Liebe für Seitenwege zum Himmel. Der Glaube stellt Wagnis und Entscheidung dar. Herkunft und Tradition aber versuchen als gegenläufige Bewegung diese Entscheidung zu entschärfen. Wer aus der Umklammerung des Milieus ausbricht, gleichgültig in welcher Richtung, geht den klassischen Weg des Glaubens, der dem Vater des Glaubens, Abraham, aufgetragen wurde: »Und der Herr sprach zu Abraham: Gehe aus deinem Land, aus deiner Heimat, aus deinem Vaterhause – in das Land, das ich dir zeigen werde« (1. Mose 12, 1). Seitenwege zum Himmel sind Abrahamswege, auch wenn die Zielrichtung oft ganz verschieden scheint.

VI
Religiöse Erneuerung in Israel

Für mich war von Jugend an der Zionismus, die Rückkehr in das Land unserer Herkunft, und der Prozeß der Auferstehung des jüdischen Volkes mit dem Gedanken und der Forderung der religiösen Erneuerung fraglos verbunden.

Ich konnte und kann mir eine hebräische Renaissance nicht vorstellen ohne echte Reformation des Judentums.

Martin Buber sagte mir einmal: »Wir hatten (im 19. Jahrhundert) eine Reform, aber keine Reformation.«

Das stimmt fraglos. Die jüdischen Reformversuche zu Beginn des vorigen Jahrhunderts erfolgten im Zuge der Emanzipation und Assimilation, zunächst in Deutschland, später in anderen Ländern Mittel- und Westeuropas, in England und endlich, in radikaler Form, in den Vereinigten Staaten von Amerika.

Überall aber ging es primär um die Integration der Juden in ihre Umwelt, nachdem die Gettomauern gefallen waren – und um die Errichtung eines ästhetisch ansprechenden Schutzwalles gegen die totale Assimilation, gegen Taufe und Abfall. All dies galt nicht mehr für die Situation im Lande Israel. Hier und nur hier haben die Juden die Möglichkeit der Selbstverwirklichung. Hier sind sie zur Hebräischen Bibel, als dem Wurzelgrund ihrer Existenz, zurückgekehrt. Hier sprechen sie wieder die Sprache der Bibel, wenn auch modernisiert, hier sind sie von dem Bewußtsein getragen, Volk der Bibel im Lande der Bibel zu sein, und von hier aus mußte die echte Reformation Israels ihren Ausgang nehmen.

Leider kann ich nicht sagen, daß meine Bemühungen in dieser Richtung von wirklichem Erfolg gekrönt wurden. Aber man muß einen langen Atem haben, viel Geduld, viel Vertrauen in die Zukunft, kurzum Glauben, der in unserer Zeit Mangelware darstellt.

Ende der vierziger Jahre schrieb mir Karl Thieme, Mitherausgeber der ›Freiburger Rundbriefe zum Verständnis zwischen dem Alten und Neuen Bundesvolk‹: »Die Juden sind geistlich tot.«

Dieses Verdikt traf mich schmerzlich, und ich konnte es nicht unwidersprochen lassen, obwohl vieles für diese Todeserklärung sprechen mag.

Wer aber mit den Augen der Liebe auf Israel blickt, dieses klassische Volk der Religion, der wird auch heute, unter einer doppelten Eisdecke von gesetzlicher Erstarrung einerseits und säkularem Nationalismus andererseits, immer und immer wieder Ansätze lebendigen Glaubens finden.

Es ist oft nicht leicht, die Kreise aufzuspüren, in welchen der Funke des Glaubens wachgehalten wird.

Ich erinnere mich daran, daß meine ersten Versuche, in Jerusalem jüdische Gottesdienste zu finden, die meinen Vorstellungen in etwa entsprachen, zu schweren Enttäuschungen führten.

Jerusalem hat heute nach offizieller Zählung sechshundert Synagogen, Betsäle, Andachtsstuben. Im Jahre 1935 waren es wohl »nur« vierhundert, vielleicht sogar bloß dreihundert, immerhin genug, um eine Auswahl zu treffen.

Nichts aber konnte einem Menschen, der die Tradition der westlichen Synagoge, mit Chor und Orgel, mit feierlich gekleideten Funktionären in Talaren, gewohnt war, entsprechen.

Die Bethäuser waren vor allem nach Landsmannschaften aufgeteilt. Es gab Synagogen orientalischer und osteuropäischer Juden, exotische Betstätten der Jemeniten und der Bucharen, die in bunten Volkstrachten am Sabbath erschienen. Es gab die ehrwürdigen, zum Teil unterirdischen Synagogen in der Jerusalemer Altstadt, die von den Jordaniern später zerstört und von den Israelis nach 1967 wieder aufgebaut wurden. Es gab die Höfe der chassidischen Rabbis und die Talmudschulen im Gettoviertel von Meah Schearim, es gab – viel später! – eine italienische Synagoge, die museal alle Elemente des venezianischen Judentums nach Jerusalem transferierte ... aber es gab keine Gottesdienste, die dem europäischen Juden aus Deutschland, Österreich, der Tschechoslowakei seelischen Raum boten.

Wir fühlten uns direkt abgestoßen von Unordnung, Lärm, uns unverständlicher Symbolik und liturgischer Verfremdung. Das führte dazu, daß Mitte der dreißiger Jahre ein Kreis von Juden aus Deutschland unter Leitung des liberalen Rabbiners Dr. Kurt Wilhelm, der aus Braunschweig kam, eine eigene Gemeinde gründete. Ich gehörte zu den Mitinitiatoren dieses Versuches. Wir beteten zuerst in der Privatwohnung von Dr. Wilhelm, in einem alten Haus im abessinischen Viertel, übersiedelten dann in einen ... Kindergarten und schließlich in einen Keller, wo die Gemeinde noch heute fortbesteht. Das Katakombendasein dieser Gemeinde ist von ungewollter Symbolik. Sie wurde ein Auffangbecken für religiöse heimatlose Juden aus Mitteleuropa, aber sie wurde kein Faktor religiöser Erneuerung in Jerusalem, ebensowenig wie es ähnlichen Gemeinden in Tel Aviv und Haifa gelang, wirklich Einfluß zu gewinnen.

Ein Überangebot an intellektuellen Kräften stand im Anfang zur Verfügung; insbesondere in Jerusalem, wo Professoren der Hebräischen Universität, die aus Deutschland kamen, in irgendeiner Form Anschluß an diese Gemeinde fanden. Wenn ich sage, in irgendeiner Form, so meine ich, daß sie nicht immer reguläre Mitglieder wurden, jedoch durch Vorträge und Kurse zum geistigen Leben dieses Kreises beitrugen. Hier ist vor allem Martin Buber zu nennen, der am synagogalen Leben nie Anteil nahm, die kleine Kellersynagoge aber zum Schauplatz vieler Vorträge und Diskussionen wählte. Zu den ständigen Beterinnen gehörte die Dichterin Else Lasker-Schüler. Mit Recht sagt Rabbiner Wilhelm von ihr: »Wenn wir alle längst vergessen sein werden, wird man sich dieser Frau noch erinnern.«

Die Gemeinde gehörte der liberalen Richtung an, trat auch dem Weltverband für Progressives Judentum bei.

Wilhelms Nachfolger aber, Rabbiner Dr. Philipp, der in Jerusalem eine radikalere Hinwendung zur Tradition erlebte, vollzog den Anschluß der Gemeinde an den Weltverband des Konservativen Judentums.

Ich erkannte, daß dieser Weg für mich nicht gangbar war, vor allem aber wurde mir deutlich, daß die Bewahrung traditioneller Elemente des deutschen Judentums für die israelische Jugend nichts mehr bedeutete. Die Gesänge des Synagogenkomponisten Lewandowski, eines Epigonen von Felix-Mendessohn-Bartholdy, die das Herz unserer Großväter rührten, bedeuteten dieser Jugend nichts oder wenig. Die deutsche Predigt blieb ihr unverständlich. Religion als Ahnenkultur ist nicht tradierbar.

Ich suchte neue Wege und wurde dabei Mitte der fünfziger Jahre von Kreisen der amerikanischen Jüdischen Reform ermuntert. Im Auftrage des Israel-Komitees der amerikanischen Reform-Rabbiner besuchte mich Rabbi Herbert Weiner vom Temple Israel in South Orange (New Jersey) und bot die Hilfe seiner einflußreichen Organisation zur Errichtung von nichtorthodoxen jüdischen Gemeinden in Israel an. Mit dieser Hilfe ging ich daran, 1958 die erste Reformgemeinde in Jerusalem, ja in Israel, zu gründen. Verschiedene Freunde, darunter der Vizepräsident der Hebräischen Universität, Professor Even-Ari, waren meine ersten Mitarbeiter, vor allem aber mein Sohn Tovia, damals Student der Judaistik an der Hebräischen Universität, der später selbst Reformrabbiner wurde.

Dieser Versuch der ersten Reformgemeinde in Israel, über die gegenwärtig (Frühjahr 1972) eine Dissertation an der Hebräischen Universität im Rahmen der neueren jüdischen Geistesgeschichte geschrieben wird, stellt tatsächlich einen Neubeginn dar. Wir hatten keine Vorbilder, die unverändert übernehmbar gewesen wären.

Die traditionelle Liturgie der Synagoge mit ihren Gebeten um Wiedereinführung des antiken Opferkultes schied völlig aus. Die Reformgebetbücher von Deutschland bis Amerika waren schon sprachlich nicht zu verwenden, da sie in deutscher oder englischer Sprache Gebete boten, oft im Geiste einer kulturoptimistischen humanitären Haltung des 19. Jahrhunderts.

Wir mußten zu den Quellen zurückkehren, vor allem zur hebräischen Bibel.

Hilfreich war uns zunächst die Liturgie der amerikanischen »Reconstructionists«, deren geistiger Vater, Professor Mordecai Kaplan, uns öferts besuchte.

Schließlich schufen wir aber selbst das erste hebräische

Reformgebetbuch der Geschichte. Es blieb ein bescheidener Versuch, aber dennoch ein Markstein auf dem Wege zu einer israelischen Reform.

Amerikanische Reformjuden verstanden uns oft nicht. Ein alter Richter aus den USA fragte mich verwundert: »Nur die Orthodoxen beten hebräisch, warum haben Sie keinen englischen Gottesdienst?«

Ich erklärte ihm, daß es zu den Traditionen des Reformjudentums gehöre, in der Landessprache zu beten, und diese sei in Israel nun eben Hebräisch.

Auch im Auslande, bei Christen, stieß ich manchmal auf eigentümliche Mißverständnisse. In Ostfriesland fragte mich ein Pastor: »Sie haben die erste Reformierte Gemeinde in Jerusalem gegründet; haben Sie auch den Heidelberger Katechismus?«

Damit konnte ich nun nicht aufwarten, denn unsere Reform war und bleibt eine jüdische, israelische.

Das Israelische an dieser Reform wurde im Lande selbst nur schwer akzeptiert. Die antizionistische Vergangenheit der klassischen Reform, die Zion und Jerusalem aus ihren Gebetbüchern oft weitgehend eliminiert hatten, hing uns nach. Der Gebetsruf der Passahnacht: »Das kommende Jahr in Jerusalem!« war von den Reformern des 19. Jahrhunderts gestrichen worden. Wir aber suchten hier eine Synthese von religiöser Reform und nationaler Renaissance. Für den Außenstehenden ist das nicht schwer zu verstehen. Die Bemühung liegt auf der Hand, ist folgerichtig und die Konsequenz aus der gesellschaftlichen, sprachlichen, strukturellen Erneuerung des alten Volkes im neuen Staat der uralten Heimat.

Wir haben auch den Versuch gemacht, die Rolle der Frau in der Synagoge durch völlige Gleichberechtigung der Lebenswirklichkeit des heutigen Israels anzupassen. Merkwürdigerweise wünscht die jüdische Frau aber keine synagogale Gleichberechtigung. Die orthodoxe Frau nimmt ihre Zurücksetzung hinter Gitter und Vorhänge einer Frauenabteilung als gottgewollte Ordnung hin. Die moderne Jüdin in Israel ist an der Synagoge meist desinteressiert, so daß nur wenige unserem Rufe folgten. Ich habe auch versucht, die moderne hebräische Dichtung in die Liturgie als dynamisches Element einzuführen, wobei mir insbesondere meine Frau half, die eine Auswahl aus hebräischer Dichtung traf, und solche Gedichte im Gottesdienst rezitierte. Der Versuch fand Nachahmung in einigen anderen Reformgemeinden des Landes, die im Laufe der Zeit entstanden, so in der Gemeinde meines Sohnes in Ramath-Gan. Aber alle unsere Versuche blieben doch auf einen relativ kleinen Kreis von wenigen hundert Familien im ganzen Lande beschränkt. Man kann nicht sagen, daß die jüdische Reformbewegung in Israel, als deren erster Vorkämpfer ich mich bezeichnen darf, ein Faktor im öffentlichen Leben geworden ist. Es gibt Kreise, aber keine Bewegung.

Woran liegt das? Die Zeit ist offenbar noch nicht reif für einen wirklichen religiösen Durchbruch. Wie in der Frage des christlich-jüdischen Gesprächs, war ich auch hier (was mir erst rückblickend bewußt wurde) meiner Zeit voraus. Das ist keineswegs immer ein Verdienst, sondern oft ein Mißgeschick.

Das Neue Testament spricht von »Kairos«, von der erfüllten Zeit, dem richtigen Augenblick der Geschichte. Ich wurde mit einem wachen Spürsinn für das Notwendige ausgestattet, nicht aber mit einem wachen Zeitsinn für die richtige Stunde. Trotzdem gehen und gingen unsere Bemühungen weiter. Einer der Führer des amerikanischen Judentums sagte mir, daß ohne unseren Versuch in Jerusalem und in ganz Israel das große amerikanische Reformjudentum in Gefahr stünde, eine Sekte zu werden, abgetrennt vom jüdischen Volkskörper. Die kleinen Kreise in Israel erst haben den Kontakt zum Weltjudentum wieder sichtbar gemacht. Eine religiöse Bewegung im Judentum, die nicht in Jerusalem vertreten wäre, verlöre ihre Legitimation.

Aber auch umgekehrt: ein kleiner Kreis religiöser Avantgardisten in Jerusalem, der nicht den Anschluß an eine große Weltbewegung im Judentum fand, wäre zum bedeutungslosen Klüngel herabgesunken.

Gegen solche Tendenzen des Isolationismus hatte ich in Jerusalem anzukämpfen. Mir war es klar, daß wir den Anschluß an die 1926 gegründete World Union for Progressive Judaism finden müßten, um Teil dieser weltumspannenden Organisation zu werden.

An der Spitze der World Union for Progressive Judaism stand Mitte der zwanziger Jahre bei ihrer Gründung der englische jüdische Theologe Claude G. Montefiore, dessen Werk ›Liberales Judentum‹ (deutsche Ausgabe 1906) bahnbrechend wirkte. Montefiore war der erste Jude, dem die Würde eines theologischen Ehrendoktors einer christlichen Fakultät verliehen wurde. Die Universität Manchester ehrte ihn in dieser Form für sein Werk über die synoptischen Evangelien.

Auf Montefiore folget Leo Baeck als Präsident der World Union. Leo Baeck, Autor des Buches ›Das Wesen des Judentums‹, das in erster Auflage etwa zur selben Zeit wie Montefiores Werk erschien, hatte schon im Titel die Antwort an Adolf von Harnack kenntlich gemacht. In Harnacks weit verbreitetem Buche ›Das Wesen des Christentums‹, das auf Vorlesungen in Berlin an der Jahrhundertwende zurückging, ist das Judentum verzerrt dargestellt, im Sinne des Vorurteils gegen die Pharisäer, das im Neuen Testament wurzelt.

Baeck war dann später Rabbiner in Berlin und Dozent an der Hochschule für die Wissenschaft des Judentums, aber erst in den schweren Jahren des deutschen Judentums wuchs er zur moralischen Größe von bleibender Bedeutung heran. Er lehnte Berufungen ins Ausland ab, erklärte, daß er in Berlin bleiben wolle, solange in der dortigen Gemeinde noch ein Jude lebe. So wurde er nach Theresienstadt deportiert. Er überlebte in geradezu wunderbarer Weise. Ein böhmischer Rabbiner ähnlichen Namens, Rabbiner Beck, war im Lager verstorben, und das führte zu einer irrtümlichen Löschung von Baecks Namen auf einer Deportationsliste. Als Adolf Eichmann das Lager inspizierte, fragte er Baeck verwundert: »Sie leben noch immer?«

Baeck wurde 1938, im Jahre der Synagogenbrände der Kristallnacht, zum Präsidenten der World Union gewählt und blieb bis 1953 im Amt, wobei er natürlich praktisch von 1939 bis 1945 völlig ausgeschaltet war. Niemand aber wollte den so tragisch freigewordenen Platz des Präsidenten de jure einnehmen.

Schon von Anfang an aber war die treibende Kraft in der World Union die englische Jüdin Lily H. Montagu, die seit der Gründung das Ehrenamt der Generalsekretärin versah. Sie führte nun in Abwesenheit von Dr. Baeck die Geschäfte der World Union und wurde 1954 Präsidentin. Sie hatte das Amt fünf Jahre inne. Es war wohl zum ersten Male in der Geschichte des Judentums, daß eine Frau an der Spitze einer religiösen Organisation stand. In einem violetten Talar zelebrierte sie auch in der Liberal Jewish Synagogue in St. John's Wood in London im Rahmen von Gottesdiensten, die von jüdischer Tradition einerseits und anglikanischem Stil andererseits geprägt waren.

Im letzten Jahre ihrer Präsidentschaft lernte ich Lily Montagu auf der Weltkonferenz des Progressiven Judentums im Juli 1959 in London kennen.

Es war meine Aufgabe, dort am 14. Juli in öffentlicher Sitzung in der West London Synagogue ein Referat über Religion in Israel zu halten. Ich schilderte die analogielose Situation des Judentums im jüdischen Staat. Hier steht es wieder im Begriff, Staatsreligion zu werden, was zu einer Verengung und Politisierung der Religion führt. Die unheilvolle Alternative jüdischen Lebens in Israel: Zion ohne Gott oder mittelalterliches Getto? – muß durch eine religiöse Erneuerung durchbrochen werden, welche die dritte Position sichtbar macht: ein progressiv-religiöses Judentum.

Das Referat löste eine bewegte Diskussion aus. Unterstützt wurde ich durch zwei Weggenossen aus Haifa, Rabbiner Dr. Elk und David Freeman. Für viele ältere Delegierte war der Tenor meiner Rede ungewohnt. Sie verharrten noch in der scharf antizionistischen Tradition des klassischen jüdischen Liberalismus des 19. Jahrhunderts.

Ohne Frage gehörte Lily Montagu, die aus der englisch-jüdischen Aristokratie kam, zu dieser Schule. Das hinderte sie aber nicht, mir mit außerordentlicher Herzlichkeit und Hilfsbereitschaft entgegenzukommen. Freunde in Israel und in England, die Lily Montagus abweisende Haltung gegenüber dem Nationaljudentum kannten, waren über ihr Entgegenkommen äußerst verwundert.

Ich ließ mich mit der alten Dame, die bereits Mitte der

Achtziger war, natürlich in keine weltanschaulich-politische Diskussion ein. Ich schilderte ihr nur wahrheitsgemäß die Unduldsamkeit der Orthodoxie in Israel und die Glaubensnot der Jugend, die von einem reaktionären Klerikalismus abgestoßen wird. All das ging Lily Montagu ein, löste ihre Sympathie aus, ihre Bereitschaft, meine Mission zu unterstützen.

Mein miserables Englisch wurde durch ihre deutschen Sprachkenntnisse überbrückt. Wo mir eine Vokabel fehlte, fiel ihr aus »abgelebten Zeiten« ein passendes deutsches Wort ein.

Ich wurde auch zu einer Freitagabendfeier, zu Beginn des Sabbats, in das Haus von Lily Montagus Schwester, Lady Franklin, eingeladen, wo ich mit Lord Samuel zusammentraf, dem ersten High Commissioner von Palästina nach dem Ersten Weltkrieg. Lord Samuel war mit den Montagus verwandt, stand damals bereits im neunzigsten Lebensjahr und zeichnete sich noch immer als der scharfe Denker aus, als der er uns in seinen philosophischen Werken wie ›Belief and Action‹ (Glaube und Tat) entgegentritt.

Der fundamentale Gegensatz in der Konzeption des Judentums zwischen der greisen Führerin Lily Montagu und mir kam zwei Jahre später auf der Weltkonferenz, abermals in London, 1961, in einer kleinen Formulierung zum Ausdruck: Sie begrüßte, nunmehr Ehrenpräsidentin, die Konferenz als eine große Versammlung von Menschen aus vielen *Nationen*, die *ein* Glaube einigt.

Ich war jetzt offizielles Mitglied des Führungsgremiums der Union geworden und begrüßte namens der israelischen Delegation die Konferenz als eine große Versammlung von Juden aus vielen *Ländern*, die *eine* religiöse Haltung einigt.

Hier handelt es sich, nach dem Protokoll, nur um eine Nuance, aber in ihr liegt der Unterschied zwischen Israel und der Diaspora beschlossen.

Beim Konferenzbankett am 11. Juli 1961 wies ich darauf hin, daß ich im selben Jahr bereits eine andere religiöse Konferenz als Berichterstatter mitgemacht hatte: die sechste Weltkonferenz der Pentecostals, der evangelischen Pfingstler, die in *Jerusalem* zusammentrafen. Ich gab der Hoffnung Ausdruck, daß auch die World Union for Progressive Judaism ihre Konferenz einmal in *Jerusalem* abhalten werde. Für die alte antizionistische Garde war das noch kaum vorstellbar, und doch erfüllte sich diese Hoffnung. Im Sommer 1968 trat die Weltkonferenz für Progressives Judentum in Jerusalem erstmalig zusammen, ein Jahr darauf hielt die Synode der Amerikanischen Reformrabbiner, die Central Conference of American Rabbis, ihre Tagung in Jerusalem ab, und 1971 beschloß die World Union, ihre Zentrale, die ursprünglich in London (Sitz von Lily Montagu), dann in New York (Zentrum des Reformjudentums) ihre Büros hatte, nunmehr endgültig nach Jerusalem zu verlegen.

Leo Baeck, den ich 1947 und 1951 in Jerusalem in längeren Gesprächen persönlich näher kennenlernte, sah das Judentum im Bild einer Ellipse mit zwei Brennpunkten: Jerusalem und Babylon, Spanien und Deutschland, Ostjudentum und Westjudentum. Jetzt waren die beiden Brennpunkte offenbar in Israel und in den USA anzutreffen. Das geistige Schwergewicht verlagerte sich aber doch mehr und mehr nach Jerusalem hin, was zu einer Reform der Reform führte.

Es gereicht mir zur Freude, daß ich an den Anfängen dieser Entwicklung mitarbeiten durfte, wenn später auch manches anders verlief, als ich es geträumt und geplant hatte. Das ist wohl immer so, wenn Ideen in Realität umgesetzt werden.

Bei einem denkwürdigen Treffen mit Leo Baeck am 12. Juli 1947 in Jerusalem erzählte mir dieser verehrungswürdige Mann eine kuriose Erinnerung aus dem Jahre 1897. Damals hatte der allgemeine Rabbinerverband in Deutschland eine scharfe antizionistische Erklärung abgegeben, die den Beteiligten den Spitznamen »Protestrabbiner« eintrug.

Die Erklärung, welche sich gegen die Abhaltung des Ersten Zionistenkongresses, der ursprünglich in München stattfinden sollte, wandte, brandmarkte den Zionismus als mit den messianischen Erwartungen des Judentums und der Vaterlandsliebe der Juden unvereinbar.

Alle Teilnehmer der Rabbinerkonferenz, die den Geschäftsführenden Vorstand des Rabbinerverbandes in

Deutschland zu dieser Protestresolution ermächtigte, unterschrieben die Resolution, mit Ausnahme eines etwas wunderlichen älteren Seelsorgers und des damals erst sechsundzwanzigjährigen Rabbiners Leo Baeck, der soeben sein erstes Amt in Oppeln angetreten hatte. Als der Vorsitzende den jungen Kollegen fragte, warum er sich hier ausschlösse und sich in eine etwas merkwürdige Gesellschaft begäbe, meinte Baeck lachend: »Kinder und Narren sagen die Wahrheit.«

Auch ich habe in meiner Jugend manche Wahrheiten unbekümmert ausgesprochen, deren Durchsetzung aber an der Trägheit der Herzen und des Geistes scheiterte. Im Jahre 1938 (ich war also noch nicht ganz fünfundzwanzig) veröffentlichte ich eine theologische Streitschrift: ›Kritik des Esther-Buches‹. Sie beginnt mit den Worten: »Ich schlage vor, das Purim-Fest vom jüdischen Kalender abzusetzen und das Buch Esther aus dem Kanon der Heiligen Schriften auszuschließen. Fest und Buch sind eines Volkes unwürdig, das gewillt ist, seine nationale und sittliche Regeneration unter ungeheuren Opfern herbeizuführen, stellen sie doch eine Verherrlichung der Assimilation, des Muckertums, der hemmungslosen Erfolgsanbeterei dar.«

Professor Hugo Bergmann, damals Rektor der Hebräischen Universität, schrieb mir am 25. März 1937: »Ich glaube, daß Sie sich durch die Veröffentlichung dieser Schrift ein großes Verdienst um die jüdische Religiosität erwerben. Das Purimfest mag als Volksfest hingehen, als religiöses Fest ist es, glaube ich, nur negativ zu werten.«

Von begeisterter Zustimmung bis zu empörter Ablehnung reichte das Echo dieser Streitschrift, die heute nur noch als Kuriosum in Antiquariatskatalogen anzutreffen ist. Das Zentralorgan des orthodoxen Judentums in Frankfurt a. M. ›Der Israelit‹ schrieb: »Heiligenschändung im Dienste der Religiosität.«

Auch eine umfangreiche Gegenschrift erschien, verfaßt von einem mir persönlich unbekannten J. Aschkenasy in Jerusalem.

Als ich an einem schönen Frühlings-Sabbath, meinen kleinen Sohn an der Hand, einen Nachtmittagsspaziergang unternahm, sah ich in dem orthodoxen Viertel Meah

Schearim eine beachtliche Menge von dunkel gekleideten Menschen vor einem Plakat stehen. Auch ich wollte die Verlautbarung lesen und stellte zu meiner Überraschung fest, daß es ein Bannfluch des ultraorthodoxen Rabbinats gegen mich war, Reaktion auf meine theologische Streitschrift.

Ich kam mir vor wie Uriel Acosta oder Spinoza in der Gemeinde von Amsterdam und entwich unerkannt, ehe sich der Zorn der Rechtgläubigen gegen mich wenden konnte. Meinem Jungen konnte ich unseren fluchtartigen Rückzug damals nicht verständlich machen.

Meine Ablehnung des populären Purim-Festes, das an Ereignisse zur Zeit des Artaxerxes II. (404–358 v. Chr.), der in der Bibel Ahasveros genannt wird, in legendär-mythologischer Form erinnert, konnte sich auch im Reformjudentum nicht durchsetzen. Hier, in meinem humanisierenden Bestreben, das das Buch der Rache nicht als Heilige Schrift gelten lassen wollte, fand ich das Verständnis von Lily Montagu, die ein Rundschreiben an alle Reformgemeinden der Jüdischen Welt erließ, in dem angefragt wurde, ob und warum sie Purim feiern.

Die überwiegende Mehrheit tat dies, sowohl aus traditionellen Gründen wie auch aus der nicht von der Hand zu weisenden Erkenntnis, daß hier ein Modellfall jüdischer Geschichte gegeben ist. Setzen wir statt Haman den ebenfalls mit »H« beginnenden Namen Hitler, so haben wir hier wie dort den zügellosen Judenfeind, der die »Endlösung der Judenfrage« anstrebt und schließlich selbst zu Fall kommt.

Professor Günter Harder von der Kirchlichen Hochschule in Berlin erzählte mir einmal, daß bei einer der illegalen Tagungen der Bekennenden Kirche, Mitte der dreißiger Jahre, die Rede auf das Buch Esther kam, das viele deutsche Theologen damals als zu jüdisch und daher geradezu untragbar empfanden. Harder und seine Freunde aber schlugen es als Predigtthema vor, um so, in verhüllter Form, das deutsche Volk zu warnen, sich an den Juden zu vergreifen.

Man kann es auch so sehen. – In den Jahren, in welchen ich unsere kleine Reformgemeinde in Jerusalem leitete, stellte ich die Feier des Purim-Festes zurück, die später aber unter anderer Leitung wieder aufgenommen wurde. Tradition hat ein Beharrungsvermögen, gegen das Argumente einfach verblassen.

In meinem Bestreben, neue Wege im Judentum zu finden, habe ich zunächst freilich den Versuch gemacht, mich in der Tradition, die mir von Hause aus fremd war, zurechtzufinden. Einer der geistvollsten Führer des orthodox-traditionellen Judentums war Dr. Isaac Breuer, aus Frankfurt am Main stammend, den ich noch in seinem letzten Lebensjahr in Jerusalem kennenlernte. Für die Geisteshaltung dieses extrem orthodoxen Juden, der zur Führungsschicht des Weltverbandes der orthodoxen Juden »Agudath Jisrael« gehörte, war es typisch, daß er sich gern auf Immanuel Kant berief, und hinter den Namen des deutschen Philosophen die hebräische Formel: »Das Andenken des Gerechten zum Segen« setzte.

Das wäre natürlich im Munde seiner politisch-religiösen Gesinnungsgenossen aus Osteuropa völlig undenkbar gewesen. Ihre Unwissenheit in bezug auf die Welt außerhalb von Bibel und Talmud ist erschreckend. So erinnere ich mich, daß es dem Stadt-Oberrabbiner von Jerusalem, Z. P. Frank, völlig neu und unbekannt war, daß die christliche Kirche die Lehre von den Engeln kennt, unter anderem den Erzengel Gabriel. Auch der orientalische Oberrabbiner Nissim lieferte erstaunliche Proben seiner Unwissenheit. Als ich ihn im Gespräch auf die ›Richtlinien zu einem Programm für das Liberale Judentum‹ aus dem Jahre 1913 hinwies, fragte er mich erstaunt, woher ich denn das wisse, da ich damals doch noch ein Säugling war. Ich erklärte Seiner Eminenz dem Herrn Oberrabbiner, daß ich bereits in meiner Jugend Lesen und Schreiben gelernt habe und daher Dokumente der Vergangenheit zur Kenntnis nehmen könne.

Breuer aber verwirklichte die von seinem Großvater, Rabbiner S. R. Hirsch, proklamierte Synthese von Thora und weltlicher Bildung. Allerdings war ihm jede wissenschaftliche Erforschung des Judentums wesensfremd. Er verglich sie mit der Sezierung eines Leichnams, während gelebtes Judentum keine historischen Perspektiven zulasse. Nach einem langen Nachtgespräch in Jerusalem sagte mir Dr. Breuer: »Ich fühle mich in der Tradition wie der Fisch im Wasser.«

Ich antwortete: »Ich fühle mich darin wie der Süßwasserfisch im Salzwasser des Meeres« ... und so schieden wir voneinander.

Auch der aschkenasische Oberrabbiner Dr. I. L. Herzog war ein Mann von vielseitiger Bildung. Er hatte Mathematik an der Sorbonne in Paris studiert, aber es fehlte ihm jeder Sinn für die Zeichen der Zeit. – Unmittelbar nach Staatsgründung besuchte ihn im Jahre 1948 eine Rabbinerdelegation aus Großbritannien, die ich begleitete. Die englischen Rabbiner forderten den Oberrabbiner auf, eine revidierte Ausgabe des traditionellen jüdischen Gebetbuchs zu autorisieren, da angesichts der neuen Verhältnisse vieles in den alten Gebeten überholt sei. Man könne nicht um die Rückkehr nach Zion beten, wenn man bei jedem israelischen Konsulat sofort ein Einwanderervisum erhalte.

Oberrabbiner Herzog lehnte das Ansinnen mit der Begründung ab: Juden, die täglich beten, werden weiterhin das alte Gebetbuch benutzen, Juden, die das Beten verlernt haben, werden auch eine »Revised Version« nicht zur Hand nehmen. Natürlich traf dieses Argument nicht die Motive der Antragsteller, denn ein Gebetbuch muß kein Bestseller sein, wohl aber Ausdruck der seelischen Verfassung der betenden Gemeinde. Dafür hatte Oberrabbiner Herzog kein Verständnis. Ich suchte auch den Anschluß an das chassidische Judentum, das mir nur aus der literarischen Darstellung Martin Bubers bekannt war. Buber sprach vom Chassidismus wie von einem abgeschlossenen Kapitel der Religionsgeschichte. Das trifft aber nicht zu. Der Chassidismus lebt noch heute, allerdings nicht in der ungebrochenen Glaubensstärke seiner Gründerjahre, die nun über zwei Jahrhunderte zurückliegen. Aber welche religiöse Bewegung hätte den Elan ihres Beginnes voll bewahrt?

Hat die Kirche, haben die Kirchen heute noch den heißen Atem der eschatologischen Naherwartung der christlichen Urgemeinde? Davon kann keine Rede sein, aber sollte man deshalb vom Christentum nur in der Vergangenheit sprechen?

Hat der Islam die Dynamik der Jahre des Propheten Mohammed in Mekka und Medina bewahrt? Sicher nicht, aber dennoch ist der Islam ein Stück Gegenwart.

Auch mit Sekten innerhalb einer Religionsgemeinschaft verhält es sich so. Die Aufbruchstimmung der Mormonen unter Brigham Young ist längst dahin, auch die Heilsarmee ist inzwischen eine gut funktionierende Organisation mit einer Bürokratie geworden, was sie unter William Both natürlich nicht war.

Das Revolutionäre des Chassidismus ist sicher dahin. Er hat längst seinen Frieden mit der jüdischen Orthodoxie gemacht, gehört heute selbst zum ultra-orthodoxen Flügel des Judentums, während er ursprünglich den Aufstand des lebendigen Glaubens gegen ein klerikales Establishment, die Revolte des Herzens gegen eine verknöcherte Gesetzlichkeit darstellte, hierin nicht unähnlich dem Kampf Jesu gegen die Tempel-Clique seiner Zeit.

Mir begegnete der Chassidismus als Wirklichkeit in der Gestalt des Rabbi Israel Friedman von Husiatyn, dem Enkel des Rabbi Israel von Rižin, der in der Ahnentafel der chassidischen Zaddikim Bubers als Nachkomme des Großen Maggid erscheint. Im Sommer 1942 war der Rabbi mein Nachbar in Jerusalem-Romema, und sein Schwiegersohn und designierter Nachfolger mietete für die Sommermonate ein Zimmer bei mir. Das brachte mich in einen unmittelbaren Kontakt mit einem Kreis von Anhängern des Chassidismus, die in der Sommerwohnung des Rabbi ihre Andachten abhielten, an denen ich teilnahm.

Der Rabbi selbst betete meist schweigend, aber solange er in stiller Meditation versunken war, wagte auch der Vorbeter keine Fortsetzung der Liturgie. Das Schweigen, wie es bei den Quäkern gepflegt wird, trat mir hier als heilig-heilende Kraft entgegen. Hinzu kam der wortlose Gesang der Gläubigen beim dritten Sabbath-Mahl, wo sie Tischgemeinschaft mit dem Rabbi hatten.

Als ich bei einem solchen Anlaß vergeblich auf eine Predigt, einen Lehrvortrag, ein deutendes Wort des Rabbi wartete, sagte mir ein alter Chassid: »Das Schweigen des Rabbi ist größer als das Sprechen der anderen.« Vor so viel Glauben konnte auch ich nur schweigen. Später erfuhr ich, daß der große Ahnherr des Rabbi, der bereits erwähnte Israel von Rižin, einmal von seinen Jüngern mißverstanden wurde, als er über die Mysterien der Gottheit sprach. Dieses Mißverständnis ließ ihn verstummen, und seitdem haben seine Nachfolger die Predigt eingestellt.

Der Schwiegersohn des dreiundachtzigjährigen Rabbi Israel Friedman war Rabbi Jakob Friedman, damals etwa sechzig Jahre alt, der wohl der letzte chassidische Rabbi dieser Dynastie blieb. Er starb am 23. Oktober 1956. Er war ein vielseitig gebildeter und aufgeschlossener Mann.

Als ich ihm erzählte, daß ich in einem Kibbuz einen Vortrag über das Thema ›Religiöse Erneuerung‹ gehalten hatte, und daß in der anschließenden Aussprache ein Mitglied des Kibbuz antwortete: »Es gibt zwar keine Offenbarung und kein dialogisches Verhältnis zu Gott, aber *wenn* es das gäbe, dann ...« Und nun begann der Agnostiker mit langen Darlegungen, die mir zeigten, daß er seelisch noch keineswegs mit dem fertig war, was er intellektuell bereits für gesichert hielt.

Rabbi Friedman lächelte bei meinem Bericht und sagte: »Das ist genau dieselbe Situation, die schon Schiller in seinen ›Räubern‹ in dem Dialog zwischen dem Pfarrer Moser und Franz Mohr dargestellt hat.«

Ich schlug in Schillers ›Räubern‹ nach und fand die Parallele, welche der chassidische Rabbi gezogen hatte, voll bestätigt.

Rabbi Friedman hatte Französisch gelernt, um die Übersetzung des kabbalistischen Buches ›Sohar‹ von Munk bei seinen mystischen Studien benutzen zu können. Er war also kein Bildungsgegner wie andere ostjüdische orthodoxe Rabbiner.

Der kabbalistisch-wissenschaftlichen Schule, die von Professor G. Scholem in Jerusalem begründet wurde, stand er aber kritisch gegenüber und bemerkte einmal gesprächsweise, daß Scholem ihn an einen Studenten der Chemie erinnere, der alle chemischen Formeln kennt, aber nicht ihre eigentliche Bedeutung, sie nicht kennen kann, da sie ihm niemand entschlüsselt hat. Er glaubte hier nur an lebendige, vorwiegend mündliche Tradition von Lehrer zu Schüler.

Je radikaler die Orthodoxie sich gebärdet, desto verständnisloser ist sie gegenüber dem Phänomen geschichtlicher Entwicklung. Das wurde mir bei meiner einzigen Begegnung mit dem ultra-orthodoxen Oberrabbiner der Jerusalemer Austritts-Orthodoxie Rabbi Duschinski bewußt.

Im Jahre 1937 erkrankte in Scheveningen in Holland der bedeutende jüdische Publizist Dr. Nathan Birnbaum. Er, der das Wort »Zionismus« geprägt hatte, hatte schließlich die Zionistische Bewegung verlassen und sich der extremsten Orthodoxie angeschlossen. In einer autobiographischen Skizze schildert er seinen Weg vom Freigeist zum Gläubigen. Nun lag Birnbaum, mit dem ich seit 1934 in Verbindung stand, im Sterben. Am Vorabend des letzten Tages des Passah-Festes 1937 erreichte mich in Jerusalem ein Telegramm aus Rotterdam: »Arzt findet Zustand Dr. Birnbaum sehr ernsthaft. Bitte den Freunden Auftrag zum Psalmensagen geben. Name: Nachum Ben-Mirjam.«

Gemeint war natürlich eine Sonderandacht für Dr. Birnbaum an der Klagemauer, wobei seiner mit diesem veränderten Namen gedacht werden sollte. Das ist ein alter Brauch. Man ändert den Namen des Sterbenden, um den Todesengel »irrezuführen«.

Ich wußte, daß die Freunde Birnbaums im Kreise der Ultraorthodoxen um Rabbi Duschinski zu finden waren. Noch am selben Abend begab ich mich zu Rabbi Duschinski, der im Kreise seiner Schüler beim Mahl und Lehrgespräch saß. Dabei hörte ich, wie Duschinski erklärte: »Als unser Vater Jakob am Sabbatnachmittag zur Vesper ging ...« Niemand lachte über diesen völlig sinnlosen Anachronismus. Man stellte sich den Urvater Jakob in Kaftan und Pelzmütze vor, womöglich Jiddisch sprechend ... in völliger Verkennung aller historischen Relationen. Es ist dies nicht anders als die Darstellung der Szenen aus dem Neuen Testament in italienischer Landschaft, vor Renaissancebauten, in niederländischem Kostüm oder in altdeutschem Stil.

Für die Naiv-Gläubigen versinkt die Geschichte vor der Heilsgeschichte ins Wesenlose. Ewige Gegenwart des Ewigen ist seine Domäne.

Ich konnte solche geheiligten Anachronismen mir nie zu eigen machen, aber ich spürte und spüre dennoch den Puls der Heilsgeschichte in der Geschichte. Ich habe versucht, aus einer skeptischen und zugleich gläubigen Haltung lebensmäßige Konsequenzen zu ziehen. Es blieb ein Versuch, ein Experiment, nie ganz integrierbar. Aber vielleicht ist in der Erkenntnis, nie vorbehaltlos mit dem Strom schwimmen zu können, ein positiver Sinn mitgegeben. Der schlesische Mystiker Angelus Silesius (eigentlich Johann Scheffler, 1624–1677) hat es in einem Zweizeiler ausgedrückt, den ich schon als junger Mann 1933 über mein ›Messiasspiel‹ setzte:

Wer Gott will gleiche sein,
muß allem ungleich werden.

VII
Das ewige Gespräch

Das ewige Gespräch um das Ewige wurde zu einem schicksalhaften Bestandteil meines Lebens, in Form des christlich-jüdischen Dialogs. Eine ganze Reihe meiner Bücher weist auf diese Bemühungen hin. Hier seien nur einige genannt: ›Juden und Christen‹ (Berlin 1960), ›Im jüdisch-christlichen Gespräch‹ (Berlin 1962) und ›Jesus im Judentum‹ (Wuppertal 1970).

Oft ist es aber so, daß ein scheinbarer Zufall eine Folge von Ereignissen auslöst, die für unser Leben bestimmend werden. Im Kriegsjahre 1940 veröffentlichte ich einen Beitrag zur religiösen Anthropologie der Gegenwart, ›Zur religiösen Lage in Palästina‹. Ein Leser aus Tiberias meldete sich und schlug mir eine Aussprache vor. Es war dies ein jüngerer schottischer Pfarrer, George L. B. Sloan, der neunzehn Sprachen beherrschte, darunter auch Deutsch. Er hatte bei Karl Barth in Basel evangelische Theologie studiert und brachte die nötige, damals noch überaus seltene Bereitschaft zu einem echten, nicht missionarischen Gespräch mit der jüdischen Seite auf.

Nach seinen ersten Besuchen in Jerusalem, die ich später in seinem schönen Pfarrhaus am See Genezareth erwiderte, reifte in uns der Plan, den christlich-jüdischen Dialog aus der privaten Sphäre in die Öffentlichkeit zu tragen. Im Oktober 1940 fand in der Newman School, Haus Thabor in Jerusalem, auf Anregung Sloans mein Vortrag ›Die Christusfrage an den Juden‹ statt. Hörer waren christliche Theologen aus Palästina und den Nachbarländern, unter Vorsitz des anglikanischen Erzbischofs George Francis Graham Brown.

Auch jüdische Gäste nahmen an dieser Aussprache teil. Die Diskussionsbemerkungen einiger evangelischer Theologen zu meinem Vortrag wurden später für die Drucklegung von Pfarrer Dr. F. Neumann, Haifa, zusammengefaßt.

Martin Buber, der ursprünglich an der Veranstaltung teilnehmen wollte, zog leider seine Zusage kurzfristig zurück, da ihm der Ansatzpunkt verfehlt schien. Er wollte nicht von der kontroversen Christusfrage an den Juden ausgehen, sondern vom gemeinsamen Glaubensgut, wie es in der prophetischen Botschaft des Alten Testaments gegeben ist.

Ich habe später noch oft über diesen Einwand nachgedacht und ihn auch mit Buber durchgesprochen. Er scheint mir überaus wesentlich, aber doch nicht stichhaltig. Man kann das Gespräch von beiden Seiten her beginnen, vom Alten Testament oder vom Neuen. Man wird aber immer, wenn man die Fluchthaltung vermeiden will, zur kontroversen Christusfrage gelangen, der man sich rückhaltlos zu stellen hat, wenn das Gespräch nicht in Schönrederei versumpfen soll.

Wie dem auch sei; mit dem Religionsgespräch vom Oktober 1940 wurde in Jerusalem ein Neubeginn gesetzt. Hier war ja durch lange Zeit hindurch das Gespräch zwischen Judentum und Christentum nur als missionarischer Angriff auf das Judentum beheimatet.

So konnten auch Mißverständnisse nicht ausbleiben, zumal die ersten Schriften zu einem christlich-jüdischen Dialog, die Sloan und ich in rascher Folge publizierten, auch von Missionsläden vertrieben wurden.

Das bereitete mir viel Ärger, ja Kummer, gab sinnlosen Gerüchten Auftrieb und führte zeitweise zu einer Art stillem Boykott gegen mich.

In dem Bewußtsein, hier einen nötigen Neubeginn zu machen, ließ ich mich aber nicht einschüchtern, sondern ging diesen Weg unbeirrt weiter.

Erst nach Beendigung des Zweiten Weltkrieges ging die Saat auf, die ich als »Saat auf Hoffnung« ausgestreut hatte. Jetzt war die Zeit reif für das christlich-jüdische Gespräch, das nun zunächst als ein Gespräch aus der Schuld geführt wurde. Zu spät hatten die Kirchen erkannt, daß sie durch Schweigen mitschuldig geworden waren am Martyrium der Juden Europas.

In Schuldbekenntnissen formulierten die Kirchen in Deutschland, aber auch anderwärts, die Erkenntnis ihres Versagens. Nun wollten sie die Wand des Schweigens durchbrechen, suchten den jüdischen Gesprächspartner, insbesondere aber in Jerusalem, das als die Herzmitte von Judentum und Christentum neu erkannt wurde.

Jetzt wurde das Gespräch möglich, das ich zaghaft und unzulänglich schon ein Jahrzehnt vorher begonnen hatte.

Zunächst bot sich natürlich Deutschland als Schauplatz solcher Gespräche an. Die Gesellschaften für Christlich-Jüdische Zusammenarbeit, der Evangelische Kirchentag mit seiner Arbeitsgruppe »Juden und Christen«, die alljährliche »Woche der Brüderlichkeit«, Studentengemeinden, evangelische und später auch katholische Akademien, boten den Rahmen.

Der Mann aus Jerusalem war hier besonders gesucht. Mein Wohnort stellte mir einen moralischen Kreditbrief aus, den ich so redlich wie möglich einzulösen versuchte.

In den Kriegsjahren lebte in Jerusalem ein emigrierter deutscher Pfarrer, Heinz Kappes, der seinerseits Versuche machte, das interkonfessionelle Gespräch in Gang zu bringen, wobei er aber stärker auf eine dritte Größe zurückgriff, das hier noch weithin unbekannte indische Geistesgut, das er in Vorträgen und Arbeitsgemeinschaften erschloß. Diese Kreise fanden in Privathäusern statt, zum Beispiel im Hause des Schriftstellers Gerson Stern.

Nach 1948, also nach Errichtung des Staates Israel, wurde in dem vorhin erwähnten Haus Thabor das schwedisch-theologische Institut unter Leitung von Dr. Hans Kosmala und Greta Andrén eröffnet, das eine erste Stätte permanenter christlich-jüdischer Begegnung wurde. Kosmala stammte aus Deutschland, leitete ursprünglich das Institutum Judaicum Delitzschianum in Leipzig, eine Pflanzstätte christlicher judaistischer Studien. Als die Nazis kamen, emigrierte er mit der umfangreichen Bibliothek des Instituts nach Wien, wurde dort aber vom »Anschluß« eingeholt und setzte sich weiter nach England ab, wo er als Pfarrer ordiniert wurde. Nach dem Kriege kam er über Tiberias nach Jerusalem, um das Institut zu leiten, das christlichen Theologen judaistische Kenntnisse vermitteln sollte. Seine getreue Mitarbeiterin war die Schwedin Greta Andrén, die in Wien in den Jahren der NS-Verfolgung zahlreichen Juden geholfen hatte.

Oft habe ich in diesem Institut Vorträge vor jungen skandinavischen Theologen gehalten, darunter meine Vorlesung über ›Das Jesusbild im modernen Judentum‹, die später immer und immer wieder erschienen ist und mit der ein Beginn einer Historiographie der jüdischen Leben-Jesu-Forschung gemacht wurde.

Meine Frau Avital gab an diesem Institut neuhebräischen Unterricht; es war dies ein erster Versuch (und ein gelungener), christliche Theologen vom biblischen Hebräisch zur Umgangssprache Israels zu führen.

Auf dem Zionsberg über Jerusalem entstand während des Zweiten Weltkrieges ebenfalls eine interessante Begegnungsstätte in Form einer theologischen Präfakultät, die der anglikanische Canon Witton Davies eingerichtet hatte.

Soldaten und Offiziere der Britischen Armee und alliierter Truppen, die durch das Erlebnis des Krieges eine religiöse Erweckung erfahren hatten, entschlossen sich zur geistlichen Laufbahn und sollten nun während ihrer Urlaubszeit in Jerusalem vorbereitet werden. Die Präfakultät war zugleich eine Möglichkeit zur Selbstprüfung der Kandidaten, die hier feststellen konnten, ob sie für den Beruf, der ihnen vorschwebte, wirklich geeignet waren. Die Präfakultät wurde auf interkonfessioneller christlicher Basis errichtet, so daß mehrere Denominationen vertreten waren. Witton Davies zog mich heran, um den werdenden Theologen ersten Einführungen in die Geisteswelt des Judentums zu geben, was mir trotz meiner mangelnden englischen Sprachkenntnisse offenbar gelang, denn der Widerhall war überaus stark.

Rückblickend neige ich dazu, mit allen rationellen Vorbehalten, in diesen Zusammenhängen an den Genius loci zu glauben. In Hause Thabor, wo das erste christlich-jüdische Religionsgespräch 1940 stattfand, wurde später, unter ganz anderer Leitung, von einem anderen Institut eine permanente Begegnungsstätte errichtet. Auch Martin Buber fand dann seinen Weg dorthin und sprach öfters auf Einladung Kosmalas vor den skandinavischen Studenten.

Auf dem Zionsberg aber sitzt heute in denselben Räumen der alten Bischof-Gobat-Schule die »Ecumenical Theological Research Fraternity in Israel«, die erste Dachorganisation der christlichen Kirchen des Heiligen Landes, Katholiken und Protestanten (die Orthodoxen halten sich noch fern), und in nächster Nachbarschaft befindet sich das »American Institute of Holy Land Studies«, das unter Leitung von Dr. Douglas Young ebenfalls jüdisches Wissen an junge christliche Theologen vermittelt.

Die Grunderkenntnis aller dieser Bestrebungen kann man dahin zusammenfassen: Unwissenheit erzeugt Mißtrauen, Mißtrauen erzeugt Haß, Haß erzeugt Gewalttat.

Um diese Kettenreaktion im ersten Glied abzubauen, bemüht man sich heute, das so lange vernachlässigte Wissen um das Judentum christlichen Kreisen zu vermitteln.

Ebenfalls auf dem Zionsberg wurde die deutsche Benediktiner-Abtei Dormitio Mariä unter Leitung ihres jungen Abtes Laurentius Klein zu einem katholisch-ökumenischen Zentrum, für das auch eigene Räume errichtet wurden.

Am Sonntag, dem 30. Mai 1971, an welchem das jüdische Schavouth-Fest und die christlichen Pfingsten zusammenfielen, las ich auf Einladung des Abtes in Dormitio Mariä, auf dem Zion über Jerusalem, sozusagen am Ort des Geschehens, aus meinem Buch ›Mutter Mirjam‹ das fünfte Kapitel: ›Das Pfingstwunder‹.

Nicht nur katholische Kleriker, sondern auch evangelische Theologen und jüdische Hörer nahmen teil.

Ende Februar 1972 wurde auf dem Zionsberg in der Benediktiner-Abtei Dormitio Mariä eine neue Glocke eingeweiht, die eine Pilgergruppe aus Augsburg übergab. Abt Laurentius Klein hatte mich eingeladen, Worte der Weihe zu sprechen, was wohl in diesem Zusammenhang ziemlich ungewöhnlich war. Er selbst wies auf den Dreiklang Jerusalems hin: Das Schophar-Widderhorn der Juden, die Glocken der Christen und der Muezzin der Mohammedaner, der die Gläubigen zum Gottesdienst ruft.

Schophar, Glocke und Muezzin rufen so gleichermaßen zum Gebet, und in diesem Sinne las ich in der Kirche der Dormitio-Abtei im hebräischen Original und in deutscher Übersetzung die Worte Salomos zur Tempelweihe (1. Könige 8, 41–43a): »Auch wenn ein Fremder, der nicht von deinem Volk Israel ist, aus fernem Lande kommt um deines Namens willen – denn sie werden hören von deinem großen Namen und von deiner mächtigen Hand und von deinem ausgereckten Arm –, wenn er kommt, um zu diesem Hause hin zu beten, so wollest du hören im Himmel, an dem Ort, wo du wohnst, und alles tun, worum der Fremde dich anruft, auf daß alle Völker auf Erden deinen Namen erkennen, damit auch sie dich fürchten wie dein Volk Isreal ...«

Ich schloß die Lesung mit einer Benediktion aus dem Achtzehn-Bitten-Gebet der Synagoge: »Gelobt seist du Herr, der das Gebet erhört.«

Es war etwas Ungewöhnliches, daß in einer katholischen Kirche eine Gemeinde von Klerikern und Pilgern auf den jüdischen Segensspruch mit lautem Amen antwortete. Neben mir saß in der Reihe der Ehrengäste der moslemische Schlüsselbewahrer der Grabeskirche, so daß wir – Juden, Christen und Mohammedaner – wie in Lessings ›Nathan der Weise‹ als die Träger der Drei Ringe einander die Hand reichten.

Auf dem Berge Zion erfüllt sich heute bereits etwas von jener eschatologischen Vision des Propheten Jesaja (2, 2–3):

»Es wird zur letzten Zeit der Berg, da des HERRN Haus ist, fest stehen, höher als alle Berge und über alle Hügel erhaben, und alle Völker werden herzulaufen, und viele Völker werden hingehen und sagen: Kommt, laßt uns auf den Berg des HERRN gehen, zum Hause des Gottes Jakobs, daß er uns lehre seine Wege und wir wandeln auf seinen Steigen! Denn von Zion wird Weisung ergehen und des HERRN Wort von Jerusalem.«

Wenn auch diese Sicht messianischen Gottesfriedens, die in der Bibel zweimal erwähnt ist (an der hier zitierten Jesaja-Stelle und bei Micha 4, 1 ff.), in endzeitliche Ferne gerückt bleibt, so spürt man doch schon heute etwas von dieser Zionskraft auf dem Berge Zion, selbst wenn es dem Archäologen fraglich sein mag, ob der heutige Berg Zion mit dem biblischen Zion identisch ist. Es geht nicht um Topographie, sondern um Eschatologie.

Um so peinlicher mußte man es empfinden, daß der Berg Zion, wie manche andere heilige Stätte in Israel, zeitweise dem Religionsbetrieb zum Opfer fiel.

Der Verlust der Klagemauer als des zentralen historischen Heiligtums veranlaßte den langjährigen Ministerialdirigenten im Religionsministerium Dr. Kahane, der sich romantisch »Zionswart« nannte, das ganz und gar unhistorische Davidsgrab auf dem Berge Zion zu einer Wallfahrtsstätte ersten Ranges auszubauen, eine Devotionalienindustrie dort einzurichten, Zeremonien einzuführen, die es bisher nicht gab, und Legenden zu erfinden, denen die Schöheit des Kunstmärchens und die Naivität der Volkssage gleichermaßen fehlte. Als er sogar »Freudentränen von der Heiligen Klagemauer« industriell vom Zionsberg aus vermarkten wollte, kleine Steinsplitter auf Olivenholztäfelchen montiert, untersagte der Minister diesen Gipfelkitsch. Kahanes Verkitschung des Zions erinnerte mich immer an Jorris Karl Huysmans' Interpretation der Geschmacklosigkeiten von Lourdes. Weil, so schrieb Huysmans als bekehrter Katholik, der Teufel gegen die Heiligkeit von Lourdes wütet, aber ohnmächtig bleibt, räche er sich durch den Kitsch. Das ist der Grund der sich häufenden Geschmacklosigkeiten an geheiligten Orten.

Man kann diese Interpretation mühelos auf den Zion übertragen.

Die Bestrebungen, das christlich-jüdische Gespräch in Jerusalem mehr und mehr in Gang zu bringen, fanden im Laufe der Jahre verschiedenartigen Ausdruck. Auf einer breiteren, mehr repräsentativen Grundlage bemüht sich das Israel Interfaith Committee, das auch von den Behörden unterstützt wird, um eine Fühlungnahme nicht nur zwischen Juden und Christen, sondern auch mit moslemischen Kreisen. Einen engeren, intensiveren Zirkel bildet der sogenannte Rainbow Club, eine theologische Gesprächsrunde, an der Juden und Christen teilnehmen. Sie versammelt sich monatlich in Wohnungen der Mitglieder, vom neugotischen Palais des anglikanischen Erzbischofs über verschiedene Klöster und archäologische Institutionen bis zu meiner bescheidenen Wohnung.

In beiden Gremien war ich von Anfang an mit tätig, aber es wurde mir immer klarer, daß gerade für das christlich-jüdische Gespräch Goethes Wort vom höchsten Glück der Erdenkinder gilt, das Wort von der Persönlichkeit.

Hier entscheidet Persönlichkeit, denn genaugenommen gibt es gar kein Gespräch zwischen Judentum und Christentum. Sie sind ebenenungleich. Das Christentum ist exegetisch-theologisch auf das Judentum hin fixiert; das Judentum aber steht dem Christentum in einer existentiellen Relation gegenüber. Die verschiedenen Religionen können nicht miteinander reden, nur die Menschen, die Personen. Es kommt also auf den echten Dialog an, die Zwiesprache, nicht zwischen Judentum und Christentum, oder gar zwischen Ecclesia und Synagoge, die nur als Symbolgestalten am Dom zu Bamberg oder am Straßburger Münster erscheinen, sondern auf das schlichte Gespräch zwischen einzelnen Juden und Christen. Juden und Christen werden dann allerdings in dieses Gespräch ihr kollektives Erbgut mit einbringen, so daß es nicht nur beim individuellen Gespräch bleibt.

Man muß bei diesen Gesprächen aber vor allem auch beherzigen, was im Jakobusbrief, der von Luther so schimpfierten »strohenen Epistel« steht: »Und wisset, daß euer Glaube, wenn er rechtschaffen ist, Geduld wirkt. Die Geduld aber soll fest bleiben bis ans Ende ...« (Jakobus 1, 3–4)

Es ist nicht immer ganz leicht, die Geduld bis ans Ende bei Gesprächen dieser Art aufzubringen, wenn vor allem alte Argumente, das Vorurteil etwa, die Selbstverfluchung der Juden Jerusalems vor Pilatus sei Wurzel der jüdischen Tragödie, auftauchen.

Man muß dann versuchen, auf die Denkformen des Gesprächspartners einzugehen, um ihm die eigene Position verständlich zu machen.

Auch die komische Seite fehlt in solchen Gesprächen manchmal nicht. So fragte eine Dame bei einem Treffen in Jerusalem: »Hier gibt es lauter Juden, wo sind denn die anderen Stämme geblieben?«

Ich wies darauf hin, daß die Zehn Stämme Israels bereits nach der Zerstörung des Nordreiches durch Assyrien im Jahre 721 v. Chr. verlorengegangen sind.

Das nahm sie mir aber nicht ab und verwies mich auf eine Stelle im Neuen Testament, Offenbarung Johannis 7, 4ff., nach welcher die Versiegelten aus den Zwölf Stämmen Israels in der Endzeit eine Gruppe von 144000 Bewahrten bilden werden. Also, schloß die Dame, müssen die Zwölf Stämme doch komplett erhalten sein.

Mein Versuch, ihr den Symbolgehalt dieser Stelle nahezubringen, scheiterte an ihrem fundamentalistischen Realismus.

Für mich selbst wurde das christlich-jüdische Gespräch mehr und mehr ein zugleich deutsch-israelisches Gespräch. Das lag sowohl an der Situation, wie an mir selbst. An der Situation, weil die Gruppen aus Deutschland, Österreich und der Schweiz, vor allem aber eben aus der Bundesrepublik, immer zahlreicher wurden und das Gespräch mit Israel im Lande Israel suchten.

Gespräch setzt eine gemeinsame Sprache voraus, sowohl im philologischen wie im psychologischen Sinne. Philologisch blieb ich meiner Muttersprache in Wort und Schrift verhaftet, so daß sich hier keine Schwierigkeiten ergaben, psychologisch war ich durch Kenntnis der einschlägigen theologischen Literatur und vor allem durch meine Begegnungen mit Christen in Deutschland auf diese Gruppenbesuche vorbereitet.

Israel ist das zweite Vaterland jedes Christen, der von der Bibel her seinen Glauben versteht. Das Land Israel als der Schauplatz der Heilsgeschichte, als die Wiege des Evangeliums, als Raum des Alten Testaments, kann für den Christen existentielle Bedeutung erlangen. Aber wenn dieses Land, dieses zweite Vaterland, nicht von nachbarlichen Menschen bevölkert ist, tritt notwendig eine Verfremdung ein. Der Leiter einer Schweizer Gruppe sagte mir einmal in der für seine Landsleute so typischen Schlichtheit: »Wir haben Israel gesehen, seine Landschaft, seine Menschen und seine Probleme. Wir haben über Politik und Wirtschaft, Kultur und Erziehung gesprochen, aber irgendwo ist ein Loch geblieben.« Er meinte damit, daß über das Eigentliche, das Wesentliche, das was Israel zu Israel macht, die Domäne des Glaubens, nicht gesprochen wurde. Er dankte mir, daß durch das Gespräch, das ich mit seiner Gruppe führte, das »Loch« aufgefüllt wurde.

Die Bereitschaft und die Fähigkeit zum Glaubensgespräch ist in Israel überaus gering. Die orthodoxen Juden, die sich als Hüter des Glaubens empfinden, haben keine gemeinsame Sprache mit Menschen anderer Religionen, ja eigentlich nicht einmal mit Juden, die dem Glauben der Väter entfremdet sind.

Die glaubenslosen Juden, die ihre jüdische Existenz nur im volkhaften nationalen Sinne empfinden, wenngleich unterschwellig religiöse Bindungen, vor allem an das Land der Verheißung, noch vorgegeben bleiben, können mit Christen, die sich ihren Glauben im Gespräch bewußt machen wollen, keine dialogische Situation schaffen.

So entstand eine Lücke, die ich auszufüllen hatte. Ich kann nicht sagen, daß ich diese Aufgabe gesucht habe, daß ich sie mir gestellt hätte; sie wuchs mir zu, einfach aus der Tatsache heraus, daß meine eigene Fragestellung eine gewisse Wesensverwandtschaft mit christlicher Fragestellung, vor allem aus dem deutschen Sprachraum aufwies.

Auch das ist nichts Zufälliges, denn Sprache und Denkform hängen aufs innigste miteinander zusammen.

Ich habe in diesen Aufzeichnungen nicht verhehlt, daß die ersten Anfänge des christlich-jüdischen Gesprächs, wie ich sie in Jerusalem in den vierziger Jahren unternahm, oft böswillig mißverstanden wurden und zu Verleumdungen und Verfemung führten. Es ist also nur recht und billig, dankbar zu erwähnen, daß dieselben Bemühungen später auch äußerliche Anerkennung fanden. So wurde mir im Jahre 1959 der Leo-Baeck-Preis des Zentralrats der Juden in Deutschland zuerkannt, für ein Wirken im Geiste Leo Baecks. Dieser ehrwürdige, letzte große deutsche Rabbiner war einer der ersten Vorkämpfer für das christlich-jüdische Gespräch.

Im April 1969 folgte dann die offizielle deutsche Auszeichnung durch die Verleihung des Bundesverdienstkreuzes, in Anerkennung meiner Verdienste um die deutsch-israelischen Beziehungen und die *christlich-jüdische Zusammenarbeit*.

Das Wesentliche scheint mir hier, daß die deutsch-israelischen Beziehungen und die christlich-jüdische Zusammenarbeit in einem gesehen werden. Das muß nicht so sein, aber das ist so, in meinem Falle, in meinem Leben, und ich nehme diese Doppelbeziehung als schicksalhaft gegeben an.

Man muß im Laufe des Lebens lernen, zur eigenen Existenz ja zu sagen. Das ist nicht immer leicht, zumal in der Jugend, wo der Mensch, auf Leitbilder hin fixiert, den Sprung über den eigenen Schatten versucht.

Erst im Prozeß von Reife und Individuation stellen wir uns die Frage Bubers: »Wie *werden* wir, die wir *sind*?«

In solcher Bejahung der eigenen Existenz in ihrer erbmäßigen Veranlagung liegt freilich auch eine Gefahr, die der Erstarrung.

Man könnte von hier aus zu einer Akzeptierung der Prädestinationslehre auf der Linie Paulus – Augustinus – Calvin gelangen, nicht eigentlich im streng theologischen Sinne, sondern im existentiellen.

Das war jahrzehntelang ein Kontroverspunkt zwischen Hans Joachim Shoeps und mir gewesen. Noch in seinen ›Schlichten Erinnerungen aus frühen Tagen‹ (1971) schrieb Schoeps, dieser letzte konservative preußische Jude: »Ich kann nicht über die Schatten meiner Herkunft springen. Die Entscheidungen, wohin man gehört, fallen schon vor der Geburt.«

Dem ersten Satz stimme ich zu, gegen den zweiten habe ich meine Vorbehalte anzumelden, am besten in den Worten Stefan Georges:

> Und Herr der Zukunft,
> Wer sich wandeln kann.

Herkunft und Wandlung machen den Menschen aus. Wer seine Herkunft verdrängt oder verleugnet, wird dies mit einer Verkrümmung seines Charakters zu bezahlen haben. Wer sich der Wandlung widersetzt, steht in Gefahr zu erstarren. Auf den Ausgleich zwischen Herkunft und Wandlung kommt es an. Wenn ich hier aber auch mit Schoeps nicht übereinstimme, so verdanke ich doch gerade ihm einige überaus wertvolle Impulse für das christlich-jüdische Gespräch. Es sind zwei Formulierungen, die mir immer wieder in diesen zahllosen Gesprächen hilfreich waren, und eine dritte, die mir selbst zum Trost gereicht.

Die erste Formulierung bezieht sich auf das Wesen des Judentums, nach dem immer wieder gefragt wird. Schoeps hat dieses Wesen des Judentums besonders scharf und eindeutig formuliert: »Das Judentum ist eine Weltreligion mit einem biologischen Abstammungszentrum.«

Die zweite Formulierung bezieht sich auf das Endziel messianischer Erwartungen: »Die Synagoge erwartet die Ankunft des Gesalbten. Die Kirche erwartet die Wiederkunft ihres Herrn. Kein Jude weiß, wie der Messias aussehen wird; kein Christ weiß, wie Jesus von Nazareth ausgesehen hat. Vielleicht tragen sie dasselbe Antlitz.«

Die dritte Formulierung, eine mehr humoristische, habe ich einem Brief von Schoeps an mich entnommen, der mich oft erheitert hat, wenn mich die Sturheit der eigenen Glaubensgenossen in der dialogischen Situation im Stiche ließ: »Die Juden glauben entweder an gar nichts oder an Karl Marx oder an Theodor Herzl oder an die Psychoanalyse; und die Orthodoxen halten den Glauben überhaupt für einen Gojim-Naches.«

Das Jargonwort »Gojim-Naches« bedarf offenbar der Erklärung. »Gojim« sind die Völker oder Heiden und »Naches« ist die verballhornte Form von »Nachath«, das heißt Vergnügen.

Schoeps meinte also (und wie ich glaube zu Recht), daß die orthodoxen Juden den Glauben für einen Luxus der Christen halten und sich praktisch mehr und mehr nur auf erfüllende Gesetzlichkeit beschränken.

Ich habe das ironische Wort von Schoeps über den Glauben als »Gojim-Naches« vor vielen Jahren in einem Artikel in der liberalen Wochenschrift ›Hakidma‹, die damals in Tel Aviv in deutscher Sprache erschien, zitiert. Die Berliner Evangelische Zeitschrift ›Unterwegs‹ druckte den Artikel nach, fügte aber eine erklärende Fußnote für ihre Leser hinzu: »Gojim-Naches das heißt heidnische Zauberei.«

Der gelehrte Herausgeber hatte »Naches« von der hebräischen Wurzel Nachasch, Schlange, abgeleitet, woraus in der Josephsgeschichte der Genesis das Wort »lenachesch«, das heißt zaubern, offenbar im Sinne eines ägyptischen Schlangenzaubers, wurde. Das kleine Mißverständnis weist auf die großen Mißverständnisse hin, die noch immer im Hintergrund des christlich-jüdischen Gesprächs stehen und ausgeräumt werden müssen. Nach einem Worte Jesu kann der Glaube Berge versetzen, auch Berge von Vorurteilen, die sich hüben und drüben angesammelt haben, um den Weg frei zu machen für den gemeinsamen Marsch auf das gemeinsame Ziel hin, das ewige Jerusalem, die Stadt Gottes.

VIII
Eine alte Ledermappe

Als ich Mitte der dreißiger Jahre nach Jerusalem kam, hatte sich hier und darüber hinaus im damaligen Palästina ein literarisches Zentrum der Emigration gebildet. Freilich war das Land Israel in dieser Hinsicht schwächer als andere europäische und überseeische Länder.

Die ersten Zentren der Literatur der Emigration bildeten sich in Frankreich, in Paris, wo die ›Pariser Tageszeitung‹ erschien, ursprünglich ›Pariser Tagblatt‹ genannt, und in Südfrankreich an der Französischen Riviera. Es waren vor allem arrivierte Autoren, die dorthin zogen, andere verschlug es nach Prag, nachdem sie zuvor in Wien gewesen waren.

Schließlich verlagerte sich, nach Ausbruch des Krieges, das Schwergewicht mehr und mehr nach London und endlich nach den USA und da nicht nur nach New York, sondern auch nach Kalifornien, wo in Beverly Hills bei Los Angeles Thomas Mann, der König der Emigration, residierte, in Nachbarschaft mit Franz Werfel und Bruno Frank. Verlegerische Zentren für die Literatur der Emigration bildeten sich zunächst in der Schweiz, wo der mutige Verleger Oprecht zu nennen ist, dann in Holland, wo Querido und Allert de Lange die führenden Autoren der Emigration herausgaben. Bermann-Fischer verlegte seine Tätigkeit, in Fortführung des S. Fischer Verlages in Berlin zunächst nach Wien, später nach Stockholm.

Palästina hatte eine derartige Verlagstätigkeit nicht aufzuweisen, denn hier stellten sich Schwierigkeiten entgegen, die anderwärts so nicht gegeben waren.

Die deutsche Sprache wurde bekämpft, perrhorresziert. Einerseits wurde sie, in unkontrollierter Emotion, als »Sprache Hitlers«, Feindessprache, abgelehnt, wobei man vergaß oder verdrängte, daß diese selbe deutsche Sprache auch die klassische Sprache des Zionismus selbst war, in welcher Herzl seinen ›Judenstaat‹ geschrieben hat, die Sprache der ersten Zionistenkongresse bis zum Ausbruch des Ersten Weltkrieges. Es ist kurios genug, die Kongreß-

Protokolle dieser ersten Zionistischen Welttagungen ab 1897 durchzublättern. Sie sind alle deutsch gehalten. Verstieg sich einmal ein Delegierter, wie Dr. Joseph Klausner aus Jerusalem, zu einer hebräischen Rede, so konnte sie nicht protokolliert werden. Der Text vermerkt lapidar: »Redner spricht hebräisch.«

Das Deutsche war jahrelang in zweierlei Gestalt der Rivale des Hebräischen in Palästina. Vor dem Ersten Weltkrieg tobte hier der Sprachenkampf. Der »Hilfsverein der deutschen Juden« hatte ein deutschsprachiges jüdisches Schulwerk aufgezogen, in Idealkonkurrenz zum französisch-jüdischen Schulwerk, der »Alliance Israélite Universelle«. Dagegen wandten sich zionistische Pädagogen, die das Hebräische als Schulsprache durchsetzten.

Ein anderer Feind des Hebräischen war das Jiddische, die Volkssprache von Millionen Juden in Ost-Europa, die im Mittelhochdeutschen wurzelt. Jiddischisten contra Hebraisten beherrschten die Kulturdebatte durch Jahrzehnte. Heute kann das Hebräische einen tragischen Sieg für sich verbuchen, da die Zentren des Jiddischen in Osteuropa durch die Deutschen im Zweiten Weltkriege ausgerottet wurden.

Die alten Ressentiments aber – Sprachenkampf, Jiddischismus – und das neue Ressentiment: Feindessprache, Hitlersprache, erschwerten es der literarischen Emigration in Palästina, Fuß zu fassen.

Ratlos standen Neueinwanderer aus Deutschland, später auch aus Österreich und der Tschechoslowakei diesem Phänomen des Sprachenhasses gegenüber. Nichts konnte ein Weiterleben der Muttersprache von Zehntausenden hemmen. Trotz aller Anfeindungen entstanden einige deutsche Tageszeitungen im Lande Israel. Zunächst der ›Orient-Expreß‹, der in Beirut gedruckt wurde, also im Libanon, um den hebräischen Puristen den Wind aus den Segeln zu nehmen. Es nützte nichts. Kioske wurden überfallen, Zeitungshändler bedroht. Der ›Orient-Expreß‹ mußte sein Erscheinen nach einigen Monaten wieder einstellen. Heute sind die wenigen Nummern dieser ersten deutschsprachigen Tageszeitung in Palästina eine Seltenheit. Es gelang mir 1970, ein komplettes Exemplar dieser an Druckfehlern überreichen Zeitung (sie wurde von Arabern gesetzt, die kein Wort Deutsch verstanden) an die Deutsche Bibliothek in Frankfurt am Main zu vermitteln. Dort können nun Zeitungswissenschaftler dieses Unikum bestaunen.

Bald danach begann Siegfried Blumenthal, ein Berliner Jude, der im Hause Mosse gearbeitet hatte, mit der Herausgabe eines Informationsblattes, ›Blumenthals Neueste Nachrichten‹. Nur in hektographierter Form durfte dieses Presseerzeugnis, fast im Untergrund, in Tel Aviv verbreitet werden. In Jerusalem und Haifa erschienen Parallelausgaben. Schließlich wurden diese Blättchen vereinigt, wobei der Familienname wegfiel: ›Neueste Nachrichten‹, mit dem hebräischen Titel ›Jedioth Chadashoth‹.

Erst nach Kriegsausbruch 1939 wurde aus diesem Nachrichtenbulletin eine gedruckte Tageszeitung. Das hing mit der britischen Politik im Lande zusammen. Die Engländer sahen es mit Recht ungern, daß viele Einwanderer aus Mitteleuropa durch das Abhören deutscher Radiosendungen der Goebbelspropaganda ausgesetzt waren. Als Gegengewicht war eine deutschsprachige Presse in Palästina erwünscht.

Im Jahre 1939, nach Ausbruch des Weltkrieges, trat auch ich der Redaktion dieser Tageszeitung bei, baute allmählich ihr Jerusalemer Büro auf.

Weit anspruchsvoller, im literarischen Sinn, war eine avantgardistische Zeitschrift ›Orient‹, die zeitweise in deutscher Sprache in Haifa erschien, dann in Tel Aviv und Jerusalem, aber schließlich den Anfeindungen nicht standhalten konnte. Arnold Zweig war, gemeinsam mit einem Journalisten Wolfgang Yourgrau, Herausgeber dieser Zeitschrift.

Ein internes ›Mitteilungsblatt‹ gab der Verband der Einwanderer aus Mitteleuropa heraus, das noch heute im 40. Jahrgang erscheint. Auch politische Parteien publizierten zwecks Werbung neuer Mitglieder unter den »Jecken«, wie die Einwanderer aus Deutschland genannt wurden, Wochenzeitungen in deutscher Sprache. Sogar das Zentralorgan der Arbeiterpartei Davar gab zeitweilig eine deutsche Edition heraus.

In diesem Zusammenhang wurde das Deutsche aber doch immer nur als eine Hilfssprache, als ein Verständigungsmittel angesehen. Literarische Versuche hatten es schwer.

Ein Berliner Verleger, Joachim Goldstein, machte um 1939 Versuche dieser Art, verlegte mein Buch ›Jenseits von Orthodoxie und Liberalismus‹ und von Max Brod ›Das Diesseitswunder‹ sowie eine Novelle ›Der Hügel ruft‹. Dieses Buch erschien schon wieder hektographiert. Hektographierte Gedichte und Essays verlegte auch Dr. Peter Freund in Jerusalem.

Ich versuchte 1941 gemeinsam mit dem 1874 geborenen Romanschriftsteller Gerson Stern eine Auswahl literarischen Schaffens in Erez Israel unter dem Titel ›Menora‹ (Der Leuchter) vorzulegen. Ausgezeichnete Namen konnten hier vereinigt werden, und doch war die Breitenwirkung dieses Büchleins sehr gering. Schon 1936 hatte ich ein Sammelheft jüdischer Dichtung, ›Die Ernte‹, herausgegeben. In der Vorbemerkung hieß es: »Die jüdische Dichtung in deutscher Sprache ist heimatlos geworden. Mit diesem Heft soll der Versuch gewagt werden, dieser Dichtung ein neues Heim zu schaffen.«

Das ist natürlich nicht gelungen. Damals lebten die Mitarbeiter noch in Paris, Zürich, Prag, Wien, manche waren sogar noch in Berlin und München verblieben. Aus Jerusalem selbst kamen die Beiträge nur von Werner Kraft, Ludwig Strauss und mir, und natürlich von M. Y. Ben-gavriêl (Eugen Höflich), der schon seit Beginn der zwanziger Jahre in Jerusalem wohnte.

Den Mittelpunkt deutschsprachiger Dichtung in Jerusalem bildete Else Lasker-Schüler, die seit Juni 1937 in dieser Stadt lebte. Sie kehrte zwar noch einmal in die Schweiz zurück, um an der Aufführung ihres Stückes ›Arthur Aronymus und seine Väter‹ am dortigen Schauspielhaus teilzunehmen, wurde aber, soweit man das bei ihr sagen kann, seit Kriegsausbruch in Jerusalem seßhaft; und hier starb sie am 22. Januar 1945. Auf dem Ölberg über Jerusalem wurde sie bestattet.

Im Jahre 1943 erschien in Jerusalm in einer Auflage von dreihundertdreißig numerierten Exemplaren ihre letzte Gedichtsammlung ›Mein blaues Klavier‹. Der Verleger Dr. Moritz Spitzer, früher Lektor des bekannten Schokken-Verlages, vermied es, einen Verlagsnamen anzugeben. Nur die Druckerei wurde in einem englischen Impressum vermerkt, um den Zensurvorschriften Genüge zu tun.

Else Lasker-Schüler war die größte Dichterin, die das deutsche Judentum in der ersten Hälfte des 20. Jahrhunderts hervorgebracht hat. Manche Literarhistoriker und Kritiker sind sogar der Meinung, daß sie die größte Lyrikerin der deutschen Literatur seit Annette von Droste-Hülshoff gewesen sei. Ich will hier in diesen Bewertungsstreit nicht eintreten.

Die Lasker-Schüler war jedenfalls die größte Dichertin, der ich je begegnet bin, und zugleich ein überaus schwieriger Mensch. Ihre Größe war zugleich ihre Problematik. Dichtung und Leben waren bei ihr zu völliger Einheit verdichtet. Das gibt ihrer Dichtung die inspirierte Kraft, machte aber ihre Integration in die Wirklichkeit und Banalität des Tages fast unmöglich.

Wie ein verscheuchter Vogel hockte sie in ihrem Stammcafé Sichel an der Ben-Jehuda-Straße, erschrak, wenn man sie ansprach, war aber tödlich beleidigt, wenn man an ihrem Tisch grußlos vorüberging.

Sie war furchtbar allein, äußerlich und innerlich. Saß man abends mit ihr im Café am Tisch und verabschiedete sich mit der Bemerkung, daß man anderen Tages früh aufstehen müsse, so sagte sie: »Dann bleiben Sie doch gleich bis morgen früh!« Sie selbst hatte kein Bett, ruhte in einer Art Liegestuhl inmitten eines chaotischen Wustes von Manuskripten und Zeichnungen, auch den Blättern ihres früh verstorbenen Sohnes Paul, der ein begabter Maler war. Sie selbst verfertigte phantastische Illustrationen zu ihren Büchern, malte zum Teil mit Kaffee und beklebte mit Buntpapier die seltsamen Gestalten aus Theben und Traum-Jerusalem.

In einem ihrer schönsten Gedichte, noch in Berlin entstanden, schließt sie:

> Und meine Seele verglüht in den Abendfarben
> Jerusalems.

Man stelle sich vor, Hölderlin wäre nach Athen übersiedelt. Es hätte zu einem furchtbaren Zusammenstoß von

Traum und Wirklichkeit führen müssen. Diesen Zusammenstoß erlebte Else Lasker-Schüler, die Dichterin der ›Hebräischen Balladen‹.

Verständnislosigkeit und Lieblosigkeit ihrer Umwelt verbitterten sie: »Das ist nicht mehr Erez Israel«, sagte sie, »sondern Erez Miesrael.« Dann konnte sie in tiefer Resignation sagen: »Wenn sich die Juden nicht anders benehmen, wird Gott ein anderes Volk erwählen.«

Aber diese Depressionen wichen auch wiederum, und wie eine entflammte Debora marschierte die Dichterin in einer Demonstration gegen das Britische Weißbuch, das weitere jüdische Einwanderung in Palästina verbot oder verbieten wollte, durch die Hauptstraßen Jerusalems.

Else Lasker-Schüler war eine tiefgläubige Jüdin, nicht im Sinne synagogaler Tradition, aber auf ihre eigene Weise. »Wenn wir ganz tief graben, stoßen wir vielleicht auf Gott«, konnte sie in einem Gespräch bemerken. Gott war für sie nicht mehr im Himmel, sondern tief unten, verschüttet vom Erdreich des Landes Israel, des Hebräerlandes, wie sie sagte.

In einem literarischen Kreis, »Kral« genannt, versuchte sie die Wenigen zu sammeln, die sie für wesentlich hielt. Sie las selbst so gut wie nichts, sagte immer, daß sie die Leute ja kenne und daher ihre Bücher nicht brauche. Tatsächliche bewies sie einen wünschelrutengängerischen Sinn für das Echte. Die Abende fanden in der Buchhandlung Heatid statt, die ich selbst ursprünglich gegründet hatte, aber auch das Nationalmuseum Bezalel stellte seine Räume zur Verfügung. Das war etwas Außergewöhnliches, wenn man die Aversion gegen deutsche Veranstaltungen bedenkt. Museumsdirektor Narkiss aber wußte die Dichterin zu schätzen und konnte ihr eine Bitte nicht abschlagen.

In berechtigtem Mißtrauen gegen die Post trug Else Lasker-Schüler die Einladungen zum »Kral« persönlich aus, verzierte die handgeschriebenen Postkarten mit Vignetten aller Art. Heute sind solche Einladungen Kostbarkeiten.

Jerusalemer Dichter und Schriftsteller lasen im Kral. Selbst Martin Buber, den die Dichterin den »Rabbi aus dem Odenwald« nannte, folgte ihrer Einladung. Ich rezitierte mein Zeitstück ›Söhne‹, das den Fall des Nazischriftstellers Arnolt Bronnen behandelt, auf einem dieser Kral-Abende im Bezalel-Museum.

Die unbestrittenen Höhepunkte aber waren die Abende der Dichterin selbst. In einem Kellerraum des sogenannten Berger-Clubs las sie – unvergeßliches Erlebnis – ihr Drama ›Ich und Ich‹. Bis heute ist es nicht vollständig publiziert. Die Ausgabe im dritten Band der Gesammelten Werke (1961) bringt nur Auszüge. (In einer Philologenzeitschrift ist, sozusagen unter Ausschluß der Öffentlichkeit, inzwischen die ganze Fassung erschienen.) Der Grund für diese Zurückhaltung liegt in den unverkennbaren Symptomen der Schizophrenie, die sich schon im Titel ›Ich und Ich‹ ankündigt; Egozentrik und Bewußtseinsspaltung. In diesem Stück tritt natürlich die Dichterin selbst auf, zuweilen auch als Vogelscheuche (welch bittere Selbstironie!), aber auch Menschen ihrer Umgebung, wie der Journalist Swet, betreten die Szene, dann aber auch Faust und Gretchen und – Hermann Göring. Der König David rezitiert Segenssprüche, Mephisto spricht plötzlich englisch ... im Garten des Augenarztes Dr. Ticho findet die gehetzte Dichterin ein Refugium und beendet ihre Erdenwanderung mit dem Jubelruf: »Ich freu mich so, ich freu mich so: Gott ist da!«

Werner Kraft, der Herausgeber des dritten Bandes der Gesammelten Werke, vermerkte: »Ich habe lange geschwankt, ob ich das Schauspiel als Ganzes oder nur in Auszügen abdrucken sollte. Wenn ich mich trotz der Bedeutung des Ganzen als geistig-religiöses Dokument für die Veröffentlichung von Teilen entschieden habe, so gab den Ausschlag das offenbare Versagen der sprachlichen Kraft, welche nur noch stellenweise hörbar wird.«

Es ist dies eigentlich eine ästhetische Umschreibung eines tiefen menschlichen Verfalls, der sich schon lange vorher angekündigt hatte. Aber auch in der Verdunkelung blieb die Dichterin die Stimme Israels. Der nationalistische hebräische Dichter Uri Zvi Greenberg, den die Dichterin als hebräischen Indianer bezeichnete, sagte von ihr, sie dichte hebräisch in deutscher Sprache.

Das traf zweifellos zu. Sie trug auch ein mystisches Wissen in sich, das aus dem Blute kam, nicht vom Intellekt gespeist war. Sie fühlte sich dem Mystiker Isaak Luria verwandt, dem Heiligen Löwen von Safed aus dem 16. Jahrhundert, dessen Gestalt sie um sich wähnte. Er muß in der Tat eine seraphische Erscheinung gewesen sein, unvergessen durch vier Jahrhunderte.

Durch Gerschom Scholem, dem ersten Professor für Jüdische Mystik an der Hebräischen Universität, wurde erst in den letzten Jahrzehnten auch die lurianische Kabbala wissenschaftlich erforscht.

Obwohl die Dichterin keine Zeile Hebräisch las, drang sie intuitiv in die Welt der kabbalistischen Mystik ein; »Unser großer Luria lehrte: ›Gott zog sich zusammen, um Platz für die Welt zu schaffen.‹ Er meinte für den Bau der Welt. Also leben wir in Gottes Atmosphäre und atmen immer Ihn.«

Auf ihrer lebenslangen Suche nach Gott suchte die Dichterin auch nach Belehrung. Es gab nur wenige, denen sie sich vertrauensvoll näherte, darunter vor allem Martin Buber, der seinerseits die hohen dichterischen Qualitäten der Else Lasker-Schüler zu würdigen wußte.

In Deutschland hatten sie kurze Zeit in Berlin einen gemeinsamen Grund gefunden. Buber, der aus Wien nach Berlin-Lichterfelde übersiedelt war, und Else Lasker-Schüler, die aus Wuppertal kam und im Romanischen Café residierte, sahen sich nur selten. Später übersiedelte Buber nach Heppenheim an der Bergstraße, und erst in Jerusalem trafen der Weise und die Dichterin wieder zusammen.

Martin Buber übersiedelte 1938 nach Jerusalem, wo er an der Hebräischen Universität einen Lehrstuhl für Soziologie der Kultur übernahm, da jüdisch-orthodoxe Kreise gegen eine Professur Bubers für Altes Testament opponierten.

Martin Buber war einer der ganz wenigen Autoren aus der Generation deutscher Schriftsteller, die in Israel hebräisch zu schreiben begannen. Seinen ersten und einzigen Roman ›Gog und Magog‹, eine chassidische Chronik, verfaßte er zunächst in hebräischer Sprache, ehe er selbst die deutsche Version herstellte. Dabei war es ihm klar, daß dieselben Vorgänge für den hebräischen Leser anders zu formulieren waren als für den deutschen.

Als Buber 1938 ins Land kam, beherrschte er die hebräische Sprache bereits passiv, insbesondere geschult durch seine »Verdeutschung der Schrift« (Bibelübersetzung), die er seit Anfang der zwanziger Jahre gemeinsam mit Franz Rosenzweig unternommen hatte. In Jerusalem führte er dieses große Lebenswerk zu Ende.

Buber ist der Welt heute nur noch als Religionsphilosoph durch sein Werk der Dialogik ›Ich und Du‹ bekannt, ferner durch seine Chassidischen Bücher, und schließlich, durch seine Arbeit an der Bibel, als Übersetzer und Exeget. In Jerusalem trat aber auch sein politisches Engagement zutage in der Organisation Ichud, einer Gesellschaft zur arabisch-jüdischen Verständigung im Sinne des binationalen Staates.

Nur ein innerer Kreis aber wußte, daß Buber immer auch ein Literat (im besten Sinne des Wortes), ein Humanist mit weiten literarischen Interessen geblieben ist. Diese Seite seines Wesens kam in dem Buch von Werner Kraft ›Gespräche mit Martin Buber‹ (1966) zum Ausdruck, ebenfalls klingt sie in der vielschichtigen Darstellung von Grete Schäder: ›Martin Buber, Hebräischer Humanismus‹ (1966) an. In Bubers posthum erschienener ›Nachlese‹ finden sich Gedichte, die er noch während der letzten Jahre in Jerusalem geschrieben hat. Es ist wenig – verglichen mit dem Werke des Philosophen und Theologen – und doch wird die Gestalt Bubers nicht sichtbar, wenn der Einfluß der Epoche literarischer Blüte in Wien, gekennzeichnet durch Namen wie Hofmannsthal und Richard Beer-Hofmann, nicht in den Blick kommt.

Nach 1963 legte Buber das Mysterienspiel ›Elija‹ vor, das er 1955 in Jerusalem geschrieben hat. Diese Dichtung setzt bewußt oder unbewußt die Linie fort, die durch Richard Beer-Hofmanns biblischen Zyklus ›Die Historie vom König David‹ gezogen wurde. (Berühmt wurde nur ›Jaákobs Traum‹, das Vorspiel zu diesem Zyklus.) Buber verband lebenslange Freundschaft mit Beer-Hofmann, dessen jüngere Tochter Naemahl in Bubers letzten Lebensjahren einmal seine Reisebegleiterin war.

In meinem Buche ›Zwiesprache mit Martin Buber‹ (1966) habe ich mehr die religiöse Persönlichkeit Bubers zur Darstellung gebracht, da theologische Themen das

Zentrum unserer Gespräche bildeten, aber immer war es mir gegenwärtig, daß Buber im tiefsten Wesenskern ein Dichter blieb. Das führte zu Mißstimmungen zwischen ihm und Vertretern der judaistischen Fachwissenschaften. Die Philologen sahen es mit Befremden, daß Buber seinen chassidischen Erzählungen keine Bibliographie, keine Fußnoten beigab, so daß man die Quellenwerke nicht ermitteln kann. Das aber war eine Absicht Bubers. Er fand den ungeformten Stoff der Volksüberlieferung als Material vor, aus der er sein Gebilde, sein Kunstwerk, ja, seine Dichtung schuf.

Buber ist schwer zu klassifizieren. Alle Bezeichnungen, Etikettierungen lehnte er ab. Rückblickend kann man aber doch sagen, daß Buber zur Neuromantik gehörte und später zum Existentialismus, beides in einer sehr individuellen Weise, die nichts Schulmäßiges an sich hatte.

Das neuromantische Element war klar gegeben durch die Rückorientierung auf halbverschollenes Volkstum – im Chassidismus. Bubers Existentialismus entfaltet sich in seiner Dialogik, die vom Ich ausgeht, das freilich nicht isoliert gesehen wird, sondern in einer urworthaften Beziehung zum Du.

Bubers Gestalt wurde in Jerusalem durch politische Kämpfe verdunkelt. Zwar war Buber nie völlig isoliert, aber die weltweite Strahlkraft seiner Persönlichkeit kam erst nach Ende des Zweiten Weltkrieges, nach 1945 zur vollen Entfaltung, als sich ihm wieder der deutsche Sprachraum öffnete.

Nun zeigte es sich, daß viele Größen deutsch-jüdischer Literatur von vor 1933 dem Scheidewasser der Emigration nicht standhalten konnten. Sie waren vergessen, fanden keinen Anschluß mehr an die Welt nach der braunen Sintflut.

Buber aber, fast eineinhalb Jahrzehnte dem Blick der deutschen Öffentlichkeit entzogen, in die Eigengesetzlichkeit Israels eingefügt, wurde jetzt als der Sprecher der unfreiwillig Verstummten empfunden. Eine Buber-Renaissance setzte ein, die schließlich auch auf unseren Jerusalemer Mitbürger in dem stillen Haus im Stadtteil Talbie zurückstrahlte. Hier war Buber freilich für viele nur ein Professor der Hebräischen Universität, dem – unausrottbar – das Odium der Unverständlichkeit anhaftete. Anfangs witzelten manche, Buber könne sich hebräisch schon verständlich machen, aber doch nicht unverständlich ... Schließlich brachte er es aber auch im Hebräischen zu großer Vollendung des Stils. Sogleich wiederholte sich das alte Vorurteil.

Die Leute wollten einfach nicht verstehen, daß hier ein Dichter sprach, auch wenn der Professor dozierte.

Ich habe die Briefe Martin Bubers aus seiner Jerusalemer Zeit in einer braunen Ledermappe bewahrt, die ein kleines Archiv der Emigration bildet. In den dunklen Jahren, in welchen der deutsche Geist und der deutsch-jüdische Geist aus Deutschland vertrieben waren, verbanden mich viele Fäden mit den Autoren der Emigration im Lande, aber auch in Europa und Amerika.

Glanz und Elend geistig-schöpferischer Menschen dieser schwersten Epoche erlebter Geschichte spiegeln sich in diesen Briefen.

Neben Bubers graphisch schöner Handschrift gespenstern die wilden Runen der Postkarten und Briefe Else Lasker-Schülers. Ich habe die oft nur mühselig entzifferbaren Dokumente schließlich der Sammlung des Schiller-Museums in Marbach überlassen, wo sie ediert wurden und jetzt in dem Buche ›Lieber gestreifter Tiger‹, herausgegeben von Margarete Kupper, (1969), vorliegen. Es war eine große Leistung, diese Irrgärten der Schrift zu klarem Druck zu befördern. Der Jerusalemer Dichter Manfred Sturmann, der den Nachlaß der Else Lasker-Schüler verwaltet, und ich, der Empfänger der Briefe, verzweifelten, aber das Archiv zu Marbach entwirrte den Tibetteppich dieser Wortgirlanden. Ich habe mir nur einige Proben der Handschrift der Dichterin in meiner alten Ledermappe bewahrt, Postkarten und Kuverts, mit Bleistift und Tinte geschrieben, wobei oft mehrere Textschichten über- und durcheinander gehen.

In klarer Strenge heben sich hingegen die Briefe Thomas Manns ab, sorgfältig mit der Hand geschrieben, eine besondere Kostbarkeit meiner Sammlung. Ich lasse hier einen Brief Thomas Manns vom August 1945 folgen, der zeigt, wie eng die Verbindung damals zwischen Jerusalem und den amerikanischen Zentren der Emigration war. Ein »heimliches Deutschland« hatte sich ganz unbeabsichtigt jenseits des geschändeten Mutterlandes gebildet.

Thomas Mann Pacific Palisades, California, 10. Aug. 45

Sehr verehrter Herr Ben-Chorin,
Ihrer freundlichen Sendung vom 4. Juni folgte Ihre Karte vom 20. VI. nur um ein paar Tage nach. Haben Sie Dank für beides, Dank besonders natürlich für den ergreifenden und auch beschämenden Geburtstagsartikel, der zum menschlich und literarisch Schönsten gehört, was mir in all diesen Wochen an freundlicher Gutheißung meines Lebens vor Augen gekommen. Glauben Sie mir das Eine: es war kein Kinderspiel, jedenfalls kein leichtes. Geduld war mir die bitter-notwendigste Tugend und eine gewisse Fähigkeit, die ich aber mehr und mehr geneigt bin, höherer Gnade zuzuschreiben, die Dinge zum möglichst Besten zu wenden. Von epigrammatischen Äußerungen Goethe's über seine Erdenfahrt ist mir besonders eine vertraut und zugänglich, so daß ich sie mir wohl als Epitaph wünschte:

»Wohl kamst du durch, so ging es allenfalls. –
Mach's einer nach und breche nicht den Hals!«

Wie gut verstehe ich Ihre Gefühlsbedenken gegen das Tönchen, in dem ich mir erlaubt habe, die Moses-Geschichte zu erzählen! Es ist da, unerwartet für mich selbst, ein Voltaire'sches Element eingedrungen, das die Josephsbücher noch nicht kennen, obgleich auch sie etwas wie ein humoristisches Menschheitslied abgeben. Nicht zufällig habe ich, während ich am ›Gesetz‹ schrieb, den ›Candide‹ wieder gelesen, was im Sinne jüdischer Tradtitionsempfindlichkeit einen schlechten Einfluß gehabt haben mag. Das spezifisch Jüdische stand aber gar nicht im Vordergrund meines Bewußtseins, wie ja auch »Mose« von ganz unjüdischer Physionomie ist und vielmehr aussieht wie Michelangelo (nicht wie dessen Moses, sondern wie er selbst). Um was es mir ging, war die Idee der Civilisation, der

menschlichen Gesittung, als deren gesetzlicher Inbegriff allerdings die 10 Worte vom Sinai hingestellt sind; und damit war es mir Ernst, trotz aller Späße, wie auch Ihnen der nicht im geringsten ironische Fluch am Schlusse gezeigt hat.
Trotzdem, vor dem Forum jüdischer Pietät bedarf ich gar sehr der Nachsicht, das weiß ich wohl. Daß mir im Fall meiner mythologisch-psychologischen Stilisierung der Genesis so viel davon gewährt wurde, hat mich wahrscheinlich übermütig gemacht.

Mit wiederholtem Dank und verbindlichsten Grüßen
Ihr ergebener
Thomas Mann.

Ich blättere in meiner Mappe, finde hier die winzigen hebräischen Buchstaben in den Briefen des Nobelpreisträgers S. J. Agnon, der das Hebräische mit dem Dornröschen in Grimms Märchen verglich. Wie lange hatte diese uralte Kultursprache geschlafen, bis ein Prinz kam und sie wachküßte. Der Dichter sagte nicht, wer dieser Prinz war ...

Agnon erhielt als erster hebräischer Dichter im Jahre 1966 den Nobelpreis für Literatur, gemeinsam mit der deutschjüdischen Dichterin Nelly Sachs, von der ich ebenfalls Briefe seit dem Jahre 1948 bewahre. Groß und hart stehen die Schriftzeichen dieser Dichterin des Judenschmerzes auf ihren Briefkarten. Die Schrift hat etwas Gemeißeltes, wirkt wie in Stein eingegraben.

Die Dichterin fürchtete, daß ein siegendes Israel seine geistige Sendung vergessen könnte. Sie wollte Israel besuchen, aber es gelang ihr nicht mehr.

Winzig, fast nur mit der Lupe zu lesen, sind die Schriftzüge eines Dichters, der heute ein Klassiker geworden ist: Joseph Roth. Er schrieb mir aus Paris, ergrimmt, weil ich die Verfälschung seines wunderschönen Romans ›Hiob‹ in einem gleichnamigen Film kritisiert hatte. Der Hiob Roths war ein ostjüdischer Lehrer Mendel Singer, aus dem nun ein Tiroler Bauer geworden war.

Der Dichter, der in großer Armut in Paris lebte und sich zu Tode trank, hatte von dieser üblen Version keine

Bezüge, nur Ärger, was sich natürlich in der Zuschrift an mich spiegelt. Ich habe Roths Brief aber doch in Ehrfurcht bewahrt, denn ich glaube, daß dieser galizische Jude die reinste deutsche Prosa in den ersten Jahrzehnten unseres Jahrhunderts geschrieben hat. Er war Katholik und Österreicher und blieb doch ein Jude aus der Welt Marc Chagalls ...

Die reine Prosa, die an das Deutsch Adalbert Stifters gemahnt (ohne jedes Nachempfinden), fand ich bei einem Antipoden Roths wieder, dem ostpreußischen Dichter Ernst Wiechert.

Meine erste und einzige Begegnung mit Wiechert lag lange zurück. Im Sommer 1933 hatte ich Wiechert in Ambach am Starnberger See besucht. Diese Begegnung habe ich später in der Anthologie ›Ernst Wiechert, der Mensch und sein Werk‹ beschrieben (1951). Wiechert gehörte zu den Wenigen, die das Prädikat der Inneren Emigration für sich in Anspruch nehmen durften. Nach Ende des Krieges, im Jahre 1946, setzte die Korrespondenz zwischen uns wieder ein. Der Kontakt wurde durch den Maler Alf Bachmann hergestellt, der sich in Wiecherts Nähe – der Dichter wohnte damals in Hof Gagert über Wolfrathshausen in Oberbayern – angesiedelt hatte. Wiechert schrieb mir: »Es gibt für mich heute nur einen Trost: rastlose Arbeit, ein paar Menschen und die gute Erde. Meine Gesundheit ist kümmerlich, aber sie wird noch zu ein paar Büchern reichen.«

Er hatte seine Situation objektiv erkannt. Im April 1947 schrieb er in bitterer Resignation: »Ich bin zu alt, um mich verpflanzen zu lassen. Ich will hierbleiben, obwohl es schwer ist, in dieser Atmosphäre des Schmutzes und der Korruption zu atmen.«

Immer wieder war es die gute Erde, die ihn tröstete, auch die des Landes Israel: »Möchte ›die Sonne über den Hügeln von Juda‹ Sie vieles von dem Bitteren vergessen lassen, was Sie erfahren haben und noch erfahren. Weniges ist uns so treu geblieben wie die gute Erde, die alle Liebe vergilt, die man an sie wendet.«

Wiechert ist heute in seinem Lande weithin vergessen, aber ich glaube, man wird sich seiner wieder erinnern.

Ich habe die Sammlung in meiner alten Ledermappe

alphabetisch geordnet. Es sind sehr unterschiedliche Geister hier vereinigt. Selbst ein Mann, den Karl Schwedhelm in eine Sammlung ›Propheten des Nationalismus‹ (1969) aufgenommen hat, Erwin Guido Kolbenheyer, fehlt nicht. Er schrieb mir, was heute merkwürdig genug klingt, über seinen Spinoza-Roman ›Amor Dei‹, in welchen sich Fehler bezüglich des jüdischen Rituals eingeschlichen hatten. (Ich weiß nicht, wie Kolbenheyer, der später seinen Frieden mit den Nazis machte, zu diesem Werk seiner Reifezeit stand.)

Den Abschluß meiner Sammlung bilden die Briefe von Arnold und Stefan Zweig. Sie hatten außer dem Namen nur das Schicksal der Emigration gemeinsam. Stefan Zweig zerbrach daran, Arnold Zweig, der robustere, überlebte und wurde schließlich gefeierter Literaturpapst in der DDR, nachdem er Israel verlassen hatte.

Die Begegnung des Schriftstellers Arnold Zweig, der als Zionist gekommen war, mit dem Lande Israel muß als tragisch bezeichnet werden. Bitter bemerkte er im Gespräch: »Zionismus ist eine Krankheit, die nur in Israel geheilt werden kann.«

Ganz anders reagierte Max Brod auf die Wirklichkeit Israels. Er suchte und fand den Anschluß, ohne darüber das Typische seiner Herkunft – Prag, die Stadt, in welcher er und sein Freund Franz Kafka aufgewachsen waren – zu vergessen.

Wie sehr Max Brod mit Prag verbunden blieb, wurde mir durch eine kuriose Fehlleistung des Dichters blitzartig sichtbar. Er verabschiedete sich in Tel Aviv auf der Allenbystraße von mir mit den Worten: »Wenn Sie wieder nach Prag kommen, melden Sie sich bei mir, und wenn ich nach Berlin komme, rufe ich Sie an.« Zwar habe ich nie in Berlin gelebt, aber für den »Österreicher« Max Brod, als Tschechen konnte er sich kaum bezeichnen, war jeder Reichsdeutsche ein Berliner.

Max Brod kam oft nach Jerusalem, wo sein Jugendfreund Felix Weltsch, der durch sein philosophisches Werk ›Das Wagnis der Mitte‹ bekannt wurde, an der Hebräischen National- und Universitätsbibliothek amtierte. Felix Weltsch sorgte dafür, daß sein Freund Max Brod mit der nötigen Literatur für seine historischen Studien versehen wurde. Das war besonders wichtig bei Abfassung des Jesus-Romans ›Der Meister‹, der zuerst in englischer Sprache 1951 erschien und seiner getreuen Mitarbeiterin Ester Hoffe gewidmet ist, und im Zusammenhang mit Brods Monographie über Johannes Reuchlin (1965).

Der Jesus-Roman ›Der Meister‹ erforderte darüber hinaus eine möglichst genaue Kenntnis der Topographie Jerusalems, das den Höhepunkt in der Szenerie jeder Leben-Jesu-Darstellung bildet.

Es war meine Aufgabe, mit Max Brod weite Spaziergänge gleichsam auf den Spuren Jesu zurückzulegen. Wir erstiegen den Zionsberg und blickten von dort auf die Jerusalemer Altstadt, die damals unzugänglich war.

In früheren Jahren hatte ich Max Brod, zuerst sogar noch mit seiner Frau Elsa, durch die Winkelgassen der Altstadt geführt. Brods Interesse für das Historische war immer lebendig, was schon aus seinen Jugendwerken, vor allem über ›Tycho Brahe‹ und ›Rëubeni‹ hervorgeht. Dennoch strapazierte ich ihn damals in meiner Jerusalembegeisterung offenbar über alles Maß. Ermattet sank der Dichter in meinem damaligen Stammcafé im Zentrum der Neustadt an einem Tische nieder und seufzte: »Die Via Dolorosa – ein Umweg ins Café Sichel.«

Max Brod lebte in Tel Aviv; Arnold Zweig wohnte in Haifa, auf dem Carmel. Diese Tatsache forderte ihn zu einem biblischen Vergleich heraus: »Ich lebe wie der Prophet Elia auf dem Carmel. Ihn ernährten die Raben, mich ernähren die Russen.« Daraus zog er die logischen Konsequenzen und setzte sich später nach Ostberlin ab. Aber auch dort bewahrte er gerade dem fernen Jerusalem innere Treue, was nicht leicht gewesen sein mag.

Wenige Tage nach dem Tode Martin Bubers war ich im Juni 1965 nur für kurze Stunden in Ostberlin und rief Arnold Zweig an. Er sprach voll Freundschaft und Verehrung von Buber, wünschte, daß ich ihm bei einem Besuch Einzelheiten aus Bubers letzten Tagen erzähle. Ich konnte dieser Bitte nicht entsprechen, da mein Aufenthalt in Ostberlin sehr befristet war und ich noch den Pergamon-Altar im ehemaligen Kaiser-Friedrich-Museum besichtigen wollte. Arnold Zweig sagte mir: »Sehen

Sie sich den Altar nur gut an, aber der unsichtbare Altar, den wir in Jerusalem errichtet haben, ist doch bedeutender.«

Die beste Schilderung Jerusalems gab Arnold Zweig allerdings in seiner Berliner Zeit in dem Roman ›De Vriendt kehrt heim‹ (1932), über welchen er das Motto setzte:

Die Araber sagen: »El Kuds« und führen
die Hand an die Brauen;
»Hierosolyma« sagen die Griechen und hoffen
Christum zu schauen;
»Jeruschalajim« rufen wir dich, heimkehrende
Söhne des Sem –
Die jungen Völker aber, Ummauerte, grüßen
Dich strahlend: Jerusalem!

Auch Max Brod hat Jerusalem in einem Gedicht festgehalten, aus dem das Erlebnis spricht, das ihn zu seinem Roman ›Der Meister‹ inspirierte:

Wie alles schwer und voll von Träne ist,
Sagt der Bazare Nacht und Trödelpracht,
Und daß du besser nicht als jene bist,
Da stets Gewinn die kalte Rechnung macht,
Und daß du untergehst, da nur das Reine dauert.

Ein alter Weiser, den die Jüngerschar
Nach Stund und Stadt befragt, die ihn gebar,
Hat einst das Haupt gesenkt und ist erschauert,
Er schämte sich, daß er im Fleische war.

Die Stadt Jerusalem verzauberte jeden Dichter, selbst wenn die Begegnung nur flüchtig ist. So wurde die Dichterin Hilde Domin zu ihren ›Liedern der Ermutigung‹ bei einem kurzen Aufenthalt in Jerusalem angeregt. Sie schrieb:

Ich mache ein kleines Zeichen
in die Luft,
unsichtbar,

wo die neue Stadt beginnt,
Jerusalem,
die goldene,
aus Nichts.

Bemerkenswert ist, daß diese Verse 1962 in Hilde Domins Gedichtband ›Rückkehr der Schiffe‹ erschienen sind. Die Dichterin verwendete den Ausdruck: »Jerusalem, die goldene«, und gerade das wurde fünf Jahre später das Leitwort eines neuen hebräischen Volksliedes: ›Das Goldene Jerusalem‹ von Naomi Schemer. Dieses Lied begleitete dann die israelischen Truppen im Sechs-Tage-Krieg und erlangte in zahllosen Übersetzungen: englisch, französisch, deutsch, ja sogar finnisch eine ungeheure Popularität. Amerikanisch-jüdische Reformgemeinden nahmen das Lied in ihre Liturgie auf, und die populäre Zeitschrift ›Readers Digest‹ widmete ihm einen ganzen Artikel. Das Lied schließt mit der Strophe:

Dein Name glühet mir die Lippe rein
Wie Küsse eines Engels hold.
Jerusalem, vergäß' ich dein,
Du Stadt erbaut aus Gold.

Das »Goldene Jerusalem« ist ein talmudischer Ausdruck. Rabbi Akiba schenkt seiner Frau ein »Goldenes Jerusalem«; offenbar handelte es sich um ein Schmuckstück, eine Kamee oder Gemme, vielleicht auch ein Amulett.

Die hebräische Dichterin Naomi Schemer mochte diese sprachgeschichtlichen Zusammenhänge kennen. Hilde Domin hatte keine Ahnung davon, aber aus ihr sprach das Wissen des Blutes, wie wir das bei Else Lasker-Schüler feststellen konnten.

Auch Schriftsteller, die zugleich scharfsichtige Reporter sind, wie Arthur Köstler (der übrigens über ein Jahr in Jerusalem gelebt hat) und Hans Habe, wurden unlösbar in den Bann Jerusalems geschlagen. Hans Habe gab in seinem Buch ›Wie einst David‹ (1967) Auszüge aus einem ›Jerusalem-Tagebuch‹. Bei aller Ergriffenheit wurde aber auch ihm der in Jerusalem unvermeidbare Zusammenstoß der inneren und äußeren Realität schmerzlich fühlbar: »Wie soll ich mir die Erinnerung an das Gethsemane meiner Phantasie bewahren?« fragt er ratlos-verwirrt.

Als Hans Habe 1970 in Jerusalem sprach, wobei ich ihn begrüßte, war der Saal so überfüllt, daß schließlich die Polizei den weiteren Andrang abwehren mußte.

Aber auch Habes geistiger Antipode, der deutsche Schriftsteller Günter Grass, ebenso Heinrich Böll, fanden überfüllte Säle. (Bei Grass kam es nur im November 1971 an der Hebräischen Universität zu Störungen, weil seine Lesung im Rahmen der »Deutschen Kulturwoche« veranstaltet wurde, die den Protest vieler Israelis auslöste, die die Zeit noch nicht für gekommen ansahen.) Einer der ersten Deutschen, die offiziell nach Israel kamen, und in Jerusalem sprachen, war Erich Lüth, der Hamburger Pressesenator. In seinen Erinnerungen ›Viel Steine lagen am Weg‹ (1966) berichtet Lüth darüber: »Alle diese Vorträge waren stark besucht; der erste, in Jerusalem im Beth-Hachaluzoth, so überfüllt, daß ich nach den Einführungsworten von Schalom Ben-Chorin, einem gebürtigen Münchener Schriftsteller, auch durch die Fenster des Saales zu den im Garten lagernden Hörern sprechen mußte.«

Lüth hatte sich zusammen mit dem späteren Korrespondenten der dpa in Jerusalem, Rudolf Küstermeier, durch die Aktion »Friede mit Israel« für die Herstellung engerer Kontakte zwischen Bonn und Jerusalem verdient gemacht.

Aber noch lange vor Erich Lüth traf als erster von der Regierung Israels eingeladener deutscher Gast der Prälat Hermann Maas aus Heidelberg in Jerusalem ein. In seinen Skizzen von einer Fahrt nach Israel gab er 1950 ein erstes Resümee, erkannte scharfsinnig das Kernproblem der israelischen Existenz: »Wenn wir diese Aufgabe ganz klar sehen und fassen wollen, erhebt sich mit der Eigenstaatlichkeit die brennende Samuelsfrage: ›Wollt ihr sein ein Volk wie alle anderen Völker?‹ Sie bedrängt die Besten in Israel Tag um Tag. Sie mit ›nein‹ zu beantworten, bedeutet einen gefährlichen Gang über steilen Grat, auf dessen einer Seite der Abgrund der Säkularisierung und Glaubenslosigkeit, und auf dessen andrer Seite der Abgrund des hochmütigen, selbstüberheblichen Wahnsinns gähnt.«

Später hat Herrmann Maas (1877–1970) seine Reiseeindrücke aus dem heutigen Israel in einem ausführlicheren Buch ›– und will Rachels Kinder wiederbringen in das Land‹ (1955) zusammengefaßt. Er hatte Palästina schon 1934 besucht, war seit seiner Jugend mit dem Zionismus verbunden. Als Pfarrvikar hatte er 1904 auf dem Zionistenkongreß in Basel noch Theodor Herzl selbst erlebt und wurde durch seine Botschaft für den Gedanken der Wiedergeburt des jüdischen Volkes in seinem Lande gewonnen. In der Zeit der NS-Verfolgung rettete er viele Juden und wurde selbst mit seinen jüdischen Freunden im Lager Gurs in Frankreich interniert.

Ich bewahre Briefe von Hermann Maas in meiner alten Ledermappe, auch Briefe in hebräischer Sprache, die er mit dem hebräischen Namen Zvi Ben-Abraham unterzeichnete. Er, der hohe Geistliche der Badischen Landeskirche, trug sich mit dem Gedanken, zum Judentum zu konvertieren, um sich so ganz mit dem jüdischen Volk zu identifizieren. Freunde in Jerusalem, darunter der Pädagoge David Yellin, rieten ihm aber dringend von einem solchen Schritt ab, denn nur als Freund Israels, außerhalb des jüdischen Lagers, konnte er wirklich helfen und retten.

Hermann Maas begegnete ich erstmalig im Hause meines Freundes Gerson Stern in Jerusalem, mit dem ich gemeinsam die erwähnte Auswahl literarischen Schaffens in Erez Israel ›Menora‹ (Der Leuchter) im Jahre 1941 herausgegeben hatte. Gerson Stern selbst hatte jahrzehntelang in Kiedrich am Rhein gelebt und wurde durch *einen* Roman ›Weg ohne Ende‹ 1934 bekannt. Das Buch schildert die Vertreibung der Juden aus Prag unter Maria Theresia und wurde so für die deutschen Juden, die sich plötzlich vor Vertreibung und Heimatlosigkeit gestellt sahen, zum Gleichnis.

Außer Hermann Maas war es vor allen Dingen der Berliner Propst Heinrich Grüber, der in Jerusalem als legitimer Repräsentant eines anderen Deutschland empfunden wurde. Er war der einzige deutsche Zeuge im Eichmann-Prozeß 1960. Es wurde ihm nicht leicht, vor dem Gericht in Jerusalem zu erscheinen. In seinen ›Erinnerungen aus sieben Jahrzehnten‹ (1968) bemerkt Propst Grüber: »Als ich den überfüllten Gerichtssaal betrat und die vielen verweinten und verbitterten Menschen sah, da wurde mir bewußt, daß ich nun einen meiner schwersten Wege zu gehen hatte, und ich hätte die folgenden Stunden nicht ertragen können, wenn ich nichts von der Kraft des Heiligen Geistes verspürt hätte, der schon einmal in dieser Stadt Jerusalem den Menschen die Lippen löste und die Ohren öffnete.«

Auch den Menschen im Gerichtssaal teilte sich etwas von Grübers Ergriffenheit mit, sie standen spontan auf, als er den Zeugenstand verließ, und ehrten so den Mann, der freiwillig das Los jüdischer Häftlinge im KZ geteilt hatte.

Menschen und Schicksale sprechen zu mir aus meiner Briefsammlung. Es liegt wohl in der Person des Empfängers dieser Briefe, daß sie vorwiegend von Schriftstellern und Theologen herstammen. Interessengemeinschaft und Sprachgemeinschaft erweisen sich als dominierend.

Lange bevor es so etwas wie eine deutschsprachige literarische »Kolonie« in Jerusalem gab, hauste im Herzen der Stadt, aber in abgelegenem Winkel, der aus Wien stammende Schriftsteller M. Y. Ben-gavriêl. Er wurde zeitweilig als israelischer Mark Twain bezeichnet, wohl auch, weniger glücklich, als eine »Mischung aus Martin Buber und Karl May«. Seine Bücher ›Der Mann im Stadttor‹, ›Das anstößige Leben des großen Osman‹ und seine Autobiographie ›Die Flucht nach Tarschisch‹ fanden in Deutschland nach dem Kriege weite Verbreitung und gaben ein inneres Bild Jerusalems, wie es nur von einem Mann geschaffen werden konnte, der mit dieser Stadt gleichsam verwachsen war. In der Gestalt des Bürgers Mahaschavi schuf Ben-gavriêl eine Art hebräischen Schweik.

Lange bevor Ephraim Kishon jenen israelischen Humor kreierte, der sich vom jüdischen Witz grundlegend unterscheidet, nicht mehr die Selbstironie des Unterlegenen darstellt, sondern das Lachen über den eigenen, problematischen Fortschritt, hatte Ben-gavriêl etwas von diesem neuen israelischen Lebensgefühl der Welt vermittelt. Aber eine Gegenüberstellung dieser beiden Humoristen zeigt zugleich den Gegensatz Tel Aviv – Jerusalem.

Kischons Humor ist am Jarkon, in Tel Aviv beheimatet: Ben-gavriêl verliebte sich in Jerusalem, als er im Ersten Weltkriege als österreichischer Offizier hier stationiert war. Er erlebte diese Stadt mit ihren Arabern und Armeniern, Griechen und Türken und wurde durch Jahrzehnte ihr getreuer Botschafter.

Die beiden letzten Briefe in meiner alten braunen Ledermappe tragen (das Alphabet will es so) den Namen Stefan Zweig.

Ein Brief stammt von der Hand des Dichters selbst. Er dankte mir für einen Prolog zur Aufführung seines Stükkes ›Der verwandelte Komödiant‹. In den auf der Reise eilig hingeworfenen acht Zeilen kommt dreimal das Wort Erfolg vor; das scheint mir nicht untypisch zu sein. Stefan Zweigs Leben war von außerordentlichem Erfolg gekrönt. Er zählte in den vierziger Jahren zu den meist übersetzten Autoren, wie eine offizielle Statistik des Völkerbundes erwies. Aber der leuchtende Erfolg konnte ihn vor dem inneren Zusammenbruch nicht bewahren. Er fühlte sich als ein Bürger der »Welt von gestern« und fand keinen Weg mehr in eine bessere Welt von morgen. 1941 schied er in Brasilien freiwillig aus dem Leben. Ich hatte am 28. November 1941 einen Brief anläßlich Stefan Zweigs sechzigstem Geburtstag an ihn gerichtet und ihm einen Artikel zugesandt, den ich zu diesem Anlaß veröffentlicht hatte. Der Brief erreichte den Autor nicht mehr und kam an mich zurück mit dem Postvermerk: »Inconnu (Unknown)«. Sic transit gloria mundi.

Max Brod schrieb mir in jenen Tagen: »Meine Kraft ist fast auf den Nullpunkt gesunken, der Tod Stefan Zweigs hat mir sozusagen den Rest gegeben. Für einige Zeit nur – möchte ich hoffen.«

Brods Hoffnung erfüllte sich. Seine schöpferische Kraft kehrte wieder zurück. Wir, im Land Israel, fühlten uns nicht völlig isoliert, spürten drängende Kräfte der Zukunft um uns. Das gab Durchhaltekraft, die Brasiliens fernes Exil nicht vermitteln konnte.

IX
Jerusalem als Schicksal

Im Juli 1971 weilte ich – zum dritten Mal – in Venedig. Der Zauber der Lagunenstadt wurde mir dabei in seiner bindenden Kraft erlebbar. Diese Stadt mit ihren Kanälen und Palästen, ihren Kuppeln und Türmen, ihren Gondeln und Schiffen, ihrem Gesang und ihrer so vielschichtigen Geschichte schlägt den Menschen, vor allem den schöpferischen Menschen, so sehr in ihren Bann, daß es daraus kaum ein Entrinnen geben kann.

Ich wunderte mich, daß es Richard Wagner möglich war, hier – in Venedig – seinen ›Tristan‹ zu schreiben, die Sage vom ewig gleichnishaften Liebestod, die keineswegs mit Venedig verknüpft ist.

Ich hatte den Eindruck, daß man in Venedig nur über Venedig schreiben kann. Inspiration bedeutet hier zugleich Begrenzung, Verengung auf ein ganz bestimmtes Feld von Geschichte und Kultur, Kunst und Schicksal.

Ein überaus sensitiver Dichter wie August Graf von Platen empfand dies und schließt daher das erste seiner fünfzehn Sonette an Venedig mit dem Dreizeiler:

> Ich steig ans Land, nicht ohne Furcht und Zagen,
> Da glänzt der Markusplatz im Licht der Sonne:
> Soll ich ihn wirklich zu betreten wagen?

Hunderttausende von Touristen stellen sich diese Frage nicht, sondern betreten ohne Scheu, bewaffnet mit Kameras aller Art, dies »Labyrinth von Brücken und von Gassen«.

Der Dichter aber weiß, daß er sich in Gefangenschaft begibt: »Deine Zauber binden wieder«, wie es in der ersten Strophe von Schillers Lied ›An die Freude‹ heißt, uns in Beethovens Neunter im Ohr klingend.

Venedig wurde mir zum Gleichnis und zum Spiegel, in welchem ich Jerusalem erblickte. Erst hier, aus der Entfernung und in einer gewissen Parallelität der Situation wurde mir deutlich, daß auch und gerade Jerusalem eine gefährliche Stadt im Sinne lebenslanger Verzauberung ist.

Für den in Jerusalem Lebenden gilt, wohl in einem anderen Sinne, als es der Dichter ursprünglich gemeint hat, die Frage des Jehuda Halevi an Zion:

> Zion! nicht fragst Du den Deinen nach, die Joch tragen,
> Rest Deiner Herden, die doch nach Dir allein fragen?

(Ich zitiere nach der Übersetzung von Franz Rosenzweig aus dem hebräischen Original.)

Freilich dachte der Sänger der großen Zionide an die Gefangenen Zions im Auslande, zu denen er sich selbst zählte: »Mein Herz ist im Osten – doch ich im Westen«, womit Spanien gemeint war.

Aber wie so oft sagt ein Dichterwort mehr, als der Dichter sagen wollte. Zion fragt auch nicht nach den Gefangenen in seinen Mauern, die sich nicht mehr lösen können, die nun zu lebenslangem Zionsdienst beordert bleiben.

Wie gesagt, mir wurde dieses eigene Schicksal erst in Venedig klar, was offensichtlich Zeugnis für eine außergewöhnlich langsame Auffassungsgabe ablegt. Ob mich diese Eigenschaft zum Reporter und Journalisten prädestiniert hat, muß dem Urteil der Mitwelt überlassen bleiben, denn für journalistischen Einsatz hat die Nachwelt meist nur geringes Interesse. Der Journalismus aber, über den wir hier noch sprechen werden, blieb doch nicht mein einziger und ausschließlicher Beruf. Ich kam von der Dichtung her und landete (vorläufig) bei der Theologie, aber Jerusalem blieb der Lebensnerv aller dieser, oft unzulänglichen, Versuche.

Ein großer Schriftsteller, Thomas Mann, hat sich selbst die Unschärfe des Geistes zugeschrieben, eine gewisse Schwerfälligkeit auch im Sprachlichen sich (in der Emigration) nachgerühmt. Ein Schriftsteller war für ihn ein Mensch, der schwerer als andere die Sprache zu handhaben vermag. Nun ist die Sprache des Schriftstellers, des Dichters, ein weit komplizierteres Instrument als die Sprache anderer Leute, so daß die Schwerfälligkeit des

Schriftstellers mit der Sprödigkeit seines Materials zusammenhängt.

Und wenn nun gar dieses Material, die Sprache, in einer dialektischen Spannung zu dem Gegenstand steht, der dem Schriftsteller zum Lebensschicksal geworden ist, zu Jerusalem in diesem Falle, so muß es zu tragischen Schlüssen und Kurzschlüssen kommen.

Es kam dazu.

Ein Niederschlag dieser ersten schmerzlichen Begegnungen war mein Gedichtzyklus ›Jerusalem‹, geschrieben im Mai 1938. Hier seien nur die zwei ersten Strophen aus dem dritten Gedicht zitiert:

> Wir suchen nicht mehr die Bezauberung
> Verfallnen Mauerwerks im Dämmerlichte
> Und nicht die Stadt verwunschener Gedichte –
> Der Märchenbrücken psalmenhaften Schwung.
>
> Wir wissen, diese Stadt ist nicht wie jene,
> Die abertausend Hoffnungen erbaut:
> SIE steht allein in unserer Herzdomäne
> So goldenpurpurn und so kindvertraut.

Erst viele Jahre später erschienen diese Verse in der Amsterdamer Zeitschrift ›Castrum Peregrini‹, und das verleitete den Schweizer Literarhistoriker Walter Muschg dazu, eine Aussage solcher Art als nicht nur typisch für mich, sondern für eine ganze Generation zu sehen.

In meinem Gedichtband ›Aus Tiefen rufe ich‹ (1966) habe ich den Jerusalemzyklus noch einmal zum Abdruck gebracht, aber ausdrücklich das Entstehungsdatum vermerkt. Das Gefühl der Kollision von innerer und äußerer Realität ist kein dauerndes geblieben. Es wurde langsam eigentlich nicht überwunden, sondern überwuchert – von der Fülle der Wirklichkeit.

Heute würde ich diese Verse nicht mehr schreiben, vielleicht überhaupt keine Jerusalem-Gedichte mehr, denn ich empfinde die Stadt jetzt, »als wär's ein Stück von mir«.

Erst rückblickend sehe ich, daß eigentlich meine ganze Arbeit in über dreieinhalb Jahrzehnten eine Deutung Jerusalems war, ohne daß ich (vor diesem so subjektiven Unternehmen) ein Buch über Jerusalem geschrieben hätte.

Aber jede Seite meiner Bücher, die hier entstanden, ist vom Geist und von der Problematik, von der Atmosphäre und der Botschaft Jerusalems erfüllt.

Das war kein Vorsatz, kein Programm, das ist so gewachsen, mir zugewachsen, ohne Entschluß.

Was wäre Jerusalem ohne die Thora, die von hier ausgeht? So war es zunächst die religiöse Problematik, die mich hier in ihrer ganzen Vehemenz überfiel. Als junger Mensch spürte ich (was ich heute noch spüre) das Ungenügen organisierter Form von Religionen, die Unzulänglichkeit alles Kirchentums, das das Wagnis des Glaubens zu einem Establishment macht. Die großen Gruppierungen im Bereiche der eigenen Religion, Orthodoxie und Liberalismus, erkannte ich als geschichtlich gewordene Unzulänglichkeiten, so daß ich meinem Versuch über die jüdische Glaubenslage der Gegenwart den (sicher an Nietzsche angelehnten) Titel gab: ›Jenseits von Orthodoxie und Liberalismus‹.

Das Buch entstand im Jahre 1937 und hatte ein merkwürdiges Schicksal. In einem Kreise von Rabbinern und Laien, vorwiegend Studenten der Hebräischen Universität, las ich allwöchentlich aus dem Manuskript vor. Die sich an diese Vorlesungen anschließenden Gespräche haben mit beigetragen zur endgültigen Gestalt des Buches. Es nahmen an dieser Gesprächsrunde Freunde teil, die sich später, nach der einen oder anderen Richtung hin, weit von unserer damaligen Ausgangsposition entfernt haben. Ich selbst suchte später mehr den Anschluß an das liberale Lager des Progressiven Judentums, blieb aber doch theologisch der Grundhaltung des Jugendwerkes treu, wenngleich ich die einseitige Betonung der Schriftoffenbarung und die schroffe Ablehnung der Theologia naturalis (hier war der Einfluß Karl Barths unverkennbar) aufgab. Ebenso setzte ich später die Akzente stärker in Richtung der biblischen Prophetie, während das Jugendwerk noch vorwiegend auf den Pentateuch hin orientiert war.

Es ist seltsam genug, daran zu erinnern, daß diese

Schrift als Heft 5/6 der Schriftenreihe ›Jüdische Wirklichkeit heute‹ vorgesehen war, die damals Hans-Joachim Schoeps in seinem Vortruppverlag in Berlin herausgab.

Schoeps, der Professor für Religions- und Geistesgeschichte an der Universität Erlangen war und der 1980 gestorben ist, war ein umstrittener Mann in Deutschland. Seine antizionistische, deutschpreußische Haltung hinderte ihn aber nicht, einen Versuch zur Glaubensklärung aus Jerusalem in sein Programm aufzunehmen, und hinderte mich nicht, auf theologischem Gebiet mit dem Herausgeber zusammenarbeiten zu wollen, dessen politische Haltung ich nie zu teilen vermochte.

Es kam aber nicht mehr dazu: Die Nazis schlossen den Vortruppverlag wie alle anderen jüdischen Verlage im November 1938. Wenn man Versuch auch nicht mehr in Berlin erscheinen konnte, so erschien er 1939 bei dem aus Berlin ausgewanderten Verleger Joachim Goldstein in Tel Aviv, der diese Reihe mit dem noch heute lesenswerten Buch von Max Brod: ›Das Diesseitswunder oder die jüdische Idee und ihre Verwirklichung‹ im selben Jahre fortsetzte. Das war – mehr oder minder – Joachim Goldsteins Glück und Ende, denn es gab einfach nicht mehr genügend Leser für Bücher dieser Art, obwohl eine Zeit des Fragens nach Sinn und Ziel jüdischer Existenz eingesetzt hatte.

Erst viele Jahre später, 1964, erschien das Buch noch einmal in Deutschland in zweiter Auflage. Es trägt deutlich den Stempel Jerusalems, ohne daß dies besonders ausgesprochen würde, denn in dieser ewigen Hauptstadt des Judentums (ich spreche hier nicht von der Hauptstadt des Staates Israel) spürte ich die Sinnfrage des Judentums gleichsam auf der Haut und wollte Antwort geben, wo Ältere, Weisere es vorzogen zu schweigen.

Noch einmal, nun bereits aus der Nachkriegssituation des Staates Israel, nahm ich den Versuch auf, eine geschichtstheologische Interpretation des jüdischen Schicksals zu geben. Das Buch nannte ich ›Die Antwort des Jona‹.

Gemeint war die berühmte Antwort, die Jona (1, a) den Schiffern im Seesturm gibt:

Ein Hebräer bin ich
Und JHWH,
Den Gott des Himmels
Fürchte ich
Der das Meer
Und das Trockene gemacht.

Von Lesern und Rezensenten, die das Buch eigentlich nicht gelesen haben, wurde es oft als mein Buch über Jona bezeichnet. Es hat aber mit diesem sagenhaften Propheten im Bauche des Riesenfisches nichts zu tun. Nur die *Antwort* des Jona wurde mir zum Gleichnis für die jüdische Situation in den letzten hundert Jahren. Das 19. Jahrhundert gab den zweiten Teil der Jona-Antwort, das monotheistisch-universelle Bekenntnis. Unser Jahrhundert des erwachenden jüdischen Nationalismus gibt den ersten Teil der Antwort: Ein Hebräer bin ich, wobei wir neuerdings Mitbürger im Staate Israel haben, die sich und ihre Kinder als Hebräer bezeichnen wollen, weil sie keine Juden, im Sinne des Glaubens, sein wollen. In dem unheilvollen Auseinanderklaffen der zwei Teile der Jona-Antwort wurde mir die innere Tragik jüdischer Entwicklung und Fehlentwicklung deutlich. Die Zusammengehörigkeit der beiden Teile der Jona-Antwort machen das Hauptanliegen dieses Buches aus.

Es erschien erstmalig in Hamburg 1956 mit einem schönen Vorwort meines Freundes Max Brod, in welchem er meine Bemühung um eine dritte Position im Judentum (weder Zion ohne Gott, noch Gott ohne Zion) sichtbar machte.

Das war kein Zufall, sondern hing mit der Entstehungsgeschichte des Buches zusammen. 1954 wurde Max Brod in Hamburg von dem evangelischen Verleger Herbert Reich aufgefordet, ein Buch über die heutige Geisteslage in Israel zu schreiben. Er war aber mit anderen Arbeiten zu stark befaßt und übertrug mir diese Aufgabe, die mich bald ganz gefangennahm. Mit diesem Buch gewann ich eigentlich einen neuen Anschluß an das Land meiner Herkunft, wo nun ein großes Fragen um Israel aufgebrochen war.

Das Buch erschien in einer Studienausgabe der ›Theologischen Forschung. Wissenschaftliche Beiträge zur kirchlich-evangelischen Lehre‹, wo es sich wie eine Art theologisches Kuckucksei ausnahm. Herausgeber der Reihe war Hans-Werner Bartsch, Professor der Theologie in Frankfurt am Main, der nun leider später die Orientierung auf Jerusalem hin mehr und mehr verloren und, wenn man so sagen kann, den Kompaß auf Kairo hin einstellte.

Eine für weitere Kreise bestimmte Ausgabe wurde mit einem wunderschönen Holzschnitt des Jerusalemer Meisters Jakob Steinhardt geschmückt, der den schlafenden Jona im Schiff darstellt.

1966 folgte eine Taschenausgabe des Buches, dem nicht nur eine Breitenwirkung, sondern auch manche Tiefenwirkung bestimmt war. So erzählte mir ein jüngerer Pastor, daß er seinen erstgeborenen Sohn, unter dem Eindruck des Buches, Jona genannt hatte.

Für mich aber war das wichtigste Urteil das meines verehrten Lehrers Martin Buber, der ›Die Antwort des Jona‹ nicht nur als ein gutes, sondern als ein notwendiges Buch bezeichnete.

Ich konnte es mir nicht versagen, dieses Lob Bubers in meinem Buch ›Zweisprache mit Martin Buber‹, das kurz nach dem Tode Bubers 1966 in München zum ersten Mal erschien, anzuführen.

Auch dieses Buch trägt die Züge Jerusalems, das den keineswegs zufälligen Schauplatz der hier beschriebenen Begegnungen darstellt.

Bubers Haus in Jerusalem war für mich (und keineswegs nur für mich) durch viele Jahre hindurch ein Symbol lebendiger Mitte.

Es sind nach dem Tode Bubers eine Reihe von Büchern über ihn erschienen, darunter weit gewichtigere als mein Gesprächsbuch. Ich aber habe versucht, den Mann, von dem so wesentliche Impulse für das Denken und Erleben unserer Zeit ausgegangen sind, so zu zeichnen, wie er uns in den Straßen Jerusalems begegnete, wie er in seinem Hause in Jerusalem unablässig am Werk war, wie er sich im Gespräch erschloß und vor allem, wie er den Gesprächspartner zu sich selbst zu führen vermochte.

Auch dieses Buch ist, ohne daß ich es beabsichtigt hätte, ein Jerusalem-Buch geworden, indem es eine wesentliche Gestalt unserer Tage sichtbar macht: Buber, der schon frühzeitig »Zion als Ziel und Aufgabe« bezeichnete.

Vor allem aber bildet Jerusalem den sichtbaren und unsichtbaren Hintergrund meiner Trilogie ›Die Heimkehr‹, die ich als mein Hauptwerk bezeichnen darf. Die drei Bände sind von 1967 bis 1971 zum ersten Mal erschienen.

Der Sammeltitel ›Die Heimkehr‹ meint die Heimkehr der tragenden Gestalten des Neuen Testaments in das Judentum, aus dem sie stammen. Der erste Band ist der Gestalt Jesu gewidmet: ›Bruder Jesus. Der Nazarener in jüdischer Sicht‹. Der zweite Band gilt dem gewaltigsten Zeugen Jesu, dessen Christus-Zeugnis das älteste im Neuen Testament darstellt: ›Paulus. Der Völkerapostel in jüdischer Sicht‹. Der vorläufig letzte Band befaßt sich mit Maria: ›Mutter Mirjam. Maria in jüdischer Sicht‹.

Ich habe diese Bücher in relativ kurzer Zeit geschrieben, aber die Vorbereitungsarbeiten datieren Jahrzehnte zurück. Ich muß gestehen, daß mich Jesus und die Botschaft des Neuen Testaments von Jugend an aufs tiefste berührten. Die Begegnungen waren sehr verschiedener Art. Das Bild einer Spirale bietet sich an. An jeder Windung derselben findet eine neue Begegnung mit Jesus und den anderen tragenden Gestalten des Neuen Testaments in meinem Leben statt.

Wenn ich zurückdenke bis in den Dämmer der Kindheit, dann tauchen Bilder aus einer Phase des Vorbewußtseins auf, in der noch keine intellektuelle Reflexion stattfindet.

Ich bin in einer christlichen Umwelt aufgewachsen, in der katholischen Stadt München. Die ersten Jahre der Kindheit aber verbrachte ich nahe dem Wallfahrtsort Maria Eich, und das Bild des Gekreuzigten prägte sich, als rostiges Feldkreuz, dem Kinde frühzeitig ein. »Hast du den Heiland gern?« fragte ein ahnungsloser Priester das jüdische Kind, das nichtsahnend, fast ein Dichterwort bildend, nachstammelte: »Heilandstern.« Der »Heilandstern« war eines meiner frühesten Jugenderlebnisse – und das Bild des Gekreuzigten ließ mich durch viele Jahre nicht mehr los. Im christlichen Religionsunterricht, dem wir jüdischen Schüler, in den hinteren Bänken äußerlich unbeteiligt beiwohnten (wir hatten eine sogenannte Freistunde), nahm ich offenen Herzens auf, was meine Kameraden oft nur widerwillig lernen mußten. Und bald trieb es mich vom Katechismus zum Neuen Testament selbst, das sich mir Jahr um Jahr tiefer und wesentlicher auftat – bis ich es in seinem jüdischen Grundcharakter voll erkennen konnte als eine »Urkunde der jüdischen Glaubensgeschichte«, wie Leo Baeck es nannte.

So ließen mich das Buch und der jüdische Mann, von dem es kündet, nicht mehr los. Sie gingen mir in die Substanz, in die jüdische Substanz ein, und ich kann den Dialog mit dem großen Bruder Jesus aus meinem Leben nicht mehr wegdenken. Er wollte ja nur zu den verlorenen Schafen aus dem Hause Israel gesandt sein und wies sogar jene syrochaldäische Frau hart ab, als er ihr zurief, daß die Hündlein nicht von der Herren Tische essen dürfen. Aber er beugte seinen Judenstolz auch wiederum vor dem Glauben eines römischen Hauptmannes und bekannte: »Solchen Glauben habe ich in Israel nicht gefunden.«

Wie oft mußte ich an dieses sein Wort denken, wenn mir lebendiger Glaube in Menschen aus der Christenheit entgegentrat, mit denen mich Freundschaft verband und verbindet, Freundschaft, die so oft im großen Schatten des großen Bruders steht. Ich will hier nichts harmonisieren, so wenig er harmonisiert hat, der bekannte: »Ich bin nicht gekommen, den Frieden zu bringen, sondern das Schwert.« Wahrlich, er hat das Schwert aufgepflanzt, und seine scharfe Schneide scheidet uns, und sein: »Wer nicht für mich ist, ist gegen mich« läßt keine Toleranzkompromisse zu. Ich habe, unter Schmerzen, mit meinem ganzen Leben zu ihm gesagt: Du bist es nicht! Du bist nicht der Erlöser und Bringer des Reichs. *Aber ich habe es zu ihm gesagt.* –

Sind auf der untersten Stufe der Spirale die frühen, fast idyllischen Begegnungen zu verzeichnen, folgt später das erwähnte Mitlernen, so fehlten aber auch nicht die düsteren Seiten der Konfrontation mit der Heilsgeschichte, die sich für den Juden als Unheilsgeschichte darbot.

»Sein Blut komme über uns und unsere Kinder«, diese im Evangelium so schwach bezeugte Selbstverfluchung einer zufälligen Ansammlung von namenlosen Juden in Jerusalem vor fast zweitausend Jahren gellte mir frühzeitig in die Ohren. Ich erinnere mich, wie in der Karwoche meine Mitschüler mich auf dem Hirschanger, einer Spielwiese im Englischen Garten in München, feindselig umstanden und mich nicht gehen lassen wollten, bis ich meiner Reue über den »Gottesmord« Ausdruck gegeben hätte, an dem ich keine Mitschuld empfand – oder empfinde.

Aber die Schicksalsfrage, »die Christusfrage an den Juden«, wie ich es später formulierte, war damit in meine Seele eingepflanzt.

In den Universitätsjahren (1931–1934) wurde ich durch den katholischen Theologen und späteren Religionswissenschaftler Professor Joseph Schnitzer mit dem Urchristentum vertraut gemacht.

Die erste große jüdische Deutung Jesu, die mein Jesusbild mitprägte, war das Buch von Joseph Klausner, ›Jesus von Nazareth‹, das 1922 hebräisch erschienen ist und 1930 in deutscher Übersetzung vorlag.

Noch bevor ich auch nur im entferntesten an eine eigene Darstellung Jesu im Sinne einer Monographie dachte, schrieb ich 1934, ein Jahr vor meiner Einwanderung nach Jerusalem, den Gedichtzyklus ›Der Rabbi von Nazareth‹, dem vier Sonette über Judas Ischarioth sowie ein Paulus-Gedicht und eines über das Pfingstwunder (Apostelgeschichte 2) beigegeben sind. In diesen Gedichten klingen bereits die Grundakkorde meiner Trilogie an.

Die entscheidende Phase für das Entstehen aber ist doch in der *Begegnung mit Jerusalem* und natürlich mit dem ganzen Land Israel zu suchen.

Hier erst wurde mir all das *sichtbar,* was vorher nur Ahnung, Traum, Vision und vielleicht auch – der Schatten fehlt nicht – literarisches, wissenschaftliches, ikonographisches Klischee blieb.

Jetzt ging ich durch die Straßen Jerusalems, durch die Jesus, aber auch Paulus und Maria gegangen sind. Jetzt besuchte ich Bethlehem, Nazareth und den See Genezareth, Kapernaum (Kfar Nachum), wo die Wiege des Evangeliums stand.

Radikale moderne Forscher vertreten gegenwärtig bekanntlich die These, daß Jesus in Kapernaum geboren sei. Sie nähern sich dabei bewußt oder unbewußt dem unheimlichen Ketzer Marcion an, der bereits um 150 n. Chr. lehrte, daß Jesus vom Himmel herab in die Synagoge von Kapernaum gestiegen sei und dort zum erstenmal in die scheinleibliche Erscheinung trat ...

Solche Spiritualisierungen versinken im Lande Jesu ins Wesenlose. Hier wurde er mir immer deutlicher als der jüdische Menschenbruder, dessen Freunde und Gegner mir täglich in Typen des heutigen Judentums begegneten.

Wer ein Buch über Jesus schreibt, wird auch eines über Paulus schreiben. Das ist ein bekanntes Phänomen der Leben-Jesu-Forschung. Es erging mir nicht anders. Wurde mir Jesus sichtbar als der Ur- und Nur-Jude, ganz eingebettet in Volkstum und Kultur des Judentums seiner Zeit, so erschloß sich mir Paulus aus Tarsus als der Diaspora-Jude, römischer Staatsbürger jüdischen Glaubens und hellenistischer Kultur, der ebenfalls hier in Jerusalem gelebt und studiert hat. Hier saß er zu Füßen des Rabban Gamaliel und lernte die Thora; hier erlebte er die tiefe Erschütterung bei der Steinigung des Stephanus, die sich erst im Damaskus-Erlebnis löst.

Jüdische Bücher über Jesus sind keine Seltenheit mehr. Es gibt bereits eine ganze Reihe solcher Darstellungen. Weit geringer sind die Versuche jüdischer Autoren, der Gestalt des Paulus gerecht zu werden. Die Heimholung Jesu in sein jüdisches Volk vollzieht sich immer merklicher, während Paulus noch – was keineswegs zufällig ist – an der Peripherie einer Secessio Judaica gesehen oder, besser gesagt, übersehen wird. Ich mußte auch ihn miteinbeziehen, als den Gegenspieler Jesu, so merkwürdig sich das anhört: Jesus, der Israel-Jude; Paulus, der Diaspora-Jude.

Aber die Mutter Jesu, Maria, die jüdische Mutter Mirjam, war so von Mythos und Apotheose in die Regionen eines Pleroma entrückt, daß sie dem Juden praktisch unsichtbar geworden ist. Nur der jiddische Schriftsteller Schalom Asch hatte ihr einen Band seines dreiteiligen Romanwerkes, ebenfalls über Jesus, Paulus und Maria, gewidmet. Bitterer Haß schlug ihm aus manchen jüdischen Kreisen, insbesondere in Amerika entgegen, als er die Mutter Jesu in eine Reihe mit den Erzmüttern Sara, Rebekka, Rahel und Lea rückte.

Asch blieb aber ganz im Romanhaften, schilderte sogar die unbefleckte Empfängnis und wunderbare Geburt. Als ich ihn in einem Jerusalemer Gespräch darüber befragte, antwortete er freimütig, daß er weder Theologe noch Historiker sei, sondern Romancier und *erzählen* wolle, was die biederen Juden der Urgemeinde geglaubt hätten. (Hier irrte Asch meiner Ansicht nach, denn die Urgemeinde wußte vermutlich von alledem nichts, sonst hätte Paulus im Galaterbrief nicht schlicht und einfach geschrieben: »Da aber die Zeit erfüllt war, sandte Gott seinen Sohn, geboren von einem Weibe und unter das Gesetz getan« [Galater 4,4]. Jungfrauengeburt und alles was sich daran knüpft, war den einfachen Fischern vom Kinerethsee nicht vertraut. Erst hellenistisches Denken bringt diese Note in die Christologie.)

Ich versuchte nun, soweit ich sehe, erstmalig, als Jude die jüdische Mutter Mirjam als eine orientalische Jüdin darzustellen, wie sie mir in den Straßen Jerusalems immer und immer wieder begegnet ist. Ich war mir wohl bewußt, daß uns die Jahrhunderte, fast zwei Jahrtausende, von der Gestalt trennen, über die nur so spärliche Notizen im Neuen Testament erhalten blieben. Aber ich wußte andererseits, daß Leben und Schicksal einer jüdischen Frau dieser Zeit des herodianischen Tempels durch Gesetz und Brauch, Sippe und Haus so stark geprägt waren, daß wir aus zeitgenössischen Quellen, wie vor allem der Mischna, eine Rekonstruktion wagen können. Immer näher rückte mir im Erleben Jerusalems diese Gestalt, wobei ich sie zuweilen nicht nur in orientalischen Jüdinnen, sondern auch in Araberinnen wiederzuerkennen meinte, denn die arabische Frau hat in vielem die Urtraditionen des jüdischen Volkes stärker bewahrt als die heutige Jüdin.

Manche Forscher wie Dr. Elias Auerbach, der jahrzehntelang in Haifa lebte, sind der Ansicht, daß die sogenannten verlorenen Zehn Stämme Israels nie wirklich verlorengingen, sondern nur ihre Identität verloren. In den heutigen Arabern im Lande Israel mag sich noch manches von der alten Bevölkerung erhalten haben. Dies nebenbei.

Im Schatten Jerusalems schlossen sich mir die Gestalten Jesu und seiner Mutter und das Bild des Paulus, das vom Erlebnis des ihm persönlich unbekannten Jesus geprägt wurde, zu der Trilogie zusammen, die ich als das Zentrum meiner Bemühungen ansehen darf.

Aus dem Schatten Jerusalems traten mir diese Gestalten entgegen, und in diesem Schatten entschwanden sie immer wieder. In Jerusalem wurden die Bücher über Jesus, Paulus und Maria zu Dokumenten einer Begegnung, die sie an anderem Orte nicht geworden wären.

Wenn ich eingangs dieses Kapitels bekannt habe, daß ich kein Buch direkt über Jerusalem geschrieben habe, so ist hier eine Einschränkung zu machen. Im Jahre 1967, unmittelbar nach Beendigung des Sechstagekrieges im Juni, erschien (in den ›Evangelischen Zeitstimmen‹ in Hamburg) mein kleines Buch ›Wünschet Jerusalem Friede‹. Es fand vor allem in Kreisen von Bibelchristen, Menschen, die das eigene Leben und die Zeichen der Zeit im Lichte der Bibel sehen, besonders lebendigen Widerhall. Aber dieses Buch habe ich eigentlich nicht geschrieben. Es ist gewachsen, wurde auf Notizbuchblättern, in Telephongesprächen, in Reportagen und Kommentaren in wenigen Wochen für die Tagespresse verfaßt.

Ich habe, ohne zeitlichen und seelischen Abstand, die Artikel aus dem Sechstagekrieg 1967, den ich in und um Jerusalem miterlebte, zusammengestellt, als eine Dokumentation, keineswegs ausgewogen und gefeilt. Man spürt hier die unmittelbare Erschütterung eines Geschehens, das uns selbst überwältigte. Es war, als ob die biblische Geschichte mit Zeitgenossen als Akteuren weiterginge. Die Jahrtausende versanken ins Wesenlose. Israel wurde im Feuer dieser Tage wieder jung geglüht.

In meinem – literarisch anspruchslosen – Jerusalem-Büchlein ist die Hochstimmung zu spüren, die später nicht mehr durchgehalten werden konnte. Es ist sicher nicht zufällig, daß mir Jahre später ein evangelischer Erweckungsprediger aus der Schweiz bekannte, daß ihm von allen meinen Büchern dieses das nächste sei und er es bei seinen Versammlungen oft verteile. Es ist in der Tat das Zeugnis einer Erweckung, die damals auch Kreise in Jerusalem (und im übrigen Land) erfaßte, die vorher (und leider auch wieder nachher) religiöser Begeisterung fernstanden.

Mein unvergeßlicher Freund Max Brod gebrauchte gern den Ausdruck »wesenhaftes Erlebnis«. Er verstand darunter die Gnadenmomente unseres Lebens, in welchen wir – durch die Macht der Musik, die Kraft der Dichtung, das Feuer des Eros, die Berührung mit dem Göttlichen – aus den Verstrickungen der Trivialität in die reine Sphäre des Pleroma entrückt werden.

In den Junitagen 1967 konnte man vom wesenhaften Erlebnis eines ganzen Volkes sprechen. Selbst stumpfe Zeitgenossen schienen für eine »Sternstunde« der Geschichte verwandelt. Jerusalem wurde auch ihr Schicksal.

Es gibt noch eine kleine Broschüre von mir aus dem Jahre 1940, die den Titel ›Jerusalem Black-Out‹ führt, also den Namen Jerusalem erwähnt. Auch dieses bescheidene Heft stellt nur eine Sammlung von Feuilletons und Miniaturen dar, die im ersten Kriegsjahr erschienen sind und die paradoxale Situation Jerusalems im Zweiten Weltkriege zum Hintergrund haben. Die Paradoxie lag darin, daß mit Ausbruch des Weltkriegs ein Burgfriede in Jerusalem entstand. Vom Jahre 1936–1939 waren die Feindseligkeiten der Araber gegen die Juden in Jerusalem (und im übrigen Lande) permanent. Das Betreten der arabischen Atlstadt wurde immer schwieriger, zeitweise unmöglich. Jetzt aber zeigte die britische Mandatsmacht ihre kräftige Hand und verstand es, den schwelenden Konflikt angesichts des Weltbrandes wenigstens zeitweise zu bannen. So weist der Umschlag meiner Broschüre, nach meinem eigenen Entwurf, einen Juden, einen Araber und einen Engländer auf, die gemeinsam als Luftschutzwarte das verdunkelte Jerusalem (»Black-Out« meint Verdunkelung) inspizieren.

Mein Entwurf wurde von der Frau des Verlegers, einer begabten Graphikerin, sehr hübsch ausgeführt. Sie fiel leider viele Jahre später dem Wahnsinnsanfall ihres Gatten zum Opfer, der sie, zwei Töchter und sich selbst im nächtlichen Amoklauf erschoß.

Wer von uns ahnte solches Grauen, als gerade wir versuchten, in schwerer Zeit einen Schimmer von Heiterkeit in das verdunkelte Jerusalem zu retten?

Wenn ich an dieses Schicksal denke, das nun für immer mit meinem harmlosen Bändchen verbunden ist, fällt mir die Verszeile ein, die Stefan Zweig über seine Novellensammlung ›Amok‹ setzte:

Tu auf dich, Unterwelt der Leidenschaften.

X
Krieg und Frieden

Im dritten Kapitel des Predigers Salomo findet sich die berühmte Gegenüberstellung der Gegensätze des Lebens: »Alles hat seine Stunde und seine bestimmte Zeit.« Die Gegensätze sind so angeordnet, daß sich zwischen ihnen immer unausgesprochen eine dritte Größe befindet: Zeit der Geburt und Zeit des Todes, dazwischen liegt das menschliche Leben; Zeit des Wachsens und Erntens; Zeit des Schlagens und Zeit des Heilens, dazwischen liegt unangefochtene Existenz; Zeit des Einreißens und Zeit des Bauens, dazwischen liegt die Zeit des Bestandes von Bauwerken; Zeit des Weinens und Lachens, dazwischen liegt der ausgeglichene Gemütszustand ... Der letzte Vers dieses Kataloges der Emotionen und Zustände aber sagt: Zeit des Krieges und Zeit des Friedens. Hier erhebt sich die Frage, was liegt zwischen Krieg und Frieden? Man möchte meinen, daß es da nur ein Entweder-Oder gibt, entweder Krieg oder Frieden, aber über eineinhalb Jahrzehnte Aufenthalt in Jerusalem belehrte mich, daß der Prediger tatsächlich der weiseste unter den Menschen war, denn er hat unausgesprochen jenen Zustand beschrieben, der das Lebensklima Jerusalems ausmachte und ausmacht. Vielleicht ist es kein Zufall, daß der Prediger Salomo dieser Erkenntnis Ausdruck gibt, da er sich im Einleitungsvers des Buches als Königssohn zu Jerusalem vorstellt.

Kurz nach meiner Ankunft in Jerusalem brach jener Zustand an, der weder Krieg noch Frieden ist. Der jüdisch-arabische Konflikt schwelte bereits seit langem. Die ersten Ausbrüche des Bruderhasses (Juden und Araber sind Brudervölker, denn sie führen sich auf die ungleichen Söhne Abrahams, auf Isaak und Ismael zurück) reichen bis in den Beginn der zwanziger Jahre zurück, wenn nicht noch weiter.

In Jerusalem selbst fanden die ersten großen Unruhen im Jahre 1929 statt, als es zu Zusammenstößen an der Klagemauer kam. Der Großmufti von Jerusalem, Hadj

Amin El-Husseni, verbreitete eine fingierte Postkarte, die den Felsendom zeigte, die sogenannte Omar-Moschee, über welcher die zionistische Fahne, blau-weiß mit dem Davidsstern, flatterte. Er konnte nicht ahnen, daß er damit ein Prophet wider Willen wurde, ähnlich dem biblischen Bileam, der Israel verfluchen wollte und es segnen mußte.

Die Haßvision des Mufti, der sich später Hitler in Berlin anschloß, sollte sich im Juni 1967 erfüllen, als nach dem Sechstagekrieg tatsächlich die israelische Fahne über dem Felsendom wehte. Sie wurde allerdings auf höchsten Befehl sofort wieder eingeholt, denn Israel hatte nie die Tendenz, die Heiligen Stätten anderer Religionen zu okkupieren, ja es brachte furchtbare Opfer an Menschenleben, um die Heiligen Stätten der Christenheit und des Islam, die sich auf engstem Raum in der Altstadt von Jerusalem zusammendrängen, im Sechstagekrieg zu schonen. Das war besonders schwierig, da die Jordanier sich nicht scheuten, Artilleriestellungen und Heckenschützen an den Heiligen Stätten zu plazieren.

Von alledem war bei meiner Ankunft in Jerusalem noch nicht die Rede. Der Schatten von 1929 lag aber noch immer über der Klagemauer. Die Jüdische Gemeinde in Hebron, die infolge der Klagemauerunruhen von 1929 ausgerottet worden war, konnte nicht mehr zurückkehren. Erst nach 1967 begann die Wiederbesiedelung Hebrons durch Juden, wobei keine Rache für 1929 genommen wurde. Nicht *ein* Araber mußte für das Blutbad bezahlen.

Bereits im Jahre 1936 begann der Generalstreik, der vom Higher Arab Committee, der Führung der palästinensischen Araber verhängt wurde. Dieser Streik dauerte bis zum Beginn des Zweiten Weltkrieges an, also drei Jahre. Erst dann machte Großbritannien als Mandatsmacht in Palästina diesem Dauerprotest ein jähes Ende. Es zeigte sich, daß England in der Lage war, den arabischen Widerstand sofort zu brechen, wenn es die Interessen des Imperiums verlangten. Daß dies nicht früher geschah, hängt einfach mit dem alten imperialistischen Grundsatz »divide et impera«, teile und herrsche, zusammen, denn der permanente jüdisch-arabische Konflikt machte die Anwesenheit der englischen Schutzmacht im Lande gewissermaßen unerläßlich.

Als aber der Weltkrieg in Europa ausbrach, konnte England im Vorderen Orient keine Unruheherde mehr verkraften und stellte deshalb sofort die nötige Ruhe her.

In den ersten Jahren meines Aufenthaltes in Jerusalem war es schwierig, das Herz Jerusalems, die Altstadt zu besuchen. Die feindlichen Blicke der Araber, die vor ihren geschlossenen Geschäften saßen, verfolgten jeden Passanten. Manchmal zischte auch ein Stein durch die Luft, oder eine faule Tomate landete auf dem Rücken eines friedlichen Spaziergängers.

So wurde schließlich ein neuer Weg zur Klagemauer, ein Treppenweg, angelegt, der die Sukstraße des arabischen Bazars umging und den jüdischen Pilgern ein gewisses Maß an Sicherheit gewährte.

Dieser Weg hat für mich eine besondere mystische Bedeutung gewonnen.

Ich war formell nur als Tourist in Palästina registriert, und es dauerte einige Zeit, bis ich den Status des Einwanderers erlangen konnte. Hierzu war die Vorzeigung einer gewissen Summe nötig, tausend Pfund Sterling, die ich mir pro forma verschaffen konnte. Der englische Beamte verlangte nun aber, daß ich formell nochmals im Lande einzuwandern hatte. Ich schlug vor, über die Allenby-Brücke nach Jordanien zu gehen und von dort nochmals »einzuwandern«. Diese einfache Lösung entsprach aber nicht dem »Red Tape« der englischen Administration. Ich sollte an meinen Wohnsitz München zurückkehren, um von dort aus legal einzuwandern. Auf meine Bemerkung, daß ich diese Rückkehr in das Dritte Reich mit einem Aufenthalt im Konzentrationslager büßen müßte, meinte der Beamte nur, er sei »very sorry«, aber das ließe sich nicht ändern.

Ich erhielt tatsächlich einen Ausweisungsbefehl, der mit englischer Höflichkeit unterzeichnet war »Your Obedient Servant« – Ihr ergebener Diener.

Der ergebene Diener wollte mich aus dem Lande meiner Väter in das KZ meiner Todfeinde vertreiben. Ich erklärte daraufhin, daß ich es vorzöge, in einem englischen Gefängnis in Palästina zu sitzen, statt in einem deutschen KZ zu Tode gepeinigt zu werden.

Daraufhin – und das ist typisch für die britische Verwaltung – geschah eigentlich nichts. Ich trat die Flucht in die Öffentlichkeit an, publizierte meinen Fall in der Auslandspresse ... die Engländer wollten einen Skandal vermeiden.

Inzwischen aber kam mein Einwanderergut, eine Sendung mit Möbeln und meiner schon damals recht umfangreichen Bibliothek. Wie sollte ich dieses Einwanderergut nun als »Tourist« in Empfang nehmen? Ein alter Onkel, Bruder meines Vaters, der bereits legal in Rischon-Le-Zion wohnte, half mir. Das Einwanderergut kam auf seinen Namen im Hafen von Haifa an. Der Onkel mietete einen Lastwagen und brachte mir meinen Hausrat nach Jerusalem. Hier wollte er sich die Stadt ansehen und unternahm allein (ich war an dem Vormittag beschäftigt) einen Spaziergang zur Klagemauer, wobei er natürlich den erwähnten Treppenweg benutzte.

Als wir uns zum Mittagessen wieder trafen, fragte ich den alten Herrn, was ihn in Jerusalem am tiefsten beeindruckt habe.

Er erklärte mir rundheraus, daß nicht eigentlich die Klagemauer selbst den Höhepunkt seines Rundgangs darstellte, sondern das weite Feld mit dem Totengebein, das sich im Tale neben dem Treppenweg hinziehe.

Ich war vollkommen sprachlos. Von solch einem Feld mit Totengebein war mir nichts bekannt. Der Onkel beharrte aber auf seiner Darstellung, schilderte mir anschaulich, wie sich auf dem Blachfelde jenseits der Bastion des Treppenweges eine unübersehbare Menge von Gebein ausbreite.

Erst später wurde mir der mystische Zusammenhang klar. Tatsächlich beschreibt der Historiker Flavius Josephus, daß an dieser Stelle, die mein Onkel Robert Rosenthal klar bezeichnete, in den Jahren der Belagerung Jerusalems im Jüdischen Krieg, der 70 n. Chr. mit der Zerstörung des Tempels endete, die Leichen über die Stadtmauer geworfen wurden, da man sie nicht mehr bestatten konnte.

Die jüdische Tradition aber verbindet dieses Areal auch

mit der Vision des Propheten Ezechiel, der im Kapitel 37 von der Auferstehung Israels im ersten Vers kündet: »Und des Herrn Hand kam über mich und er führte mich hinaus im Geist des Herrn und stellt mich auf ein weites Feld, das voller Totengebeine lag.«

Man muß meinen Onkel Robert Rosenthal, der in Nürnberg ein Geschäft für landwirtschaftliche Maschinen führte, gekannt haben, um sich darüber klar zu sein, daß dieser schlichte, einfache Mann von diesen Zusammenhängen nicht die geringste Ahnung hatte. Er kannte weder Flavius Josephus noch den Propheten Ezechiel. Das waren für ihn böhmische Dörfer. Er war weder ein frommer noch gar ein praktizierender Jude, hatte keinerlei historische oder theologische Interessen, und die Mystik spielte in seinem Leben keine, aber auch gar keine Rolle.

Und dieser Mann hatte am Treppenweg zur Westmauer des Tempels eine Vision, ohne die geringste Ahnung davon zu haben, daß es sich um eine Vision handelte, eine Vision nicht im Traum der Nacht, sondern am hellen Tage, im vollen Wachzustand.

Als ich ihm das vorsichtig beizubringen suchte, wies er diese Erklärung entrüstet zurück. Wir gingen dann nochmals zum Treppenweg und fanden natürlich keine Spur des Totengebeins.

Die Lage im damaligen Jerusalem war in jeder Hinsicht schwierig. Der Zwischenzustand, weder Krieg noch Frieden, lähmte die Entwicklung der Stadt, und genau das beabsichtigten die arabischen Führer, die dabei keinerlei Rücksicht auf ihre eigenen Landsleute nahmen, die natürlich in erster Linie geschädigt waren.

Mit dem Ausbruch des Zweiten Weltkrieges änderte sich die Situation. Fremde Heere kamen nach Jerusalem. Nicht nur Engländer, auch Australier, Polen, Freie Franzosen und Kontingente aus dem Imperium bis Indien waren vertreten. Die Furie des Krieges ging eigentlich an uns vorüber. Wir hatten zwar Verdunklungsvorschriften, Restriktionen aller Art, Tel Aviv hatte auch italienische Luftangriffe zu verzeichnen, aber die Heilige Stadt Jerusalem blieb im wesentlichen verschont. Eine paradoxe Situation kennzeichnete diese Jahre. Während der Erdball überall zu brennen begann, der Krieg von Europa, nach dem Angriff auf Pearl Harbour, auf Amerika und Asien übergriff, herrschte bei uns wiederum ein eigentümlicher Schwebezustand zwischen Krieg und Frieden.

Man empfand natürlich die Isolation dieser quasi Friedensinsel besonders stark. Die Kontakte in das Ausland wurden immer schwächer, was für mich auch wirtschaftlich die nachteiligsten Folgen hatte, da ich meine Tätigkeit als Korrespondent ausländischer Blätter mehr und mehr einstellen mußte. Die Verlagsproduktion für die Literatur der Emigration verebbte allmählich. Versuche, im Lande selbst zu publizieren, beschränkten sich situationsgemäß nur auf einen winzigen Kreis.

Aber was wog dies auf der ›Waage der Welt‹? (Mein Freund, der Schriftsteller Gerson Stern, schrieb damals einen Zeitroman unter diesem Titel.) Nur langsam erreichten uns die unvorstellbar furchtbaren Nachrichten aus Europa. Lange unterdrückte die zionistische Führung im Lande die Publikation der vollen Wahrheit über die Vernichtungslager in Auschwitz, Majdanek, Treblinka und den anderen »Wohnungen des Todes«.

Ein Teil der Jugend in Palästina meldete sich zum englischen Militär im Kampf gegen Hitler. Die jüdischen Behörden forderten das, die Engländer gewährten es nur. Jüdische Fallschirmspringer aus Palästina gingen hinter den Reihen der deutschen Front auf feindlichem Gebiet nieder, darunter junge Menschen, die in der zionistischen Arbeiterbewegung führend waren wie der italienische Jude Enzo Sereni, die ungarische Jüdin Hanna Szenesch und andere, die diesen Einsatz mit ihrem Leben bezahlen mußten. Auf Drängen der zionistischen Instanzen stimmte England schließlich der Schaffung einer jüdischen Brigade zu, deren erster Offizier, der englischjüdische Brigadier Benjamin, in Jerusalem Ziel und Taktik dieser Formation darlegte. Er wirkte superenglisch auf uns, und es war schwer, in ihm den wirklichen Verbündeten zu sehen, der er war.

Diese jüdische Brigade, als deren Initiator der zionistische Politiker Mosche Scharett (damals noch Schertok) anzusprechen ist, war die Keimzelle der späteren Armee Israels. Hier haben die Offiziere dieser Armee, bis zum

Generalstab, ihre Ausbildung erfahren. Scharett war dies von Anfang an klar. Er und seine Mitarbeiter, die Zionistische Exekutive, an deren Spitze David Ben-Gurion stand, hatten den weiten Blick für die Zukunft. England sah diese Doppelbedeutung der Brigade wohl nicht, oder doch nicht in ihrer letzten Konsequenz.

Das Kriegsende erlebte ich nicht in Jerusalem, sondern in Haifa, wo ich mich zu einem Vortrag über ›Die Sehnsucht nach dem Wunder im modernen Roman‹ befand. Im Mittelpunkt dieses Vortrags stand das große epische Werk von Franz Werfel, ›Das Lied von Bernadette‹, das die Geschichte der Marien-Erscheinung von Lourdes erzählt und reflektiert.

Ich kam mir völlig anachronistisch vor. Das größte Wunder, der Friede, war über uns aufgegangen, und ich sollte über – Literatur sprechen?

Zu meinem Erstaunen war der Saal voll. Ich fragte das Auditorium, ob die Veranstaltung nicht besser abzusagen sei und wir alle Churchills Rede im Radio hören wollten. Meine treue Hörerschaft aber bestand auf dem Vortrag. Ich konnte mich nicht an das Thema halten. Die Stunde riß mich mit. Ich sprach zum Thema, zum Thema Wunder, und ich redete vom Frieden. Als ich nach Jerusalem zurückkehrte, war die Stadt von den ersten Anzeichen dieser neuen Situation erfüllt. Die Menschen beglückwünschten einander, hatten Freudentränen in den Augen ... noch ahnte man nicht, welche Katastrophe sich uns nun enthüllen würde.

Es ist unwürdig, darüber zu feilschen, ob die Jahre des Krieges und der Verfolgung sechs Millionen jüdische Opfer forderten, darunter eine Million Kinder, ob es etwas mehr oder weniger gewesen sein mögen. Es waren Millionen, unter ihnen nächste Angehörige, liebe Freunde, von denen wir nie mehr etwas hörten. Niemand weiß, wo sie geblieben sind. In Massengräbern ruht die verkohlte Asche, die grauenvolle Ernte der Krematorien. Wir wußten das damals nicht. Erst langsam, langsam kam Detail um Detail zur Kenntnis der Öffentlichkeit, wurde das Unvorstellbare uns zur Gewißheit: Lampenschirme aus Menschenhaut, Schuhsohlen aus Thorarollen, Matratzen, gefüllt mit Menschenhaar ...

Heute gibt es zwei Erinnerungsstätten in Jerusalem, die die jüdische Tragödie dem Vergessen entreißen sollen: Da ist Yad Waschem, die weitläufige Anlage auf dem Gedenkberg über Jerusalem. Hier befindet sich die größte Bibliothek, ergänzt durch ein umfangreiches Archiv, das die Dokumente der NS-Verfolgung sammelt, sichtet und wissenschaftlich verarbeitet, hier wird eine Dauerausstellung des Grauens gezeigt, aber auch eine Allee der Gerechten der Völker wurde angelegt, wo Männer und Frauen aus vielen Ländern Bäume pflanzen. Christen und Kommunisten, Humanisten und schlichte Menschen aus dem Volke, die unter Einsatz des eigenen Lebens Juden retteten.

Auch Deutschland ist in der Allee der Gerechten vertreten durch Männer wie Propst Heinrich Grüber, Prälat Hermann Maas, Frauen wir Dr. Gertrud Luckner; der Dichter Armin T. Wegner pflanzte hier eine Zeder, ebenso der Kaufmann Werner Krume, der seiner jüdischen Frau nach Auschwitz folgte. Israel ist das Volk des langen Gedächtnisses. Es hat nicht vergessen, was ihm der Pharao in Ägypten angetan hat, es hat den Tempelschänder Antiochus Epiphanes nicht vergessen, nicht die Tempelzerstörer Nebukadnezar und Titus, es wird auch Hitler nicht vergessen und hat in dem Prozeß gegen Hitlers Buchhalter des Todes, Adolf Eichmann, in den Jahren 1960–1962 unter Beweis gestellt, daß es nicht zu vergessen bereit ist.

Aber Israel hat auch nie vergessen, was Menschen aus anderen Völkern ihm Gutes getan haben. Ein rührendes Beispiel dafür ist das Verhältnis des Judentums zu Alexander dem Großen. Man hat nie vergessen, daß dieser Welteroberer Jerusalem verschont hat. Zur Vorlesung aus der Thora, dem Gesetz Mosis, kann ein Jude nur mit seinem hebräischen Namen aufgerufen werden oder mit dem Namen Alexander, denn Alexander hat seine Hand nicht gegen den Tempel ausgestreckt.

So blieb auch in der Zeit der NS-Verfolgungen unvergessen, wer den Bedrängten geholfen hat.

Die zweite Erinnerungsstätte ist der Trauerkeller auf dem Berge Zion, in nächster Nähe des Abendmahl-Raumes und der Sterbestätte Mariä. In diesem Keller werden

Gedenktafeln an die zerstörten jüdischen Gemeinden Europas bewahrt, Asche aus den Vernichtungslagern, Seife, die aus menschlichem Fett hergestellt sein soll. Der Trauerkeller ist kleiner, bescheidener als die große Anlage von Yad Waschem, aber an dem Ort, der diese Stätte birgt, dem Berg Zion, gewinnt er besondere Bedeutung. Als Papst Paul VI. im Januar 1964 den Berg Zion besuchte, ging er an diesem Trauerkeller vorüber, nur Eugene Kardinal Tisserant, der älteste des Kardinalkollegiums (er ist 1972 im Alter von 87 Jahren verstorben), trat in das Dämmerlicht dieses Kellers ein, entzündete eine Kerze und betete für die Opfer des rasenden Hasses. Auch das soll nicht vergessen werden.

Nach Kriegsende sollte es sich wiederum zeigen, daß Jerusalem, die Stadt, die Metropole des Friedens sein sollte, in einen hektischen Zustand zwischen Krieg und Frieden verfiel. Die Überlebenden der europäischen Judenkatastrophe, die sogenannten DP's (displaced persons), drängten aus den Übergangslagern in Deutschland und anderwärts nach Palästina.

Der amerikanisch-jüdische Schriftsteller Leon Uris hat in seinem weit verbreiteten Wildostroman ›Exodus‹ diese Zeit romantisch beschrieben. Ganz so war sie nicht, aber doch ähnlich. Nicht in jedem jüdischen Hause gab es ein Waffenlager, aber in vielen. Die Untergrundbewegung breitete sich mehr und mehr im Lande und insbesondere in Jerusalem aus. Wie zur Zeit des Flavius Josephus gab es drei Gruppierungen im Jischuv, der jüdischen Bevölkerung. Damals, zur Zeit des Jüdischen Krieges, waren es die Pharisäer, die Sadduzäer und die Sikkaräer. Der jüdische Aufstand gegen Rom wurde von drei Männern geführt: Simon Bar-Giora, Jochanan von Gischala und Menachem Sikra.

In seltsamer Wiederholung gab es auch in den Jahren des Untergrundkampfes zwischen 1945 und 1948 drei Gruppierungen um drei Führer. Die größte Untergrund-Organisation war die der allgemeinen Selbstwehr Hagana, an deren Spitze Dr. Mosche Sneh stand, der später ins kommunistische Lager abglitt. Die extremere Gruppe des nationalen Militärverbandes IZL (Irgun Zvai Leumi) wurde von Menachem Begin geführt, und die extremste

Gruppe, Lechi, im Anklang an den Eselskinnbacken des Simson benannt, zugleich aber auch Abkürzung für Freiheitskämpfer Israels, wurde von Abraham Stern geführt, der sich Jair nannte und von den Engländern erschossen wurde. Nach ihm hieß diese Formation auch Stern-Gruppe.

Es gelang nicht immer, diese Untergrundverbände zur Kooperation zu bewegen. Rivalitäten und Streitigkeiten im Inneren lähmten zuweilen die Schlagkraft der Verbände. Dennoch gelang das Unvorstellbare: Der winzige Haufe jüdischer Untergrundkämpfer – die ganze jüdische Bevölkerung Palästinas betrug damals kaum 600000 Seelen – zwang das Britische Imperium zum Rückzug aus dem Lande. Daß das nicht ohne Opfer abging, versteht sich von selbst. Der Opfermut der Jugend war grenzenlos.

So erinnere ich mich an den Prozeß gegen den Untergrundkämpfer Dov Gruner, der bei einem Angriff auf eine Polizeistation in Ramath-Gan mit der Waffe in der Hand gefaßt wurde. Er erlitt dabei schwere Verletzungen, war im Gesicht furchtbar entstellt.

In Jerusalem verhandelte ein britisches Militärtribunal gegen ihn. Gruner, den die Todesstrafe erwartete, hielt keine Verteidigungsrede, sondern eine Anklagerede gegen Großbritannien. Er zog dabei Oscar Wildes ›Das Bildnis des Dorian Gray‹ als Gleichnis heran. Wie Dorian Gray bewahrt Britannien sein fleckenloses Antlitz nach außen, aber das wahre Bild des Imperiums zeigte die Fratze des Mörders, erklärte Gruner und schilderte die unsagbaren Leiden der Überlebenden der KZ-Lager, die nun von den Engländern (natürlich unter arabischem Druck) von den Küsten der Heimat abgewiesen, nach Zypern exiliert oder nach dem europäischen Festland zurückgetrieben wurden.

Gruners Rede machte tiefen Eindruck, auch auf seine Richter. Der Vorsitzende des Tribunals, ein englischer Major, sprach mich in der Verhandlungspause an (ich folgte dem Prozeß als Berichterstatter) und schlug mir vor, mit Gruner zu reden, wozu er mir die Möglichkeit gab. Gruner sollte ein Gnadengesuch einreichen. Er würde dann zu lebenslänglichem Gefängnis begnadigt. Der

Major gab zu bedenken, daß die Engländer nicht mehr länger als zwei bis drei Jahre im Lande bleiben könnten, was genau den Tatsachen entsprach – und dann wäre Gruner frei.

Gruner lehnte das Angebot ab und bestieg das Schafott.

Einmal geriet ich selbst mitten in eine Demonstration, die in eine Straßenschlacht ausartete. Die Engländer hatten einen Untergrundkämpfer, Ben-Joseph, zum Tode verurteilt, einen Mann, der ein Eisenbahnattentat verübt hatte. An der Straßenkreuzung zwischen King George Avenue und Jaffaroad geriet ich in das dichteste Gewühl. Ein englischer Tommy setzte mir mit geschwungener Keule nach. Es gelang mir, mich in ein Bürohaus zu retten, wo ich in die Kanzlei eines mir bekannten Anwaltes stürmte und mich zum Erstaunen der Sekretärin an eine freie Schreibmaschine setzte und zu tippen begann. Wenige Minuten danach wurde die Tür aufgerissen, ein englischer Polizist sah herein und schloß die Türe wieder krachend ... der »Terrorist« war entkommen. Solche Chaplinaden wiederholten sich zuweilen. So besuchte ich an einem lauen Sommerabend Nachbarn in meinem Wohnviertel Romema. Die Familie saß, zusammen mit mir fremden Leuten, beim Kartenspiel um den runden Tisch im Eßzimmer. Man gab mir hastig einige Spielkarten in die Hand, meinen Protest, daß ich nicht Skat spielen könne, nicht beachtend. Sekunden später traf eine englische Polizeistreife ein, musterte argwöhnisch die Skatpartie und verließ den Raum.

Dann erst erhoben sich die fremden Gäste, holten aus Schränken und unter dem Sofa ihre Waffen hervor und verabschiedeten sich mit herzlichem Schalom.

Szenen dieser Art waren keine Seltenheit.

Im März 1947 hatten die Zustände in Jerusalem eine bedrohliche Form angenommen, so daß sich der britische Brigadier Davies dazu entschloß, eine Sicherheitszone, »Hippo-Aeria« genannt, zu errichten, welche die Wohnviertel Kerem-Abraham, Geula und die Hochburg der Orthodoxen Meah Schearim umfaßte. Diese abgesperrte Zone glich nun einer belagerten Festung. Niemand durfte hinein oder heraus. Auf diese Weise wollte man eine gründliche Durchsuchung der Gegend ermöglichen.

Am 1. März 1947 abends gegen achtzehn Uhr gab der Brigadier im David-Gebäude nahe dem King David Hotel in Jerusalem seinen Operationsplan der Presse bekannt. Ich wurde kurzfristig telephonisch zu dieser Besprechung geladen. Da bereits ein Ausgehverbot über die Stadt verhängt war, konnte ich kein Taxi mehr bekommen und mußte zu Fuß, legitimiert durch meine Pressekarte mit dem permanenten Curfewpaß, zum Operationsstab des Brigadiers eilen. Ich kam zu spät, entschuldigte mich bei dem Offizier, der außerordentlich freundlich war, sich auf der Karte orientierte, wo meine Wohnung lag und mich besorgt fragte, wie ich denn wieder zurück käme.

Ich erklärte wahrheitsgemäß, daß ich zu Fuß heimgehen würde. Dies aber ließ der höfliche Engländer nicht zu. Er bot mir seinen Dienstwagen – mit der Fahne des Brigadiers! – und seinen uniformierten Chauffeur an. Ich erschrak zu Tode. Kein Fahrzeug in ganz Jerusalem war verhaßter und gefährdeter als dieses, aber ich konnte dem Brigadier doch nicht erklären, daß ich zu Fuß viel sicherer sei als in seinem herrlichen Wagen. Alle drei Untergrundverbände nahmen natürlich dieses Auto aufs Korn, schossen oder warfen Bomben, denn der Hippo-General war keineswegs populär in Jerusalem, wie sich denken läßt.

Nichts half. Ich mußte die Einladung annehmen. Mit schlotternden Knien bestieg ich den eleganten Militärwagen, saß Psalmen betend neben dem britischen Chauffeur, der mit steinerner Miene durch die menschenleeren Straßen der Stadt fuhr. Hier und dort krachte es von Dächern oder hinter Gartenmauern. Die Gnade Gottes war offenbar mit uns, und wir erreichten heil die heimischen Penaten.

Wie der Chauffeur zurückgekehrt ist, entzieht sich meiner Kenntnis.

Eines Tages erreichte mich nachmittags gegen fünfzehn Uhr die Nachricht, daß die jüdische Untergrundbewegung ein Bombenattentat auf das Grundbuchamt, »Tabu« genannt, unternommen hatte. Das Ziel dieses Attentats war ganz klar. Die Engländer hatten durch ihr Weißbuch den Bodenkauf durch Juden in weiten Gebieten untersagt. Nun sollten durch Vernichtung der Grundbucheintragungen die Besitzverhältnisse verdunkelt werden.

Ich eilte zum Tatort und traf dort einen überaus mitteilsamen englischen Captain an, der mir, was ganz ungewöhnlich war, den genauen Hergang des Attentats schilderte. Ein Lastwagen mit Bananenkisten war vorgefahren. Die Kraftfahrer erklärten, daß es sich um Proviant für die Kantine des Amtes handele. Die Früchte wurden abgeladen, aber mit ihnen auch die Bomben, die wenige Minuten später explodierten und das Gebäude, das um diese Stunde menschenleer war, zerstörten. Der freundliche Offizier stellte mir anheim, die Ruine selbst zu durchforschen, was ich auch tat.

Punkt achtzehn Uhr rief ich meine Zeitung in Tel Aviv an und gab einen umfassenden Bericht, der den Redakteur in Erstaunen setzte: »Woher wissen Sie denn das alles so genau?« fragte mich der verwunderte Kollege, und mit bitterem Humor antwortete ich: »Ehrensache, ich bin immer schon zehn Minuten vor dem Attentat am Ort der Handlung.«

Am nächsten Morgen las ich zu meinem Entsetzen in der Zeitung den offiziellen Polizeibericht und anschließend die redaktionelle Notiz: »Unser Jerusalemer Korrespondent, der sich schon zehn Minuten vor dem Attentat am Ort der Handlung befand, meldet ergänzend exklusiv ...«

Ich sah meiner Deportation nach Kenia mit gemischten Gefühlen entgegen. Nach dieser Meldung war es ja offenbar, daß ich mit den Terroristen zusammenarbeitete. Es blieb mir nur noch der Weg nach Canossa. Ich fuhr sofort zu Mr. Stubbs, dem damaligen Leiter des Public Information Office der Britischen Mandatsverwaltung, der früher einmal Schauspieler in Deutschland war und daher die deutsche Sprache glänzend beherrschte, zeigte ihm diese Meldung und erzählte ihm den Hergang der Geschichte. Er hatte zum Glück Sinn für Humor, lachte herzlich, rief sofort die CID an, den Polizeigeheimdienst, und so wurde das Verfahren gegen mich niedergeschlagen.

Natürlich war man ständig mit den Terrorverbänden in

Kontakt. Jeden Abend bekam ich in mein Redaktionsbüro Meldungen des IZL und Lechi unter die Türe geschoben. Einmal wartete ich hinter der Tür, bis das Communiqué auf dem Fußboden erschien, riß die Türe auf und lud den jungen Mann, der enteilen wollte, freundlich ein. Das war nicht ganz ungefährlich, aber wir kamen doch bald ins Gespräch, und von da ab bekam ich auch mündliche Informationen, keineswegs zur Veröffentlichung, aber doch zur Orientierung gedacht.

Im Winter 1947 verschärfte sich die Situation mehr und mehr. Nachdem die Vereinten Nationen die Teilung Palästinas beschlossen hatten, nahmen arabischer Terror und jüdischer Gegenterror immer mehr zu.

Schon vorher hatte es furchtbare Höhepunkte des gewaltsamen Untergrundkampfes gegeben, so das Attentat des IZL auf das King David Hotel in Jerusalem am 22. Juli 1946. In Milchkannen wurde der Sprengstoff in das Gebäude gebracht, dessen südlicher Flügel von Büros der Britischen Mandatsverwaltung okkupiert war. Der IZL hatte vorher telephonisch gewarnt, aber der Chefsekretär der Regierung lehnte es ab, die Büros zu evakuieren.

Kurze Zeit nach dem Attentat fuhr ich im Taxi an der Stätte des Grauens vorüber, auf dem Wege zum polnischen Generalkonsulat, wo ein Empfang anläßlich des Nationalfeiertages stattfinden sollte. Polizei sperrte die Straße ab, wir konnten nicht passieren. Ich stieg aus, noch immer nicht ahnend, was sich hier abgespielt hatte. Ich fragte einen Kollegen, der mir auf der Straße begegnete, was hier denn los sei, und er meinte lakonisch: »Drehen Sie sich doch einmal um!« Ich tat es und erstarrte fast wie das Weib des Lot. Der Anblick, der sich bot, war furchtbar: das zerstörte Gebäude und blutige Leichenteile. Ich hatte buchstablich von alledem nichts bemerkt. Das Grauen schlug über mir zusammen wie eine Sturzflut.

Aber noch weit furchtbarer war, was sich gegen Ende der Mandatszeit ereignete, als am 23. Februar 1948 durch britische Polizei drei Lastwagen mit Sprengstoff in Jerusalems Hauptstraße Rechov Ben-Jehuda geschmuggelt wurden. Die Ladung explodierte, richtete schauerliche

Verwüstung an, verursachte den Tod von fünfzig Menschen und verletzte einhundertdreißig weitere Bürger der Stadt.

Am selben Tage wurde einer meiner Bürokollegen, der in einem britischen Panzerwagen von der Redaktion nach Hause fuhr, durch arabische Heckenschützen ermordet.

Niemand wußte, wo sich die Leiche des Unglücklichen befand. Mir oblag es nun, ihn in der Nacht zu identifizieren. Ich ging durch die Krankenhäuser Jerusalems, wo die Leichen auf den Korridoren lagen: Männer, Frauen und Kinder, zum Teil in furchtbarer Verstümmelung. Der elektrische Strom hatte ausgesetzt. Ich leuchtete mit der Taschenlampe zahllosen Toten ins Gesicht, bis ich endlich im Bikur-Cholim-Hospital an der Straußstraße den toten Kollegen fand und die Familie verständigen konnte.

Diese Nacht habe ich nie vergessen.

Als sich der Ring um Jerusalem 1948 immer enger schloß, die Belagerung praktisch bereits begann, noch ehe die Engländer völlig abgezogen waren, wurde ich doppelt dienstverpflichtet. Einmal wurde ich zur Bürgerwehr Mischmar Ha'am eingezogen, zum anderen wurde ich als Kriegskorrespondent akkreditiert. In meiner Eigenschaft als schlichter Soldat hatte ich den strategisch wichtigen Wasserturm von Romema zu bewachen, wobei mir ein italienisches Gewehr von ungewöhnlichen Ausmaßen und ehrwürdigem Alter in die Hand gegeben wurde.

Der Kamerad, der mit mir Wache schob, meinte in schöner Offenheit: »Vor keinem Araber fürchte ich mich so wie vor Ihnen.«

Auf meine verwunderte Gegenfrage erwiderte er: »Wenn Sie schießen, kann man nicht wissen, wohin es trifft.«

Das entsprach nur teilweise der Wahrheit, denn ich konnte überhaupt nicht schießen und habe daher auch während des ganzen Befreiungskrieges keinen Schuß abgegeben.

Als ich einmal auf meinem Wasserturm wieder wie Goethes Lynkeus »zum Sehen geboren, zum Schauen bestellt« über die Heilige Stadt blickte, sah ich verdächtigen

Rauch aufsteigen. Ich eilte zum Telephon, konnte eruieren, daß ein Attentat auf das Gebäude der Jewish Agency verübt worden war. Nun lag der Wachmann mit dem Kriegskorrespondenten in unlösbarem Konflikt. Den Posten durfte ich nicht verlassen, aber an den Schauplatz des Attentats sollte ich eilen. Es gelang mir, einen Ersatzmann zu mobilisieren und so meiner Berichterstatterpflicht zu genügen. Bei diesem Attentat hatte der arabische Chauffeur des amerikanischen Konsulats, seine Stellung mißbrauchend, die Sprengstoffladung im Zentrum der zionistischen Zentralinstanzen abgeladen. Auch hier waren Opfer zu beklagen, darunter führende Persönlichkeiten der zionistischen Bewegung.

Zu meinen Pflichten gehörte auch die Bewachung der Einfahrt zur Stadt Jerusalem, unmittelbar vor einem Altersheim. In den empfindlich kalten Februarnächten des Jahres 1948 saß ich in Decken gehüllt in meiner Stellung, versehen mit Handgranaten und einer Maschinenpistole. Mit alledem konnte ich kaum umgehen. Mein Kollege, der Schriftsteller M. Y. Ben-gavriêl, hatte sich redliche Mühe gegeben, mir das Waffenhandwerk beizubringen, mußte mich aber als hoffnungslosen Fall entlassen. Trotzdem war das Wacheschieben mein bitteres Los.

Eine militärische Inspektion, die mich, eingehüllt in Decken und Tücher und mit spannender Lektüre versehen, antraf, war über diesen wenig kriegerischen Anblick sichtlich erstaunt: »Was ist das?« fragte der Offizier der Hagana, nicht etwa: »*Wer* ist das?«, denn es dauerte erst einige Zeit, bis sich aus diesen Vermummungen eine menschliche Gestalt enthüllte.

In der Morgendämmerung um sechs Uhr wurde ich abgelöst und hatte vorschriftsmäßig meine Waffen in Handtüchern zu verbergen, um sie in der nächsten Station der Hagana abzuliefern.

Das Unglück wollte es, daß ich einem britischen Polizisten begegnete, der mich scharf musterte. Wer mit Waffen angetroffen wurde, hatte mit der Todesstrafe zu rechnen. Unsere Vorschrift lautete, die Handgranate sofort zu entsichern und auf den Feind zu schleudern. Ich war dazu weder technisch noch – vor allem – moralisch in der Lage. Die Vorstellung, einen Menschen zu töten, der mir auf der Straße begegnete, war vollkommen unvollziehbar für mich, aber die Angst vor der Verhaftung saß mir tief in den Knochen.

Einer plötzlichen Eingebung folgend, trat ich auf den Mann zu und sagte: »Nice weather, isn't it?«

Ich wußte, daß Gespräche über Wetter bei Engländern immer verfangen, und dieses Rezept funktionierte.

Der Mann sah mich zwar einigermaßen erstaunt an, hielt mich offenbar für einen Armen im Geiste, bejahte aber meine Feststellung über das schöne Wetter, und wir schieden nach einigen Belanglosigkeiten freundlich lächelnd voneinander. Ich murmelte einen Spruch aus meiner Kindheit: »Die Polizei, dein Freund«, aber ich war schweißgebadet.

Die Wochen der Belagerung Jerusalems, die zweitausend jüdische Opfer in der Stadt forderten, sind mir unvergeßlich ins Gedächtnis eingebrannt, aber es gibt auch, wie in einem illustrierten Buch, einige, oft scheinbar belanglose, Szenen, deren Farbe nicht verblaßt.

Alles wurde knapp, Nahrung und Wasser, und passionierte Raucher litten besonders unter dem Mangel an Tabak. Ich konnte noch ein paar alte vertrocknete Zigarren auftreiben, rauchte auf der Straße, als mich eine völlig fremde Dame ansprach und mich verlegen bat an meiner Zigarre ziehen zu dürfen. Was muß sie gelitten haben ...

Besonders sinnlos schien mir eine Situation, in die ich in der Abessinischen Kirche geriet. Der Konsul von Äthiopien führte darüber Klage, daß Jordanien weder die Neutralität seines Staates respektiere noch die Heiligkeit der Rotunde, die das zentrale Heiligtum der äthiopischen Kirche birgt. Er lud daher Vertreter der Presse in die Kirche, um die Einschläge zu besichtigen. Während wir uns in dem Kuppelbau befanden, setzte ein Artilleriebeschuß ein, der in der weiten Halle der leeren Kirche schauerlich widerhallte. Die Maria auf dem Altar erhielt einen Bauchschuß. Wir mußten unter dem Altar Deckung suchen und krochen schließlich aus der Kirche in einen Unterstand, wo uns die dunklen Mönche zitternd Kaffee servierten. In der Kirche hatte ich das Gefühl, daß nun mein Ende gekommen sei, und ich beklagte die Absurdität, mein Leben nicht auf, aber unter dem Altar der

Abessinischen Kirche zu opfern. Nicht bei der Verteidigung des jüdischen Jerusalem, sondern unter den Heiligen auf den Ikonen sollte ich dahingehen? Ich wurde noch einmal bewahrt.

Die eindrucksvollste Begegnung in den Räumen der Ben-Jehuda-Straße 5, die damals das Zentrum der Information bildeten, war die mit Professor Sukenik im Spätherbst 1947, zu Beginn der kriegerischen Handlungen. Schüsse krachten durch die Straßen, Bomben explodierten an allen Ecken und Enden, und auch das Haus, in dem wir uns befanden, erhielt einen Treffer. Der Professor aber saß in stoischer Ruhe vor uns und berichtete von dem Fund der ersten Rollen aus Qumran. Er war noch durch alle Absperrungen hindurch nach Bethlehem gefahren und hatte dort für die Hebräische Universität von einem arabischen Antiquar die Rolle mit dem ältesten Jesaja-Text der Welt erworben. Er erklärte uns die divergierende Schreibweise von Qumran, aber auch die Übereinstimmung mit dem traditionellen Text und die Abteilung zwischen den beiden Seiten des Jesajabuches, Kapitel 1 bis 39, und Kapitel 40 bis zum Schluß, so daß die Theorie vom Deuterojesaja hier eine Stütze erfuhr.

Zuversichtlich sagte der Gelehrte: »Über diese Schriftrolle wird man noch sprechen, wenn die gegenwärtigen Kämpfe längst vergessen sind.«

Ich glaube, daß er recht hatte.

Sein Sohn, Yigael Yadin, der heute als Archäologe das Werk seines Vaters fortführt, war damals einer der führenden Kommandanten, späterer Generalstabschef der Armee Israels. So eng hängen Archäologie und Strategie hier zusammen, Geschichte und Gegenwart, die in die Zukunft weisen.

Als Stadtkommandant in Jerusalem fungierte damals David Schaltiel, der die seltene Mischung eines sephardischen und deutschen Juden darstellte. Er entstammte einer Hamburger Familie der portugiesischen jüdischen Gemeinde.

Bei einem vertraulichen Gespräch im Café Vienna sagte er mir voll Selbstironie: »Stellen Sie sich meine Schwierigkeiten vor: Für einen Teil meiner Offiziere bin ich der ›Jecke‹ (der deutsche Jude), für die anderen der ›Fränk‹

(der sephardische Jude) … und dabei soll ich mir hier Autorität schaffen.«

Es gelang ihm dennoch.

Als Anfang Mai 1948 die Situation immer gespannter wurde, da man nach dem Abzug der Engländer, der für den 15. Mai angesetzt war, mit dem Ausbruch des offenen Krieges rechnen mußte, wandte sich meine Hauptsorge (die Sorge des Schriftstellers) meinen unveröffentlichten Manuskripten zu. Ich verabredete mit einem mir befreundeten Benediktiner-Pater von der Abtei Dormitio Mariäe auf dem Berge Zion die Deponierung meiner Manuskripte in der Klosterbibliothek. An diesem Orte wähnte ich meine Arbeit sicherer als in meinem Arbeitszimmer in Jerusalem-Romema, gegenüber den arabischen Geschützen von Nebi Samuel.

Pater Placidus Madeheim erklärte sich bereit, meine Manuskripte in meinem Büro an der Ben-Juheda-Straße zu übernehmen und auf den Berg Zion zu bringen. Es sollte aber nicht mehr dazu kommen. Die Unsicherheit in der Stadt wuchs so sehr, daß Pater Placidus sein Kloster nicht mehr verlassen konnte, ich vermochte meinerseits nicht auf den Zionsberg zu gelangen, und so blieben meine Manuskripte in ihrem Schrank … und damit in Sicherheit.

Das Kloster geriet nämlich in die Feuerlinien von beiden Seiten, erhielt Volltreffer von der Altstadt her, und gerade innerhalb der Bibliothek wurden – teils durch Einwirkung von außen, teils aber auch durch die Besatzung – scheußliche Verwüstungen angerichtet. Ich hatte später Gelegenheit, mit General Mosche Dayan über die Vorkommnisse auf dem Zionsberg zu sprechen, und er ordnete damals eine Untersuchung an.

Ich jedenfalls habe eine Lehre aus dieser Erfahrung gezogen: Man kann nicht Arche Noah spielen, wenn man nicht direkt – von höchster Stelle, wie Noah – Befehl dazu erhält. Den hatte ich nicht, auch nicht im Sinne der Oxford Group Frank Buchmans, die immer mit dem Bleistift in der Hand betete, Weisungen erwartend. Ich hatte keine Weisung, ich folgte nur der vernünftigen Überlegung, die sich als völlig falsch erwies.

Ich weiß nicht, ob man umgekehrt nun die Konsequenz ziehen darf, dergemäß das Ausharren am Ort immer das richtige ist. Ich neige dazu, aus purer Trägheit, die mich schon einmal zum Helden gemacht hatte.

Als der Beschuß auf das Stadtviertel Romema an Heftigkeit zunahm, als Häuser in der Umgebung in die Luft gingen und ich, im letzten Augenblick gewarnt, in einem Hotel in der Innenstadt übernachten mußte, beschloß ich, nicht zuletzt mit Rücksicht auf meine Familie, die gefährdete Wohnung zu verlassen. Als ich dann aber begann, meine überaus umfangreiche Bibliothek auszumustern, wurde mir diese Arbeit so widerwärtig, daß ich beschloß, zu bleiben wo ich war. Trägheit kann also zum Heldentum führen, freilich zu einem passiven Heldentum, wie es dem Antihelden adäquat ist.

Zu den düstersten Kapiteln in der letzten Phase des Kampfes um Jerusalem 1948 gehörten die Mission und das Ende des Grafen Folke Bernadotte. Er war als Vermittler der Vereinten Nationen zur Regelung des Jerusalem-Problems eingesetzt. Offiziel trat er dafür ein, Jerusalem unter wirksame Kontrolle der Vereinten Nationen zu stellen, zugleich aber eine möglichst große Autonomie für seine arabischen und jüdischen Bürger und den ungehinderten Zugang zu den Heiligen Stätten aller Religionen zu gewährleisten.

Auf den Stufen im Treppenhaus des Französischen Generalkonsulats, an der Grenze zwischen der Jerusalemer Neustadt und der historischen Mauer der Altstadt, legte mir der schwedische Graf Bernadotte, der in einer Uniform des Roten Kreuzes erschienen war, seine Pläne dar.

Wer die Entwicklung der Kämpfe um und in Jerusalem miterlebt hatte, dem war die Irrealität dieser Pläne klar. Kaum hundert Meter entfernt von diesem Konsulatsgebäude, dessen schöne Fassade bereits schweren Beschußschaden aufwies, hatten einige Wochen vorher im Keller des CVJM Gebäudes, hier YMCA genannt, drei Herren einer UNO-Untersuchungskommission Zuflucht gefunden. Sie sollten etwas für die Sicherheit Jerusalems als Offene Stadt erzielen und waren froh, als sie selbst unter dem Schutz israelischer Sicherheitskräfte noch den Flugplatz in Lod bei Tel Aviv erreichen konnten, um die bedrohte Stadt zu verlassen.

Die zionistischen Zentralinstanzen hatten ursprünglich

der Internationalisierung Jerusalems zugestimmt, wenn auch schweren Herzens. In Tel Aviv gab es vorübergehend sogar ein Jerusalemer Konsulat. Ich selbst mußte mich bei diesem Konsulat melden, als ich in einer Gefechtspause mit einem UNO-Geleitzug durch die Absperrung der Israelis und der Jordanier von Jerusalem nach Tel Aviv reiste.

Alle diese Zugeständnisse hatten nichts genützt. Sie waren unter der Voraussetzung gemacht worden, daß damit Blutvergießen um die Heilige Stadt und in ihr vermieden werden könnte.

König Abdallah von Jordanien aber griff an. Die Jerusalemer Altstadt mit ihrer winzigen jüdischen Minorität war nicht mehr zu halten. Unvergeßlich ist mir der Anblick des geschlagenen Haufens, der letzten Bewohner des Jüdischen Viertels der Jerusalemer Altstadt, Greise, Frauen und Kinder, die unter der Fahne des Roten Kreuzes, die ein neutraler Schweizer schwang, durch das Neue Tor die Altstadt verlassen durften, während die wehrfähigen Männer in die Kriegsgefangenschaft nach Jordanien gehen mußten.

Unvergeßlich sind mir ebenso die bangen Tage und letzten Stunden der Grenzsiedlung Gusch Ezion südlich von Jerusalem, die blutigen Kämpfe mit den Irakern um Jerusalems Grenzbastion, den Kibbuz Ramat Rachel, und das Ende der Siedlung Newe-Jakob, wo später der jordanische Flugplatz Kalandia, jetzt israelischer Binnenflughafen, angelegt wurde. Nach alledem hielt Graf Bernadotte noch immer an der Fiktion der UNO-Kontrolle in Jerusalem fest.

Der Graf selbst hatte eine rühmliche Vergangenheit. Er war es, der den jüdischen Industriellen Norbert Masur (der später als schwedischer Ehrenkonsul in Herzlia bei Tel Aviv lebte und mir persönlich durch nachbarliche Beziehungen gut bekannt war) mit dem Reichsleiter Himmler in Verbindung brachte, um die Rettung der Juden in der letzten Phase des Zweiten Weltkrieges auszuhandeln. Wenn diese Verhandlungen auch nicht zu dem gewünschten Erfolg führten – Masur kehrte nach Schweden zurück, mit Zusagen, die Himmler nicht hielt –, so war die edle Absicht Bernadottes doch offenbar.

Andererseits aber festigten sich in Jerusalem die Gerüchte, daß der schwedische Aristokrat, ein naher Verwandter des Königshauses, unter arabischen Einfluß geraten sei und seinen internationalen Einfluß einseitig mißbrauche. Die Gerüchte konnten nicht voll belegt werden, aber sie führten dazu, daß radikale israelische Jugendliche zunächst gegen Bernadotte demonstrierten. Wo immer sich der Unterhändler der UNO zeigte, erschienen sie mit Transparenten: »Bernadotte go home!«

Graf Folke Bernadotte ließ sich durch diese Demonstrationen und anonyme Warnungen nicht einschüchtern. Er mußte seinen Mut mit dem Leben bezahlen. Schüsse jüdischer Terroristen streckten ihn nieder.

Keiner der Untergrundverbände bekannte sich zu diesem politischen Mord, vielmehr tauchte der bis dahin unbekannte Name einer »Nationalen Front« auf, die diesen Fememord auf ihre Kappe nahm. Man munkelte, daß sich diese Front aus Extremisten der beiden Außenseitergruppen IZL und Lechi, unter Führung der letzteren Gruppe, gebildet hätte und nur wenige junge Heißsporne umfaßte.

Der Mord an Bernadotte wurde nie aufgedeckt. Er bedrückt mich bis heute, zumal immer wieder in meinem Leben Erinnerungszeichen an diese Untat auftraten.

Im Januar 1967 fuhr ich in Tel Aviv mit einem Taxi, dessen Chauffeur mir wie unter Zwang erzählte, daß er 1948 Jerusalem verlassen mußte, da er in das Attentat auf Bernadotte verwickelt war.

In Jerusalem erzählte mir einmal ein Friseur, der nicht mehr unter den Lebenden weilt, daß seine Tochter ebenfalls etwas mit der Verschwörung zu tun hatte und deshalb aus Jerusalem verzogen sei.

Dieses düstere Kapitel erinnert mich – leider – an eine talmudische Legende. Sie berichtet vom Mord an einem Priester Sacharja (nicht identisch mit dem Propheten aus dem Alten Testament), der vor dem Altar im Tempel gemeuchelt wurde. Das Blut des Sacharja floß vom Altar und konnte nicht gestillt werden, bis der Tempel zerstört war; denn die Mörder des Sacharja hatte man nicht zur Rechenschaft gezogen.

Kein Freiheitskampf – und wäre er noch so berechtigt –

geht wohl ohne Schattenseiten in die Geschichte ein. Auch wenn man die Makkabäerbücher mit kritischem Blick liest, wird dem späten Leser klar, wie viel Intrigen, Gewalttaten, wie viel sinnloses Blutvergießen hier mitwirkte. Die Geschichte verklärt mit wachsendem Abstand die Heldentaten der Vergangenheit, aber es ist Aufgabe der Zeitgenossen, auch und gerade *das* festzuhalten, was nicht in das ursprüngliche Konzept paßt.

Patrioten sind geneigt, den wahrheitsliebenden Chronisten als Nestbeschmutzer zu denunzieren. Auch der größte jüdische Historiker der Antike, Flavius Josephus, ist diesem Vorwurf nicht entgangen. Es hat fast zweitausend Jahre gedauert, bis er durch einen geistesverwandten Nachfahren, Lion Feuchtwanger, rehabilitiert wurde, der in seiner Roman-Trilogie ›Josephus‹ den jüdischen Kämpfer und Schriftsteller, den Historiker und Wahrheitssucher Joseph Ben Mattitjahu, genannt Joseph Flavius, aus einer Innensicht schilderte, die das Anliegen dieses Erzvaters jüdischer Geschichtsschreibung aufhellt: die Erschließung der Wahrheit um der Gerechtigkeit willen.

Mehr und mehr haben die archäologischen Forschungen der letzten Jahre, zum Beispiel die Freilegung der Festung Massada, Ort des letzten Widerstandes im Jüdischen Krieg, gezeigt, wie zuverlässig Flavius Josephus berichtet hat.

Im Sinne solcher Verpflichtung gegenüber Wahrheit und Gerechtigkeit möchte auch ich in diesen flüchtigen Notizen den ungeklärten und ungesühnten Fall Bernadotte nicht übergehen, um nicht an der Verschwörung des Schweigens teilzuhaben.

Die Kämpfe um Jerusalem gingen verstärkt nach dem 14. Mai 1948 weiter. An diesem Tag proklamierte David Ben-Gurion im Museum in Tel Aviv die Gründung des Staates Israel. Ich hörte die Ansprache in einem überfüllten Café in der Jerusalemer Innenstadt. Wir mußten uns aber während dieses historischen Augenblicks in Dekkung begeben, da die Schüsse auf dieses Stadtviertel nun verstärkt wurden. Abends gab es dann eine kleine Feier in unserer Postenstellung in meinem Wohnviertel. Ein bißchen Wein aus Blechnäpfen sollte die große Stunde begießen. Als einer der Kameraden zwei begeisterte Freudenschüsse abgab, wurde er sofort zur Ordnung verwiesen, denn die Munition war derartig rar, daß Freudensalven einen unverzeihlichen Luxus darstellten.

Alles war knapp geworden. Die Munition, das Wasser, die Nahrung. Wir entdeckten ein Unkraut, Chubese genannt, das als köstlicher Spinatersatz konsumiert wurde. In der Passah-Nacht der Belagerung führte ich es an unserer bescheidenen Festtafel als Symbolgericht ein, ein Brauch, den wir noch jahrelang beibehielten.

Mit dem Ende der Kämpfe um Jerusalem war der Krieg noch lange nicht zu Ende, oder besser gesagt, eben dieser Zustand zwischen Krieg und Frieden, der unser bleibendes Provisorium darstellt, wobei man an das zynische englische Sprichwort erinnert wird: »Nichts ist dauerhafter als ein Provisorium.«

Im Jahre 1949 nahm Israel seine erste bedeutende Grenzkorrektur vor, durch Eroberung von Elat an der Südspitze des Staates, am nordöstlichen Ausläufer des Roten Meeres. Die Lexika geben als Gründungsjahr der Stadt 1952 an, denn vorher war sie ja eigentlich nur ein strategischer Punkt. Aber bereits im Juli 1951 nahm ich an einer Fahrt nach Elat teil, die man als Expedition bezeichnen mußte. Die Reise führte über Beer-Scheva und Sodom nach Elat durch unerschlossene Wüstengebiete. Heute fährt man bereits auf einer Autostraße oder fliegt in kürzester Zeit, sogar von Jerusalem aus, nach Elat. Damals handelte es sich noch um eine quasi militärische Aktion. Wir fuhren, Inlands- und Auslandskorrespondenten, in zwei alten wackligen Autobussen durch die Wüste und verloren einander.

Da ich als besonders zuverlässig galt, wurde ich, wieder einmal, schwerbewaffnet mit Gewehr und Handgranaten, mitten in der Wüste ausgesetzt, mit einer doppelten Wasserration versehen, um den verlorenen Autobus abzufangen und in die richtige Bahn zu weisen.

Von meiner Bewaffung mußte ich glücklicherweise keinen Gebrauch machen, wohl aber bediente ich mich meiner Geheimwaffe, meiner Taschenbibel, um mir etwas Mut in der Verlassenheit der Wüste anzulesen.

Nach einer guten Stunde traf auch der verirrte Autobus

ein, den ich bis Elat dirigierte, was ich bis heute zu den größten Wundern Israels rechnen muß.

In Elat angekommen, fragte ich: »Und wo ist Elat?« Es war außer einigen Wellblechhütten nichts zu sehen. Heute handelt es sich um eine Stadt mit pulsierendem Leben, großem Fremdenverkehr, allerdings mit einem Klima, das im Sommer nur schwer zu verkraften ist.

Einen neuen Ausbruch der Feindseligkeiten hatten wir 1956 zu verzeichnen, als Ben-Gurion, bekanntlich mit französischer und englischer Unterstützung, die Sinai-Kampagne startete. Dieser zweite Krieg Israels war in Jerusalem selbst weniger deutlich wahrnehmbar. Da mein einziger Sohn aber bereits zu einer Panzereinheit an die Front abkommandiert war, erlebten wir diese Tage voll Bangen. Zwei Episoden aus Stunden äußerster Spannung blieben daher im Gedächtnis haften. Wir hatten längere Zeit von meinem Sohn keine Nachricht, als zu nächtlicher Stunde von einem Soldaten ein Telegramm übergeben wurde. Meine Frau erschrak dermaßen, daß sie es nicht wagte, das Telegramm zu öffnen und es mir geschlossen reichte. Mit zitternder Hand brach ich es auf: Es war eine Depesche aus Amsterdam von der Redaktion der Zeitung ›Het Vrije Volk‹, als deren Korrespondent ich tätig war. Die Redaktion forderte mich auf, täglich zu telegraphieren. Noch einmal in diesen Tagen wurde ich von der furchtbaren Sorge des Vaters ergriffen, die jeder kennt, der – in welchem Lande immer – einen Sohn an der Front hat. Am Abend des 2. November 1956 rief mich ein befreundeter Redakteur an, um mir, wie er sich ausdrückte, eine traurige Mitteilung machen zu müssen, die soeben bei seiner Redaktion eingegangen war. Man kann sich meine Sorge, ja mein Entsetzen vorstellen. Ich war kaum fähig, am Telefon zu antworten. Der Kollege teilte mir mit, daß aus London die Nachricht vom Tode des dreiundachtzigjährigen Rabbiners Dr. Leo Baeck eingelaufen war, eines Mannes, dem ich mich tief verbunden fühlte. Es war besonders aufmerksam, daß der Redakteur einer orthodoxen Jerusalemer Tageszeitung mich so feinfühlig auf das Ableben eines der großen Führer des jüdischen Liberalismus aufmerksam machte. In der gegenwärtigen Spannung empfand ich aber diese Nachricht wie eine Botschaft vom Sühneleiden des Gerechten. Baeck hatte die Hölle von Theresienstadt überlebt und war »satt an Tagen«, wie es in der Bibel heißt, nach Vollendung eines großen Lebenswerkes dahingegangen. Eine traurige, aber keine tragische Mitteilung. In dieser Stunde wirkte sie auf mich wie eine letzte Botschaft dieses großen Lehrers.

Das Jahrzehnt, das zwischen der Sinai-Aktion im November 1956 und dem Sechstagekrieg im Juni 1967 liegt, der für Jerusalem eigentlich nur ein Viertagekrieg war, kann man ebenfalls nicht als eine Friedenszeit bezeichnen. Es würde den Rahmen dieses Kapitels bei weitem sprengen, wenn man alle militärischen und pseudomilitärischen Aktionen, Grenzzwischenfälle und Terrorakte verzeichnen wollte, die diese Jahre verdunkeln, und die auch nach der kurzen, aber heftigen Eruption von 1967 keineswegs verebbten. Wir haben uns einen gewissen Gleichmut angewöhnt, die ständige Bedrohung als unser Element akzeptierend.

Es gibt eine gefährliche Ideologie in Israel, die in dieser ständigen Bedrohung ein Lebenselixier sieht und fürchtet, daß unsere Existenz durch nichts stärker bedroht werden könne, als durch ein Nachlassen des Druckes von außen. Tatsächlich zeigen sich die Spannungen im Inneren, der Kulturkampf zwischen orthodoxen und freisinnigen Juden, der Klassenkampf zwischen rückständigen orientalischen und progressiven euorpäisch-amerikanischen Juden stärker in den Atempausen des permanenten Quasi-Kriegszustandes.

In Stunden äußerster Gefährdung treten diese Gegensätze zurück, wird die Einheit Israels und die Einigkeit seiner Bevölkerung sichtbar und spürbar. Trotzdem möchte ich gerne auf die Segnungen der Notgemeinschaft verzichten, möchte mich allen Spannungen innerer Gegensätze konfrontiert sehen, wenn der Schwebezustand nach der Seite des Friedens hin verschoben würde.

Wir sind noch weit davon entfernt. Im Juni 1967 sah es kurze Zeit so aus, als ob nach dem überwältigenden Sieg Israels mit einer Verhandlungsbereitschaft der Araber zu rechnen sei. Das erwies sich als Illusion. Juden und Araber sind einander so furchtbar ähnlich. Sie können beide nicht vergessen. Sie sind durch ein Beharrungsvermögen ausgezeichnet, das den europäischen Völkern nicht zu eigen ist. So gesehen sind sie einander wert. Keiner vermag zu vergessen, jeder fühlt sich im Recht.

Tatsächlich steht hier Recht gegen Recht, was den Konflikt nur verschärft, schier unlösbar erscheinen läßt.

Wer aber die Tage der Entscheidung im Juni 1967 miterlebt hat, die Wiedervereinigung Jerusalems nach neunzehnjähriger Zerreißung, der hat etwas von der heilsgeschichtlichen Komponente des zeitgeschichtlichen Geschehens gespürt. Hier ist mehr geschehen, als die Akteure verursacht haben. Aus diesem Erlebnis resultiert meine Hoffnung auf einen Gottesfrieden, den man im Mittelalter Treuga Dei nannte. Das ist ein Begriff, der heutigen Politikern ferngerückt scheint, aber für mich meint Schalom mehr als nur Friede im politischen Sinn, meint Treuga Dei, Gottesfriede, denn Schalom, Friede, ist einer der Namen Gottes nach der rabbinischen Tradition.

Einen Vorgeschmack dieses Gottesfriedens hatte man wirklich in den ersten Tagen nach der Wiedervereinigung Jerusalems, als Juden in die arabische Altstadt, Araber in die jüdische Neustadt fluteten, als sich der Riß, der durch das Herz der Stadt ging, schloß.

Vor allem aber empfand man den Gottesfrieden der Stunde im Schatten der befreiten Westmauer, die nun keine Klagemauer mehr war.

Ich habe in meinem Buch ›Wünschet Jerusalem Friede‹ (1967) die Erlebnisse dieser Tage getreulich geschildert. Immer noch klingen mir zwei verschiedenartige Töne im Ohr, wenn ich mich dieser Junitage entsinne. Es ist dies der 122. Psalm: »Jerusalem ist erbaut als eine Stadt, da man zusammenkommen soll ... Wünschet Jerusalem Friede, so möge wohl ergehen allen, die dich lieb haben! Friede herrsche in deinen Mauern ...«.

Aber mit diesem Psalm vermischt sich ein Volkslied, das Lied vom Goldenen Jerusalem der Dichterin Naomi Schemer, das damals auf allen Lippen war.

Dieser Doppelklang wird meine Erinnerung beherrschen, solange mir die Kraft der Erinnerung gegeben ist.

Wenige Tage vor dem Ausbruch der Feindseligkeiten in Jerusalem im Junikrieg 1967 besuchte mich eine Pastorin aus Deutschland und fragte mich besorgt nach der Zukunft der Stadt und des Landes.

Ich führte sie vor ein Plakat, das ich mir als Erinnerung an die Belagerung von 1948 als Wandschmuck im Arbeitszimmer bewahrt habe. Es zeigt einen Spruch aus Sacharja 12, 3: »Ich will Jerusalem zum Laststein machen für alle Völker, alle, die es hinwegheben wollen, werden sich daran zerschneiden.«

Das war meine Antwort. Das ist meine Antwort geblieben.

Die Pastorin teilte mir später mit, daß sie bei einem Dankgottesdienst für die Bewahrung Jerusalems dieses Prophetenwort zum Predigttext gewählt habe.

In den Tagen der Bedrohung erreichten mich zahlreiche Briefe aus dem Auslande, darunter auch einer aus Ostberlin, die mich der Solidarität, auch der Solidarität im Gebet mit uns versicherten. Mehrere Freunde boten an, unsere Tochter, die damals neun Jahre alt war, zu sich zu nehmen. Natürlich kam dieses Angebot auch von christlichen Freunden. Die Solidarität kannte keine Grenzen von Völkern und Religionen. Ein unsichtbarer Wall von Sympathien und Gebeten schloß sich um uns. Ich glaube an die Kraft von Gebeten und Gedanken, *auch* an diese Kraft.

Die Erweckung, die uns damals erfaßte, viele empfinden ließ, daß die Verheißungen über Jerusalem nicht nur der Vergangenheit angehören, konnte nicht voll bewahrt werden. Aber dennoch blieb etwas von der Verheißung dieser Tage in uns lebendig. Vor allem ist es das klare Bewußtsein, daß diese Stadt nicht mehr zerrissen werden darf, daß sie ungeteilt bleiben muß, was sie ihrer historischen und geistlichen Bestimmung nach immer war: Herz und Hauptstadt Israels.

Ich glaube aber, daß Israel hier in einem größeren Sinne zu verstehen ist. Jerusalem ist die Hauptstadt des Staates Israel, aber auch des geistlichen Israel, das alle Kinder Abrahams umfaßt. Abraham war nicht nur der Vater Isaaks, sondern auch Ismaels, des Stammvaters der Araber, und, nach dem Römerbrief des Apostel Paulus, auch der Vater aller Gläubigen.

Abraham sollte nach der Verheißung der Genesis ein

Vater *vieler* Völker sein und wurde es in einem geistlichen Sinne. Sie alle sollen Anteil an Jerusalem haben, das ihnen offenstehen muß als die Heilige Stadt.

Aber nur die heile Stadt kann als die heilige sichtbar werden. Deshalb wäre eine Wiederzerreißung ein Schlag gegen die Heiligkeit Jerusalems. Nicht nur die – historisch oft recht fragwürdigen – Heiligen Stätten machen Jerusalem zu dem, was es ist. Die Geschichte dieser Stadt, die durchtränkt ist von Heilsgeschichte, und ihre Zukunft, die im Lichte der Eschatologie, der messianischen Verheißungen aufstrahlt, heben sie heraus aus Geographie und Politik und machen sie zu einem Wahrzeichen der Hoffnung, der Hoffnung aller Menschen, die guten Willens sind.

Jerusalem als die Hauptstadt der Menschen guten Willens, die auf sehr verschiedene Weise am Reiche Gottes bauen, das das Reich des Menschen ist, des menschlichen Menschen, bleibt für mich das Ziel, das ich in über dreieinhalb Jahrzehnten, Jahrzehnten des Fortschritts und der Rückschläge, nicht aus dem Auge verloren habe.

Jerusalem bleibt Gegenwart und Verheißung. Es ist die Stadt des Friedens, die den Krieg überwinden muß. Damit weisen Schicksal und Sendung der Stadt über die nationalen Grenzen hinaus. Auch wenn man im irdischen, oft allzu irdischen Jerusalem heimisch geworden ist, darf man den Blick für das himmlische Jerusalem nicht verlieren. Es ist eine Realität, die allerdings nur für Minuten der Weltgeschichte aufleuchtet. Aber diese Minuten dürfen nicht verpaßt werden.

XI
Die vierte Weltmacht

Bismarck soll die Presse die vierte Weltmacht genannt haben, zu einer Zeit, als die europäischen Großmächte England, Frankreich und das Deutsche Reich noch als Weltmächte galten.

Die Macht der Presse darf heute bestimmt nicht überschätzt werden, denn die anderen Massenmedien, Rundfunk und Fernsehen, sind vermutlich mächtiger geworden, und doch haftet dem gedruckten Wort ein Maß an Dauerkraft an, das dem gesprochenen nicht eignet.

Jeder Journalist hat wohl selbst in seinem Leben schon diese Erfahrung gemacht. Wenn er seine Meldung, seinen Kommentar schwarz auf weiß im Blatt gedruckt sah, wirkte das überzeugend, auch wenn die Quellen der Information oder Interpretation noch so trübe gewesen sein mögen.

Mit der Presse ist es ähnlich wie mit dem Theater. Wer einmal die staubige Bühnenluft geatmet hat, den zieht es immer wieder zu den Brettern zurück, die jedenfalls ihm die Welt bedeuten. Und so ergeht es dem Journalisten, der einmal Druckerschwärze gerochen hat. Er will dieses zweifelhafte Parfüm nicht mehr missen. Im Blatt gedruckt zu werden, damit auf die öffentliche Meinung, auf Umwelt und Welt Einfluß zu nehmen, ist ein Erlebnis, das mich von früh an fasziniert hat. Es war vor allem das Feuilleton, die heute aussterbende Literaturgattung zwischen Dichtung und reinem Journalismus, die mich stets anzog.

Ein großer Wiener Journalist, Theodor Herzl, bemerkte einmal voll Selbstironie: »Ein gutes Feuilleton ist Unsterblichkeit für einen Tag.«

Wie oft fühlte ich mich unsterblich ... für vierundzwanzig oder sogar für achtundvierzig Stunden, da meine Feuilletons meist zum Wochenende erschienen.

Nach Jerusalem kam ich als Korrespondent jüdischer Zeitungen in Deutschland, die es um 1935 noch gab: ›Israelitisches Familienblatt‹ in Hamburg, die ›Jüdische

Rundschau‹ in Berlin, um nur die beiden wichtigsten zu nennen.

Aus Jerusalem gab es für diese jüdische Presse (die nicht mit der sogenannten »Judenpresse« zu verwechseln ist: das sind allgemeine Zeitungen wie die ›Frankfurter Zeitung‹, das ›Berliner Tagblatt‹ oder die ›Vossische Zeitung‹, die von den Nazis so hart bekämpft wurde) viel zu berichten.

Diesen jüdischen Zeitungen in Deutschland war ein etwas längeres Leben beschieden, sie konnten bis zur Kristallnacht, genaugenommen bis zum 10. November 1938 erscheinen und waren dann durch einen Federstrich des zuständigen Referenten im Propagandaministerium von Goebbels, einem Herrn Hickel, erledigt.

Für mich ging damit eine erste Epoche meiner journalistischen Tätigkeit in Jerusalem zu Ende. Ich hatte vor allem – als unpolitischer Mensch – über kulturelle Ereignisse zu berichten, so bewährte ich mich als getreuer Chronist des jungen Kunstlebens in der alten Stadt. Dabei unterliefen mir allerdings auch peinliche Mißverständnisse.

Von einer Ausstellung des Malers Mokady in der Galerie Steimatzky tief beeindruckt, schrieb ich: »Irre und Idioten grinsen gespenstisch von den Wänden ...« Es war positiv gemeint. Ich schilderte Mokady als einen Kubin Palästinas. Aber es handelte sich um Porträts angesehener Bürger des Landes, so daß mir der erboste Künstler mit einem Beleidigungsprozeß drohte.

Frei von Mißverständnissen hingegen blieb die Beziehung zu Jerusalems großem Graphiker Jakob Steinhardt, der in seinen Holzschnitten das Antlitz der Ewigen Stadt mit meisterhafter Gültigkeit geschildert hat. Es war mir später eine besondere Freude und Ehre, daß Meister Jakob Steinhardt, der vom Berliner Expressionismus herkam, Buchumschläge zu meiner ›Antwort des Jona‹ und meiner Gedichtsammlung ›Aus Tiefen rufe ich‹ schuf.

Natürlich wollte ich mich nicht ausschließlich auf die Arbeit für jüdische Zeitungen im Auslande beschränken und suchte den Anschluß an die hebräische Presse. Das Zentrum der hebräischen Presse war (und blieb bis heute) Tel Aviv, aber in Jerusalem erschien 1935 noch die bekannte Tageszeitung ›Doar Hajom‹ (Tages-Post), die berühmte Namen zu ihren Mitarbeitern rechnen konnte, darunter Wladimir Jabotinsky, Arthur Köstler und Dr. Wolfgang von Weisl. Es handelte sich um ein nationales Organ, das der Revisionistischen Partei nahestand.

Zögernd betrat ich die Redaktionsräume und wurde von dem Verleger Winz empfangen, der einst in Deutschland eine Zeitschrift ›Ost und West‹ herausgegeben hatte.

Ich überreichte ihm ein Feuilleton ›Der Löwe des Königs Jerobeam‹, das ich in Florenz geschrieben hatte, wo ich bei einem jüdischen Antiquar einen Abguß des berühmten Löwensiegels des Schema, eines Beamten des biblischen Königs Jerobeam II., erworben hatte.

Heute ist dieses Löwensiegel, obwohl sich das Original im Britischen Museum in London befindet, weithin ein Wahrzeichen Israels geworden.

Winz war ausgesprochen unfreundlich: »Meinen Sie, wir haben hier auf Sie gewartet?« begrüßte er den jungen Neueinwanderer. »Lernen Sie erst Hebräisch und kommen Sie dann wieder!«

Er selbst hat das Hebräische nie völlig erlernt, was ich ihm durchaus nachfühlen konnte.

Trotzdem entschloß er sich, mein Manuskript zur Prüfung zu behalten. Nach drei Tagen sollte ich mich wieder melden. Als ich termingemäß erschien, war Verleger Winz völlig verändert: »Sie sind ja ein Dichter«, sagte er und fügte die entwaffnende Frage hinzu: »Warum haben Sie das nicht gleich gesagt?«

Das Feuilleton erschien in hebräischer Übersetzung, gleichsam als meine hebräische Jungfernrede, in der Presse Israels.

Ich wurde dann ständiger Mitarbeiter des ›Doar Hajom‹, der aber bald sein Erscheinen einstellen mußte und kaum Honorare zahlen konnte, zumal in meinem Fall die Übersetzungskosten praktisch untragbar waren.

Der Zeitungsverleger hatte mich rühmend als Dichter bezeichnet, aber das wurde mir auch zum Verhängnis, denn zum reinen Nachrichten-Journalismus konnte ich nie ein enthusiastisches Verhältnis gewinnen.

Ich blieb immer ein Grenzgänger: zwischen Literatur

und Journalistik und schließlich, im Laufe der Jahre, auch noch Grenzgänger zwischen diesen Gebieten und der Theologie, die mein Schicksal wurde.

Grenzgänger stehen in Gefahr, abgeschossen zu werden. Auch das ist mir mehrmals widerfahren, freilich nur in Worten, denn das Wort blieb durch alle Wandlungen hindurch meine Sphäre.

Redakteur des ›Doar Hajom‹ war Itamar Ben-Avi, der Sohn von Elieser Ben-Jehuda, der als der Erneuerer der hebräischen Sprache gilt.

Ben-Avi wollte das Werk seines Vaters durch Einführung des lateinischen Alphabets für die hebräische Sprache krönen. Er verfaßte ein Wörterbuch des Hebräischen in lateinischen Lettern, arbeitete ein kompliziertes System der Umschrift aus und publizierte bereits 1927 eine Biographie seines berühmten Vaters in hebräischer Sprache mit lateinischen Lettern.

Ich hatte schon ein Jahr vor meiner Auswanderung nach Jerusalem mit Ben-Avi Kontakt aufgenommen, und er korrespondierte mit mir hebräisch in lateinischen Buchstaben. In Jerusalem wollte er mich sofort für seine Zeitschrift ›Deror‹ gewinnen, aber sie ging ein, ehe ich das komplizierte System der Umschrift erlernt hatte.

Auch für andere hebräische Zeitungen, die beiden führenden Organe der Tagespresse ›Davar‹ (Das Wort) und ›Haarez‹ (Das Land) begann ich literarische Beiträge zu liefern, wobei ich die Ehre hatte, von hervorragenden Hebraisten wie Dov Sadan, heute Professor an der Hebräischen Universität, und Abraham Schlonsky, der Israels berühmtester Lyriker wurde, übersetzt zu werden.

Die Mitarbeit an ›Haarez‹ brachte mich auch mit einem typischen Vertreter hebräisch-europäischer Synthese in Verbindung, mit Jischai Klinov, der später als Sprecher der Jewish Agency auf vielen Pressekonferenzen, in den Jahren des Ringens um den Staat Israel, die öffentliche Meinung entscheidend beeinflußte.

Die Arbeit an der hebräischen Presse war und blieb aber für den »Freelancer« nur Nebenbeschäftigung, und die Arbeit für die jüdische Presse in Deutschland hörte, wie gesagt, in der Kristallnacht 1938 auf.

Ich mußte mich nach neuen Publikationsmöglichkeiten umsehen, die sich mir in der Presse der Emigration erschlossen. An der ›Pariser Tageszeitung‹, ursprünglich von Georg Bernhard, dem Chefredakteur der ›Vossischen Zeitung‹ herausgegeben, am ›Prager Tagblatt‹, wo mein verehrter Freund Max Brod als Theater- und Musikkritiker wirkte, an der Prager ›Selbstwehr‹, die Brods Freund, der Philosoph Felix Weltsch, redigierte, und an der ›Jüdischen Weltrundschau‹, die Robert Weltsch von Jerusalem aus redigierte, aber in Paris drucken ließ, arbeitete ich mehr oder minder regelmäßig mit. Auch in Zeitschriften der Emigration wie ›Das Wort‹, von Lion Feuchtwanger, Bert Brecht und Willi Bredel in Moskau herausgegeben, und in ›Internationale Literatur‹, die Johannes R. Becher ebenfalls in Moskau redigierte, erschienen Beiträge von mir, ebenso in der Pariser ›Neuen Weltbühne‹.

All dies blieb aber sporadisch, konnte keine Existenzbasis liefern und wurde vor allem mit Kriegsausbruch im Herbst 1939 jäh beendet.

Die Umstände brachten es mit sich, daß ich angesichts dieser allgemeinen Situation den Anschluß an eine kleine Zeitung suchte und fand, die ein neuartiges Experiment darstellte. Es handelte sich um ein vervielfältigtes Übersetzungsblatt, das nach seinem Gründer, Besitzer und Verleger ›Blumenthals Neueste Nachrichten‹ hieß und im Volksmund Blumenkohl genannt wurde.

Siegfried Blumenthal war nach der Machtergreifung der Nationalsozialisten aus Berlin in Palästina eingewandert. Er kam aus dem bekannten Verlagshaus Mosse und hatte einen wachen Sinn für die Notwendigkeiten und Chancen der Stunde.

Blumenthal konnte kein Hebräisch. Diese Schwäche wurde seine Stärke. Er empfand, was Tausende gleich ihm empfanden, den Mangel an Information, dem Einwanderer aus Deutschland ausgesetzt waren, die weder Hebräisch noch Englisch und bestimmt nicht Arabisch konnten, die drei Sprachen, in welchen Zeitungen im damaligen Palästina erschienen.

Schon Theodor Herzl, der geistige Vater des Staates Israel, hat die große Bedeutung der vertrauten Presse erkannt. In seiner Programmschrift ›Der Judenstaat‹ schreibt er unter dem Zwischentitel ›Kleine Gewohnheiten‹: »Verträgt es sich mit dem Ernste dieser Schrift, daß ich, wenn auch nur flüchtig, von den kleinen Gewohnheiten und Bequemlichkeiten des Alltagsmenschen spreche? Ich glaube, ja. Es ist sogar sehr wichtig. Denn diese kleinen Gewohnheiten sind wie tausend Zwirnfäden, von denen jeder einzelne dünn und schwach ist – zusammen sind sie ein unzerreißbares Seil.« Zu diesen kleinen Gewohnheiten gehört die vertraute Presse.

Auch darüber hat sich Theodor Herzl bereits geäußert. In Paris notierte er am 12. Juni 1895 in seinem Tagebuch (während er am ›Judenstaat‹ arbeitete): »Zur Verpflanzung der Gewohnheiten gehört auch das Leibblatt zum Frühstück.« In Ausführung dieser Erkenntnis vermerkt er: »Ich will die Herausgeber der größten Judenblätter (Neue Freie Presse, Berliner Tagblatt, Frankfurter Zeitung, usw.) bewegen, drüben (in Palästina) Ausgaben zu machen, wie New York Herald in Paris.

Die Blätter behalten ihre Leser, genügen einem Bedürfnis – das bald enorm sein wird – der Zurückgebliebenen, kabeln einander die Nachrichten zu. Anfangs werden die Ausgaben drüben die kleineren sein. Dann werden die alten verschrumpfen und die neuen groß werden.

Die christlichen Redakteure bleiben hier, werden sich, befreit, wohl fühlen, die jüdischen gehen hinüber, werden reich und angesehen, nehmen an der Politik tätigen Anteil – tatsächlich sind jetzt die Journalisten die einzigen Juden, die etwas von Politik verstehen.

Der beste Beweis bin ich.«

Herzls Selbstlob war begründet. Er verstand tatsächlich etwas von Politik, und seine Mitarbeiter waren vorwiegend ebenfalls jüdische Journalisten, allen voran sein Freund Max Nordau, Pariser Korrespondent des ›Pester Lloyd‹.

Trotzdem kamen die Dinge anders, als Herzl sie sich vorgestellt hatte, denn das ›Berliner Tageblatt‹ und die ›Frankfurter Zeitung‹, bald darauf – nach dem Anschluß – auch die Wiener ›Neue Freie Presse‹ waren bereits der Gleichschaltung zum Opfer gefallen. Keine dieser Zeitungen konnte nach Palästina verlegt werden, aber in bescheidenstem Stil versuchte nun Siegfried Blumenthal, den ehemaligen Lesern der »Judenpresse« einen wenn auch noch so dürftigen Ersatz zu liefern.

Seit 1935 erschien dieses Nachrichtenblatt. Eine Freundin in Tel Aviv hatte es mir zum ersten Mal gezeigt, denn es erstreckte sich eigentlich nur auf Tel Aviv und Umgebung. (In Jerusalem erschien dann bald ein ähnliches Konkurrenzunternehmen, ebenso in Haifa, doch schloß Blumenthal alle diese Übersetzungsblätter schließlich seinem Blatte an.) Die Herstellung war höchst einfach. In den frühen Morgenstunden besorgte sich Verleger Blumenthal die zwei großen hebräischen Tageszeitungen und die englische ›Palestine Post‹. Ein junger ehemaliger Jurist aus Deutschland, Dr. I. Lilienfeld (später Chefredakteur der Zeitung ›Jedioth Chadashoth‹, die sich aus diesem Übersetzungsblatt entwickelt hat), übersetzte die wichtigsten Nachrichten, tippte sie selbst auf eine Wachsmatrize, die Herr Blumenthal, mit einer großen Schürze bekleidet, auf einer Vervielfältigungsmaschine in der Küche abzog, wobei ihm seine Frau Ilse half.

Das zweiseitige Nachrichtenblatt wurde dann sofort ausgetragen und an Kiosken verkauft.

Allmählich kam zum Wochenende, hier natürlich am Freitag, eine erweiterte Ausgabe hinzu, die auch einige Artikel brachte. So wurde langsam, immer noch vervielfältigt, eine kleine Zeitung aus dem Nachrichtenblatt. Vor allem stellten sich Inserate ein; Blumenthal reüssierte und wurde ein wohlhabender Mann.

Er hatte es aber nicht leicht. So bescheiden dieses Blättchen war, so entfesselte es doch sehr bald einen Sprachkampf.

Nicht nur die Fremdsprache, die »Sprache Hitlers«, wurde als Argument ins Feld geführt, es nützte nichts, daß man auf die Sprache Goethes hinwies, auch auf die Sprache Heines, ja Herzls. Es kam später bis zu einem Attentat auf die Druckerei der Zeitung.

Eine wirkliche Wende trat mit Kriegsausbruch ein. Jetzt waren die Engländer, wie bereits erwähnt, an einer deutschen Informationsquelle interessiert, da sie die deutsch lesenden Juden im Lande nicht der Nazi-Propaganda aussetzen wollten. Blumenthal erhielt eine Lizenz zur Herausgabe einer gedruckten Zeitung und sogar die dazu notwendige Papierquote.

Das erforderte den Ausbau des Blattes, auch die Eröffnung einer Jerusalemer Lokalredaktion, die zunächst eigentlich nur aus meiner Person bestand, ja selbst das ist noch übertrieben. Anfänglich hatte ich nur zwei Artikel pro Monat zu liefern, Feuilletons oder Reportagen, wofür ich das fürstliche Monatsgehalt von PL 3.50 bezog. Das war selbst für damalige Begriffe zu wenig, um noch so bescheiden mit Frau und Kind davon zu existieren, so daß ich mich gezwungen sah, durch eigene Initiative diese Tätigkeit auszubauen.

Wenn ich mich darüber beklagte, daß zu wenige von meinen Artikeln erschienen (sie wurden zusätzlich honoriert), so meinte Blumenthal als echter Berliner: »Ich habe doch keinen Choriner Anzeiger, sondern einen Tel Aviver.« Erst durch diese Bemerkung erfuhr ich, daß es den Ort und das Kloster Chorin in der Mark Brandenburg gab. Das hatte natürlich nichts mit meinem hebräischen Wunschnamen zu tun, der von dem aramäischen Wort Chorin, Freiheit, hergeleitet ist.

Blumenthal hatte überhaupt ein höchst realistisches Verhältnis zu seinem Beruf, erklärte apodiktisch: »Ich handle mit bedrucktem Papier.«

Das war allerdings ein Understatement, denn er liebte seine Schöpfung, konnte mit Recht stolz sein, als er ein großes Gebäude nahe dem alten Bahnhof von Tel Aviv erwarb und dort Redaktion und Geschäftsleitung und vor allem eine für damalige Begriffe große und moderne Druckerei installierte. In Jerusalem bezogen wir das Hinterzimmer eines Schokoladengeschäftes an der Jaffastraße. Hier waren Anzeigenannahme, Abonnementsabteilung und Redaktion auf engstem Raume vereinigt. Im Anschluß an den Süßwarenladen nannte ich diese Zeit gerne später Dolce Vita, das süße Leben.

Das »süße Leben« war um sieben Uhr abends zu Ende, und damit auch meine Telefonmöglichkeiten, denn zu Hause hatte ich keinen Fernsprecher und konnte von der Mandatsverwaltung keinen Anschluß bekommen. Kurz vor sieben Uhr erschien mit drohend geschwungener Eisenstange Ladenbesitzer Max Rosenbaum, um die Rollbalken herabzulassen. Manches Pressegespräch mußte so in der Mitte abgebrochen werden, was manchmal auch sein Gutes hatte. So erinnere ich mich an eine Falschmeldung vom Tode des Dichters Franz Werfel, die ich am Telefon (wegen des Ladenschlusses) nicht mehr durchgeben konnte. Anderen Tages erwies sich die Nachricht als verfrüht. Werfel verschied erst nach dem Kriege 1945.

Später übersiedelten wir dann in ein Jerusalemer Bürohaus, und bei Abzug der Engländer gelang es mir sogar, aus den Beständen der Mandatspost, keineswegs legal, ein Telefon zu ergattern, das nur durch eine Notleitung mit einer Nachbarwohnung verbunden war, die Telefonanschluß hatte. Hochbeladene Lastwagen zerrissen allerdings jeweils meine Verbindung zur Umwelt ... In der Tel Aviver Redaktion des Blattes, das sich nun ›Neueste Nachrichten‹ nannte, hebräisch ›Jedioth Chadashoth‹, traf ich einen alten Kollegen wieder, Dr. Alfred Kupferberg, der sich nun Avner Nechuschtan nannte. Wir kannten uns bereits aus Deutschland, wo er Redakteur des ›Israelitischen Familienblattes‹ in Hamburg war. Dort arbeitete er übrigens mit dem jungen Esriel Carlebach zusammen, einem außerordentlich befähigten Journalisten, der in Tel Aviv Israels größte Abendzeitung ›Maariv‹ (Der Abend) gründete. Beide Männer weilen nicht mehr unter den Lebenden.

Avner Nechuschtan war ein außerordentlich vielseitig gebildeter Publizist. Die Fülle seines Wissens verleitete ihn dazu, möglichst viele Details und Assoziationen in einem Satz unterzubringen, so daß sich seine Sätze oft über mehrere Spalten erstreckten. Verleger Blumenthal stellte seinem erschreckten Redakteur daher eines Tages einen Bandwurm in Spiritus und Glasbehälter auf den Schreibtisch.

Nechuschtan versuchte sich auch als Romanschriftsteller. In hebräischer Übersetzung erschien 1949 sein autobiographischer Roman ›Land um Land‹, den ich »Roman unseres Schicksals« nannte.

Seine seltsamste belletristische Leistung aber vollbrachte Nechuschtan mit fremden Federn.

Während des Weltkrieges begann die Zeitung, den bekannten Roman von Vicki Baum ›Hotel Berlin‹ nachzudrucken. Das Werk erschien zunächst im englischen Original in einer amerikanischen Zeitschrift. Nechuschtan übersetzte den Roman in Fortsetzungen ins Deutsche. Durch die gestörten Postverhältnisse traf aber die dringend benötigte Fortsetzung eines Tages nicht mehr ein. Ein Abbruch des spannenden Romans war den Lesern nicht zuzumuten, so daß Nechuschtan kurz entschlossen das Werk der Vicki Baum auf seine Weise zu Ende führte.

Literarhistoriker können also zwei Versionen von ›Hotel Berlin‹ miteinander vergleichen, falls es je zu einer Kritischen Ausgabe der gesammelten Werke der Vicki Baum kommen sollte. Die Dichterin hat meines Wissens niemals etwas von dieser Zweitversion erfahren.

Nechuschtans Lieblingswort war »Unsereiner«. Das war kein Zufall. Sein kollektives Empfinden, das sich vorwiegend auf die deutschen Juden in Israel erstreckte, machte ihn zu einem inoffiziellen Repräsentanten.

Das Blatt hielt sich von Parteibindungen fern, stand aber naturgemäß unter dem Einfluß der liberalen Kreise des deutschen Zionismus, die sich später in Gruppen wie der »Alija Chadascha« (Neue Einwanderung) und der Progressiven Partei zusammenschlossen.

Diese gab dann auch noch eine deutschsprachige Wochenschrift ›Hakidma‹ (Fortschritt) heraus, in der ich viele Jahre hindurch ein ›Jerusalemer Beschwerdebuch‹ veröffentlichte, in dem ich völlig frei zu den Tagesereignissen kritisch Stellung nehmen konnte.

Die Arbeit in Jerusalem wurde immer schwieriger, da die Situation durch die arabische Bedrohung und den jüdischen Terror gegen die britische Mandatsmacht, welche die Araber begünstigte, oft zu schwersten Spannungen führte.

Das Augenmerk der westlichen Welt war auf Palästina gerichtet, so daß sich England bereit finden mußte, internationale Untersuchungskommissionen zuzulassen. Schon in früheren Jahren hatten britische Untersuchungskommissionen wie die Royal Commission und die Peel Commission die Lage analysiert. Jetzt aber, nach Ende des Zweiten Weltkrieges, wurde zuerst eine angloamerikanische Kommission einberufen, die im Jerusalemer YMCA-Gebäude tagte, und 1947 die letzte und entscheidende dieser Kommissionen, am selben Orte tagend, die UNSCOP, United Nations Special Committee On Palestine (Spezialkommission der Vereinten Nationen für Palästina).

Alle diese Kommissionsverhandlungen habe ich als Berichterstatter der ›Jedioth Chadashoth‹ reportiert, so ein Stück Geschichte erlebend.

UNSCOP war reich an Überraschungen. Einen der Höhepunkte bildete das Auftreten des greisen Präsidenten der Zionistischen Weltorganisation, Professor Chaim Weizmann, vor diesem Gremium. Weizmann wurde später der erste Staatspräsident Israels.

Die umfangreichen Darlegungen des Präsidenten der Z. O. wurden in englischer Sprache (ich hatte natürlich alles ins Deutsche zu übersetzen) vor Beginn der Verhandlungen im Konzertsaal des YMCA verteilt. Fleißige Korrespondenten eilten sofort zu den Telefonen, um die Rede durchzugeben. Ich blieb zum Glück sitzen, gebannt von der Erscheinung Weizmanns, der, schwer sehbehindert, die Brille wechselte, sie schließlich ablegte, das Manuskript näher und näher an die Augen führte, es endlich aber resigniert beiseite legte und völlig frei – und daher besonders eindrucksvoll – zu den Mitgliedern der Kommission sprach.

Es wurde ein Bekenntnis, autobiographisch determiniert, existentiell.

Die eifrigen Kollegen hatten von alledem keine Ahnung, telefonierten und telegraphierten den sorgfältig ausgefeilten offiziellen Text.

Aber auch mir war das Glück nicht hold. Mein Füllfederhalter versagte während der Rede Weizmanns, und ich hatte die größten Schwierigkeiten, einen Bleistift aus der Umgebung zu erlangen. Noch oft habe ich den Albtraum des Korrespondenten geträumt, dem die Feder beim Mitschreiben einer wichtigen Rede versagt. Seitdem trage ich immer *zwei* Kugelschreiber bei mir.

In anderer Weise eindrucksvoll war das Auftreten der Ultraorthodoxen unter Führung ihres Oberrabbiners Duschinski, der in jiddischer Sprache die theologischen Argumente seiner Anhänger gegen die Errichtung eines Judenstaates in vormessianischer Zeit darlegte.

Das Interesse der Auslandskorrespondenten, vor allem der Amerikaner, unter ihnen Journalisten von Weltruf, für diese Außenseitergruppe war außerordentlich groß. In einer Verhandlungspause sollte eine Pressekonferenz mit diesen »Neturei Kartha« (Wächtern der Stadt), wie sie sich nannten, improvisiert werden.

Die Ironie des Schicksals bestimmte mich zum Dolmetscher. Ich sollte zwischen Englisch und Jiddisch vermitteln, was zu völligen Kurzschlüssen führte.

Hier eine kleine Kostprobe aus dem köstlichen Protokoll – in Klammern steht jeweils die richtige Übersetzung, darunter das, was ich daraus gemacht habe:

Frage: Why do you wear long clothes?
(Warum tragen Sie so lange Kleider?)
Warum tragt ihr euch so lang?
Antwort: Vor wus nit?
(Warum nicht?)
For what no?
Frage: Where are the ladies of your congregation?
(Wo sind die Damen Ihrer Gemeinde?)
Wo gefinden sich die Weiber?
Antwort: In Stieb.
(Zu Hause.)
At home

Der Dialog völliger Beziehungslosigkeit ließe sich lange fortsetzen. So etwa stelle ich mir die Konversation zwischen uns und den Marsbewohnern vor.

In Beer-Scheva, der Wüstenstadt Abrahams, die 1946 noch ausschließlich arabisch war, ließ der feindselige Bürgermeister die jüdischen Pressevertreter, die das Komitee auf seiner Fahrt durchs Land begleiteten, nicht in das Rathaus ein. Wir mußten in der glühenden Mittagssonne im Freien stehen. Niemand reichte uns auch nur ein Glas Wasser. Ich habe das nicht vergessen.

Als unsere junge Armee 1948 Beer-Scheva eroberte, war ich kurze Zeit darauf als Kriegskorrespondent wieder in der Stadt und stürmte geradezu in das Rathaus, darauf bestehend, dort einen Kaffee zu trinken. Es war das einzige Mal, daß ich bewußt Rache nahm, wobei freilich nur Kaffee und kein Blut floß.

Die Kommission beschloß schließlich die Teilung Palästinas in einen jüdischen und einen arabischen Staat. Die Vereinten Nationen machten sich diesen Vorschlag zu eigen. Die Juden akzeptierten, die Araber lehnten ab. Der Konflikt schwelte und schwelt weiter und bricht immer wieder offen aus, bis heute zeigt sich keine wirkliche Lösung. Vielleicht bestand sie in dem einzigen konstruktiven Alternativvorschlag, der, auch vor dieser Kommission, von Martin Buber und I. L. Magnes vertreten wurde, die eine kleine Intellektuellengruppe »Ichud« (Union) führten. Sie vertraten das Programm eines binationalen jüdisch-arabischen Staates, wollten so auch die Teilung des Landes vermeiden.

Dieser Plan fand aber auf arabischer Seite keine Entsprechung und im jüdischen Lager keine ausreichende Unterstützung, so daß das Auftreten von Buber und Magnes vor der Kommission zwar allgemein als ein moralisches Ereignis verbucht wurde, dem aber keine realpolitische Bedeutung zukam.

Der Berichterstatter verwandelte sich bald, ohne es zu wollen, in einen Kriegskorrespondenten, worüber in diesen Aufzeichnungen bereits kurz berichtet wurde.

Dem Kriegskorrespondenten haftet manchmal das Odium der Lächerlichkeit an. Man stellt sich den hurrapatriotischen Heimkrieger vor, der vom Schreibtisch aus, weit entfernt von der Front, seine Heldenlieder anstimmt.

In Jerusalem konnte es diesen Typus gar nicht geben, denn wir waren alle an der Front. Zwei meiner Kollegen sind bei Ausübung ihrer Berichterstatterpflicht gefallen. Die Pressekarte schützt nicht vor feindlichen Kugeln.

Während der Belagerung Jerusalems waren wir von der Küstenebene völlig abgeschnitten, so daß auch keine Zeitungen aus Tel Aviv in Jerusalem mehr eintrafen. Der Mangel an Information machte sich insbesondere für unsere deutschsprachigen Leser drückend bemerkbar. Die hebräischen Zeitungen hatten sich zu einer Notausgabe zusammengeschlossen, die der spätere Innenminister des Staates Israel, der alte zionistische Politiker Jizchak

Grünbaum, herausgab. Die ›Palestine Post‹ die sich nun ›Jerusalem Post‹ nannte, mußte teilweise in Notausgaben erscheinen, da durch Angriffe auf ihr Gebäude die Druckerei gestört war. Radio konnte man kaum mehr hören, der elektrische Strom hatte ausgesetzt, und Transistorapparate gab es fast noch nicht im Lande.

Ich entschloß mich, eine vervielfältigte Notausgabe der ›Jedioth Chadashoth‹ in Jerusalem herauszugeben, wobei mir ein aus Wien stammender Kollege, Theodor Friedrich Meysels, half. Meysels war es gelungen, während der Belagerung aus Wien nach Jerusalem zurückzukehren. Als ich ihn in unserer prekären Lage erstaunt fragte, warum er freiwillig gekommen sei, antwortete er: »Ein österreichischer Offizier desertiert nicht!«

Täglich brachte ich vier Seiten heraus und am Freitag sogar zwölf. In der ersten Gefechtspause fuhr ich mit einem UNO-Geleitzug nach Tel Aviv und präsentierte stolz dem Verleger Blumenthal mein Opus. Blumenthal sah sich die Notstandsausgaben interessiert an, lobte meine Initiative, stellte aber dann enttäuscht fest: »Sie haben ja keine Inserate!«

Inserate hatte ich allerdings nicht. Wer wollte in einer belagerten Stadt inserieren? Nur Todesanzeigen hatten wir aufzuweisen.

Der Gegensatz zwischen Tel Aviv und Jerusalem war in diesen Tagen so gravierend, daß ich meinen Aufenthalt dort vorzeitig abbrach. Der Verleger hatte mich zum Mittagessen in das luxuriöse Dan-Hotel eingeladen, wo der Kellner bedauernd meinte: »Heute haben wir leider kein Fleisch, nur Huhn oder Ente.«

In Jerusalem hungerten wir, ernährten uns von Unkraut; etwas Öl mit Oliven und Salz und ein Stückchen Brot dazu waren eine Mahlzeit. Ich kaufte so viel Lebensmittel, wie ich tragen konnte, dazu noch Petroleum für den Kocher und fuhr mit der nächsten sich bietenden Gelegenheit in unsere verstörte Stadt zurück.

Hinzu kam das Erlebnis der inneren Uneinigkeit in Tel Aviv, wo das Munitionsschiff des IZL, die »Altalena«, vor Anker lag und von der Armee beschossen wurde, da man einen Militärputsch der Außenseiter-Verbände befürchtete.

Ganze Straßenzüge an der Küste mußten geräumt werden, weil die Explosion des Munitionsschiffes befürchtet wurde. Eine Kollegin aus der Redaktion hatte mir ihre Einzimmerwohnung in Tel Aviv zur Verfügung gestellt. Nun aber trafen in der von der Explosion bedrohten Nacht alle Familienmitglieder, die evakuiert worden waren, hier ein, so daß ich auch noch obdachlos wurde.

Es zog mich zurück in mein blutendes Jerusalem.

Der Kriegskorrespondent wurde zum Chronisten des werdenden Staates. Ich beschränkte meine Berichterstattertätigkeit nicht nur auf das heimische Blatt, sondern wurde, wie schon vermerkt, Korrespondent der großen holländischen Zeitung ›Het Vrije Volk‹, und schießlich übernahm ich zeitweilig auch noch ›Die Presse‹ in Wien, wobei es vor allem sentimentale Gründe waren, die mich dazu bewogen, denn dieses Blatt trat die Nachfolge der ›Neuen Freien Presse‹ an, deren Feuilletonredakteur Theodor Herzl gewesen war.

Jerusalem wurde 1948 ein Sammelpunkt für Spitzenkorrespondenten aus aller Welt. Hier trafen wir wieder Arthur Köstler, der dann seine Erlebnisse im Lande während des Befreiungskrieges in dem Buch ›Diebe in der Nacht‹ zusammenfaßte, John Gunther, der so viele Länder von innen her geschildert hat, und Jon Kimche vom ›London Observer‹. Homer Biggart von der ›Chicago Herald Tribune‹ führte ich selbst durch die Winkelgäßchen des freiwilligen Gettos von Meah Schearim.

Immer wenn die Größen der Weltpresse bei uns eintrafen, beschlich mich ein unangenehmes Gefühl. Es ist nicht gut, im Brennpunkt zu leben, man kann dabei verbrennen.

Ich liebe, ein journalistischer Antijournalist, die öffentliche Langeweile, die den Blick für die Geschichten mit »human touch«, für die allzu menschlichen Begebenheiten freigibt, für die ich mich mehr interessiere als für die konvulsivischen Zuckungen der Weltgeschichte.

Aber es gab auch große Momente der Geschichte zu berichten, so die Vereidigung des ersten Staatspräsidenten Weizmann im bescheidenen Sitzungssaal der Jewish Agency. Diese große historische Szene, Eintritt des Präsidenten unter dem Geschmetter des biblischen Widderhorns, sein Treueid auf die hebräische Bibel – führte zu einem kleinen innerjournalistischen Konflikt.

Kollege Nechuschtan war nach Jerusalem geeilt, um Chronist dieses Ereignisses zu werden. Hier aber konnte ich nicht verzichten. Ich hatte Jerusalem in seiner äußersten Gefahr erlebt und journalistisch vertreten. Jetzt wollte ich auch über Jerusalems große Stunde bei der Wiedergeburt des Staates berichten.

Nechuschtan begnügte sich dann, freundschaftlich entsagend, mit dem Außenbericht, den er scherzhaft ›Einzug der Gladiatoren‹ nannte.

Noch war Jerusalem nicht Sitz der Regierung und des Parlaments. Erst langsam übersiedelten Ämter und schließlich auch die Knesseth, das Parlament Israels, in die historische Hauptstadt, und erst der zweite Präsident des Staates, Jizchak Ben-Zvi, wurde hier seßhaft, während Weizmann noch in seiner Privatvilla in Rechovoth lebte.

Mit alledem wuchs der Umfang der Jerusalemer Berichterstattung, so daß unser Büro erweitert werden mußte: Ein parlamentarischer Korrespondent, Meir Färber, ein Wirtschaftskorrespondent, ein außenpolitischer Korrespondent usw. kamen hinzu.

Jerusalem wurde aber nicht nur mehr und mehr die politische Hauptstadt des jungen Staates Israel, sondern blieb zugleich Zentrum des Weltjudentums, was sich vor allem dadurch äußerte, daß hier die Exekutive der Zionistischen Weltorganisation und der Jewish Agency verblieb. Es waren praktisch dieselben Leute, die von der Exekutive in die Regierung wechselten. Ben-Gurion, der Vorsitzender der Exekutive war, wurde nun Ministerpräsident, Scharett, der das politische Departement der Zionistischen Exekutive leitete, wurde Außenminister des Staates.

Es ergab sich sehr bald die Frage, ob die Zionistische Organisation *nach* Errichtung des Staates Israel noch eine Funktion und Existenzberechtigung habe?

Auf den ersten Blick mochte es so aussehen, als ob die Zionistische Organisation, die von ihrem Gründer Theodor Herzl als »Judenstaat unterwegs« bezeichnet worden war, nunmehr durch den Staat Israel abgelöst wurde. Der

Zionistenkongreß fand in der Knesseth seine Nachfolge und Erfüllung, und der Präsident der Zionistischen Organisation wurde Staatspräsident.

Auch die beiden großen Fonds der Zionistischen Bewegung verloren ihre ursprüngliche Bedeutung. Der Jüdische Nationalfonds, der Boden für das jüdische Volk in Palästina zu erwerben hatte, war zum Anachronismus geworden, da das gesamte Staatsgebiet nun in Händen des jüdischen Volkes war (das schloß und schließt natürlich nicht privaten arabischen Bodenbesitz aus), und der etwas jüngere Fonds, Keren Hajessod genannt, der der Selbstbesteuerung der Juden diente, wurde durch das Steuersystem des Staates Israel überaus nachdrücklich fortgesetzt.

So logisch diese Überlegungen klingen, sie setzten sich nicht durch.

Die Schwerkraft einer bestehenden Großorganisation, ihr Beharrungsvermögen trat bald in Erscheinung. An ideologischem Überbau fehlte es nicht. Der Staat Israel konnte nicht als Erfüllung des Zionismus angesprochen werden, solange die Mehrzahl der Juden außerhalb in der Diaspora verblieb.

Der Zionistenkongreß hatte weiter seine Funktion, um das Mitspracherecht der Diaspora zu sichern, der Jüdische Nationalfonds wurde umfunktioniert in ein Instrument zur Erschließung der Böden und zur Aufforstung des waldarmen Landes, und der zweite Fonds, Keren Hajessod, wurde als United Jewish Appeal zu einem gewaltigen finanziellen Solidaritätswerk des Weltjudentums für Israel ausgebaut.

Die Zionistenkongresse, die früher in Basel, Zürich, Wien, Prag, Karlsbad, in der Frühzeit auch einmal in Hamburg stattgefunden hatten, fanden nun mehr oder minder regelmäßig in Jerusalem selbst statt, wo das klassische Baseler Programm von 1897 durch zwei neue Jerusalem-Programme von 1951 und 1968 ersetzt wurde. Diese Programme, der neuen Situation angepaßt, konnten nicht mehr die Popularität des Gründungsprogrammes erlangen.

Der führende Mann des Zionismus nach Staatsgründung war Dr. Nachum Goldmann, bisher der letzte Präsident der Zionistischen Organisation. Sein großer Gegenspieler wurde David Ben-Gurion, der als Vater des Staates galt.

Ben-Gurion sah den Zionismus tatsächlich als etwas Überholtes an, wollte nur noch Israel und die Diaspora gelten lassen. Als Zionist galt ihm nur ein Jude, der nach Israel einwanderte. Alle übrigen Juden sollten als Freunde Israels willkommen sein, aber eine Unterscheidung zwischen Zionisten und Nichtzionisten schien ihm belanglos.

Ganz anders reagierte Dr. Goldmann, der den Eigenwert der Diaspora klar erkannte und in diesem Rahmen auch das spezifische Gewicht einer Zionistischen Weltorganisation als Bindeglied zwischen Israel und der Diaspora.

Es kam zu einem formellen Abkommen zwischen dem Staat Israel und der Zionistischen Weltorganisation, das die Sonderrechte dieser Organisation im Staate Israel festlegt. Es ist eine Ironie der Geschichte, daß dieses Abkommen als »Charter« bezeichnet wurde, denn ein Charter war das politische Ziel Theodor Herzls. Er dachte allerdings an einen Charter vom Sultan in Konstantinopel, der die Rechte der Juden auf Palästina verbriefen sollte. Jetzt verbriefte der Staat Israel die Rechte der Zionistischen Organisation.

Der Antagonismus zwischen Ben-Gurion und Goldmann, zwischen Staat und Zionistischer Bewegung, bildete durch Jahre ein Hauptthema meiner journalistischen Tagesarbeit, wobei die Pressekonferenzen mit Nachum Goldmann ebenso anregend wie gefährlich waren. Dr. Goldmann war auch als Präsident der Zionistischen Organisation der charmante Plauderer von ehedem geblieben. Er konversierte in vielen Sprachen, aber Anekdoten erzählte er am liebsten jiddisch oder in einer Art »Kongreßdeutsch«, wie man die Umgangssprache der Zionistenkongresse nannte. Gedruckt nahmen sich die Pointen dieser Plaudereien immer wesentlich gröber aus, und so folgte regelmäßig auf die Pressekonferenzen mit Goldmann sein Dementi.

Ben-Gurion hingegen gab gehämmerte Sätze von sich, war zu einem Dialog kaum bereit. Dieselbe Haltung war bei seinem zeitweiligen Nachfolger und inneren Parteigegner Mosche Scharett zu bemerken. Scharett war ein Meister der hebräischen Sprache und verfiel daher oft den Verlockungen, die Schiller so schön umschrieben hat: »Die gebildete Sprache, die für dich dichtet und denkt.«

Die Schönheit seiner Formulierungen, die sein Nachfolger Abba Eban nachzuahmen bemüht war, konnte nicht immer der kritischen Sonde standhalten.

Als ich Scharett in einer heiklen politischen Frage auf innere Widersprüche aufmerksam machte, schnitt er mir vor Vertretern der In- und Auslandspresse das Wort mit der Bemerkung ab: »Ich sitze nicht vor Ihnen auf der Anklagebank.«

Ich entwickelte überhaupt, völlig ungewollt, die Eigenschaft, unangenehme Fragen zu stellen, die manchmal erst später in ihrer Bedeutung erkannt wurden.

Als das Rückkehrergesetz erlassen wurde, das jedem Juden die Rückkehr in das Land Israel kraft Recht und nicht kraft Duldung zuerkannte, fragte ich den zuständigen Ministerialdirektor Schai, wer denn Jude im Sinne des Gesetzes sei? Ich löste damit einen Heiterkeitserfolg aus, und man meinte, nur ein etwas verbohrter »Jecke« könne sich eine solche Doktorfrage ausdenken.

Diese Frage kam aber nicht mehr zur Ruhe. Ben-Gurion legte sie schließlich vierzig Rabbinern, Historikern, Soziologen, Anthropologen und Philosophen in Israel und der Diaspora vor. Die Frage beschäftigte das Obergericht Israels, als im Dezember 1962 der Karmelitermönch Pater Daniel, der ursprünglich ein polnischer Jude namens Oswald Rufeisen war, als Jude im Sinne des Gesetzes anerkannt werden wollte.

Eine völlige Klärung der Frage wurde nie erzielt, jedoch einigte man sich auf die Formulierung: »Jude ist, wer von einer judischen Mutter geboren wurde und keiner anderen organisierten Religionsgemeinschaft angehört. Ferner, wer zum Judentum übergetreten ist.« Aber auch diese Formulierung erwies sich nicht als wetterfest. Meine weitere Frage: Und was ist eine jüdische Mutter? – wurde bis heute nicht juristisch einwandfrei definiert. Man kann nur immer weiter zurückgehen bis zu den Erzmüttern Sara, Rebekka, Rahel und Lea.

Und was ist ein Übertritt zum Judentum? Die Orthodoxen sagen: nur eine Konversion vor einem orthodoxen Rabbinatsgericht, aber in Amerika und Europa sind Tausende bei konservativen und Reform-Rabbinern in das Judentum eingetreten. Sollen sie nun hier nochmal konvertieren? Gelten ihre Kinder als Juden, und ihre Enkel?

Auch diese Frage hat mich journalistisch (und theologisch) in Atem gehalten.

Manchmal brachte es der Beruf mit sich, daß ich zum Auslöser von Affären wurde, die das Land wie ein Fieber schüttelten. Es gab in Jerusalem einen lästigen Querulanten aus Wien, Malkiel Grünwald, der in einem hektographierten Blättchen (in schauerlichem Deutsch) ganze Mistkübel von Verleumdungen über Personen des öffentlichen Lebens ausgoß. Zynisch bemerkte er, daß ihn das jung erhalte. Er betreibe diesen Sport wie andere Leute das Tennisspielen. Obwohl ich selbst Zielscheibe seiner Angriffe wurde (er machte meine religiösen Reformbestrebungen lächerlich), bedachte er mich regelmäßig mit seinen Pamphleten.

In einem dieser Erzeugnisse beschuldigte er den Ministerialdirektor im Amt für Handel und Industrie, den ungarischen Juden Dr. Israel Kastner, der Kollaboration mit den Nazis. Das Flugblatt lag auf meinem Schreibtisch, als ich mich gerade anschickte, zu der täglichen Pressekonferenz Kastners zu gehen. (Ganz wider Willen, und ohne etwas davon zu verstehen, mußte ich zeitweilig auch Wirtschaftsfragen reportieren, wovon ich mich dann energisch lossagte.) Ich reichte Dr. Kastner die unflätige Anklageschrift Grünwalds. Kastner warf einen Blick darauf und legte den Wisch beiseite mit der Bemerkung: »Mit pathologischen Lügnern diskutiert man nicht.«

Kastners Chef, der Minister Dov Joseph, zwang aber seinen Ministerialdirektor, Klage gegen Grünwald zu erheben. In dem langwierigen Prozeß konnte Kastner Grünwalds Anwürfe nicht voll entkräften, da es ihm an Zeugen und Dokumenten mangelte. Die öffentliche Meinung wandte sich zum Teil gegen Kastner, der schließlich das Opfer eines Revolverattentats wurde.

Rückblickend erscheint mir dieser Prozeß, in welchem

die Tragödie der ungarischen Juden aufgerollt wurde, wie eine Ouvertüre zum Eichmann-Prozeß, der am 6. April 1961 im Volkshaus in Jerusalem begann und mit der Hinrichtung Eichmanns, des größten Schreibtischmörders der Geschichte, am 1. Juni 1962, wenige Minuten nach Mitternacht, im Gefängnis von Ramle bei Tel Aviv endete.

Die Berichterstatterpflicht in diesem Prozeß war kaum durchzuhalten. Unbewegt schien in dieser beispiellosen Revue des Grauens nur der Mann im Glaskasten: Adolf Eichmann. Berichterstatter aus aller Welt, vor allem aber auch aus Deutschland, waren zu diesem Prozeß gegen einen der führenden NS-Verbrecher in Israel erschienen. Mit einigen dieser Korrespondenten verbanden mich noch weiterhin Bande gemeinsamer Arbeit und freundschaftlicher Beziehungen. Hier ist Rolf Vogel zu erwähnen, der durch seine Deutschlandberichte und sein Buch ›Deutschlands Weg nach Israel‹ viel zur Verbesserung der Beziehungen zwischen der Bundesrepublik und Israel beitrug, Dr. Bernd Nellessen von der ›Welt‹, Dr. Hermann Boventer, der später im katholischen Bildungswerk aktiv wurde, Dr. Albert Wucher, dem das wichtige Buch ›Eichmanns gab es viele‹ zu verdanken ist, Peter Schier-Gribowski, der durch Fernsehfilme für Israel warb, um nur ganz wenige zu nennen.

Natürlich wußten wir, wer Eichmann war und worin seine Verbrechen bestanden. Die »Endlösung der Judenfrage«, euphemistische Umschreibung des gezielten Massenmordes, war auf weite Strecken hin sein Werk. Der deutsche Pflichtverteidiger Rechtsanwalt Dr. Robert Servatius aus Köln konnte unmöglich den Nachweis führen, daß Eichmann selbst nur das »Opfer« einer Hierarchie und Bürokratie war. So gesehen gäbe es wohl überhaupt keine Schuldigen, nachdem Hitler sich selbst jeder irdischen Gerichtsbarkeit entzogen hatte.

Es oblag mir als Hauptberichterstatter, diesen historischen Prozeß zu reportieren und zu kommentieren. Ich war dieser Anforderung seelisch nach einigen Tagen nicht mehr voll gewachsen, bat dringend um Unterstützung. Freiwillig meldete sich unser Haifaer Korrespondent Dr. H. J. Salomon, ein vielseitig gebildeter Journalist, der ursprünglich liberaler Rabbiner in Deutschland war, aber keine Neigungen mehr zeigte, zu diesem Amt zurückzukehren.

Salomon vergrub sich geradezu in die Prozeßprotokolle, riß schließlich die ganze Berichterstattung an sich, was ich ihm zwar neidlos überließ, ihn aber nachdrücklich vor den Folgen solcher Strapazen (er fuhr im eigenen Wagen wöchentlich von Haifa nach Jerusalem und zurück) warnend. Zum Schluß des Prozesses, noch vor dem Ende des Verurteilten, starb Salomon an einem Herzinfarkt. Die Konfrontation mit dem Grauen von Auschwitz hatte ihm das Herz gebrochen.

Auch der dpa-Korrespondent Rudolf Küstermeier, der praktisch das ganze Dritte Reich als Gefangener in Zuchthäusern und KZ-Lagern durchlitten hatte, der nun selbst als Nichtjude in Israel lebte und viel zur Anknüpfung der diplomatischen Verbindungen zwischen Israel und der Bundesrepublik beitrug, war den seelischen Strapazen dieses Prozesses allein nicht gewachsen und forderte daher Entlastung aus Deutschland an.

Den diplomatischen Beziehungen zwischen Israel und der Bundesrepublik war das Wiedergutmachungsabkommen von Luxemburg vom 10. September 1952 vorausgegangen, das für die Bundesrepublik von Konrad Adenauer, von Mosche Scharett für den Staat Israel unterzeichnet wurde. An den Vorbereitungen aber hatte Dr. Nachum Goldmann entscheidenden Anteil. Artikel Eins dieses Abkommens legte fest, daß die Bundesrepublik Deutschland an den Staat Israel einen Betrag in Höhe von drei Milliarden Deutsche Mark bezahle. Darüber hinaus verpflichtete sich die Bundesrepublik, an die sogenannte »Conference on Jewish Material Claims against Germany«, dem Dachverband jüdischer Großorganisationen in der Diaspora, weitere vierhundertfünfzig Millionen deutsche Mark zu zahlen, also insgesamt drei Milliarden und vierhundertfünfzig Millionen Deutsche Mark.

Dieses Abkommen löste den Protest der rechtsradikalen Kreise in Israel aus, die der Regierung und Dr. Goldmann vorwarfen, »Blutgeld« für sechs Millionen Tote genommen zu haben.

Es kam zu einer dramatischen Abstimmung in der

Knesseth, wobei der kranke rechtsradikale Abgeordnete Ben-Elieser auf einer Tragbahre in den Plenarsaal gebracht wurde, während rings um das Gebäude der Knesseth fanatisierte Jugendliche zum Sturm auf die Bannmeile des Parlaments ansetzten. Steine wurden durch die splitternden Fenster in den Saal geworfen, so daß wir in der Journalistenloge in Deckung gehen mußten.

Als ich im April 1972 während der heftigen Debatten um die Ostverträge in der Bundesrepublik weilte und im Fernsehen beobachtete, wie ein schwerkranker Bundestagsabgeordneter in den Plenarsaal gefahren wurde, empfand ich die seltsame Parallelität dieser Ereignisse innerhalb von fast zwei Jahrzehnten.

Ebenfalls zu Sturmszenen kam es, als der erste deutsche Botschafter in Israel, Rolf Pauls, am 19. August 1965 dem israelischen Staatspräsidenten Salman Schasar an dessen Amtssitz in Jerusalem sein Beglaubigungsschreiben überreichte. Der Anblick dieses Mannes, selbst Kriegsinvalide, war ergreifend. Mit stoischer Ruhe schritt er die Ehrenkompagnie ab, während sich dieses Defilee zum Spießrutenlauf entwickelte. Invaliden der KZ-Lager und der Partisanen drängten sich hinter dem Polizeikordon. Israelische Polizei mußte gegen jüdische Überlebende der Vernichtungslager vorgehen, während eine israelische Polizeikapelle das Deutschlandlied intonierte.

Die bizarre Paradoxie dieser Situation hat niemand stärker empfunden als Pauls selbst, der mir wenige Tage später in seinem Tel Aviver Hotelzimmer sagte, daß ihm dieser Gang so furchtbar schwer wurde, weil er den Gefühlsausbruch seiner Gegner voll nachempfinden konnte.

Es war nicht leicht, nach einem solchen Start langsam in die Kanäle normaler Beziehungen einzumünden. Daß es gelungen ist, ist Pauls und seinem Nachfolger Karl Hermann Knoke zu verdanken.

Ich sah eine meiner journalistischen Aufgaben darin, an diesem Versöhnungswerk mitzuwirken, zumal ich durch wiederholte Reisen in die Bundesrepublik mich tatsächlich von der Existenz eines neuen Deutschlands überzeugen konnte, insbesondere in der jüngeren Generation.

Die Stellung eines deutschsprachigen Journalisten in Israel blieb lange Zeit umstritten. Auch im Ausland verstand man diese Zwischenposition nicht immer, so fragte mich bei einem Besuch im Bundespresseamt in Bonn ein Referent der Nahostabteilung, ob ich deutscher Korrespondent in Israel oder israelischer Korrespondent sei? Als ich die letztere Frage bejahte, sprach mir der Referent ein hohes Lob für mein gutes Deutsch aus. Ich bemerkte wahrheitsgemäß, daß ich ursprünglich Germanistik studiert hatte. *Auch* das ist wahr ...

Der Journalistenverband im Lande, der seit 1933 bestand, weigerte sich lange Zeit, die Redakteure und Korrespondenten der deutschsprachigen Presse in Palästina in seine Reihen aufzunehmen. Ich selbst wurde noch während des Zweiten Weltkrieges in den Jerusalemer Verband aufgenommen, fungierte später sogar als sein Vizepräsident und durch viele Jahre hindurch als Vorsitzender des Ehrengerichtes des Berufsverbandes, aber meinen Tel Aviver Kollegen blieb der Beitritt lange verwehrt. Erst im Februar 1946 gelang es mir auf der Landeskonferenz der israelischen Journalisten in Tel Aviv, diesen Bann zu brechen. In einem kurzen Referat erinnerte ich daran, daß die Führer des politischen Zionismus, Herzl und Nordau, deutschsprachige jüdische Journalisten waren und wir in ihrer Nachfolge ihren Nachfolgern die Legitimität nicht absprechen dürfen. Mit knapper Stimmenmehrheit wurde die Aufnahme deutschschreibender Journalisten in den Berufsverband durchgesetzt.

Das Problem der deutschsprachigen Presse erstreckte und erstreckt sich aber nicht nur auf die Redaktion, sondern auch auf die Setzerei, denn die Setzer und Drucker beherrschen in Israel nur selten die deutsche Sprache. Daraus ergeben sich für den Korrektor fast unüberwindliche Schwierigkeiten. Ich kann sagen, daß ich in meinem ganzen Berufsleben unablässig von Druckfehlern einerseits und Hörfehlern am Telefon andererseits verfolgt wurde. Oft hat mich das unsicher gemacht, denn ich ahnte bereits mit der Gewißheit eines Wünschelrutengängers, wo die Druckfehler auftauchen mußten. Und sie tauchten auf.

Auch das Telefon hat seine Tücken. Als ich einmal einen Bericht aus dem Jerusalemer Stadtrat durchgab und dabei eine Reihe hebräischer Namen und Termini gebrauchen mußte, stieß ich auf völliges Unverständnis eines Herrn am anderen Ende der Leitung. Wütend schrie ich endlich: »Spreche ich denn chinesisch mit Ihnen?«, worauf die kühle Antwort erfolgte: »Das würde ich besser verstehen, denn ich bin erst vor drei Wochen aus Shanghai eingetroffen.«

Das Geschichtsbild von Sekretärinnen, überlasteten Nachtredakteuren, verzweifelten Korrektoren ist wohl auch zuweilen höchst lückenhaft. Bei einer archäologischen Ausgrabung teilte ich mit, daß es sich um Reste des Palastes des kanaanitischen Königs Jabin und seines Feldhauptmannes Sisera (Richter 4, 2) handle. Daraus wurden Jabin und Cicero. Diese durch Jahrhunderte, Meere und Länder voneinander getrennten Persönlichkeiten unter einem Dach ... wer hätte das gedacht?

Namen sind eine besondere Fußangel. Als ich den Tod des Jerusalemer Oberrabbiners Zvi Pessach Frank meldete, wurde ein Zvi *Peter* Frank daraus. Die ungewollte Komik kann nur der erfassen, dem klar ist, daß der Name Peter in den Kreisen der osteuropäischen jüdischen Orthodoxie so undenkbar ist wie der Name Mohammed für einen ostelbischen Junker. Auch der Religionsminister wurde durch Hörfehler germanisiert. Er heißt Dr. Serach Wahrhaftig, woraus ein Gerhard wurde ...

Druckfehler verstecken sich mit Vorliebe im Anzeigenteil. Ein verewigter Kollege, Dr. Norbert Schäfer, legte eine Sammlung von Anzeigendruckfehlern unseres Blattes an. Prachtstücke waren: »Gnädige Frau, Sie brauchen einen eleganten Morgenbock.« Gemeint war natürlich ein Morgenrock. Eine andere Firma inserierte: »Wollbusen in allen Formen und Farben«, wobei es sich wohl um Blusen handelte.

Wie bereits eingangs vermerkt, wurde das Blatt scherzhaft »Blumenkohl« genannt, nach dem Herausgeber Blumenthal, der allmählich allergisch auf diesen Dauerwitz reagierte. Die Furcht vor diesem Tabu übertrug sich auf einen Setzer. Als ein Speiserestaurant seine Menükarte veröffentlichte: »Gedünsteter Blumenkohl«, erschien unter Vermeidung des geradezu obszönen Wortes: »Gedünsteter Blumenthal«. Aus einem koscheren Aufschnitt, unter Rabbinatsaufsicht, wurde ein »Rabbinatsaufschnitt« …

Auch eine verrutschte Zeile kann Tragödien auslösen, so in einem Familieninserat: »Unserem lieben Opa die herzlichsten Glückwünsche zum 80. Geburtstag. Die trauernde Familie.«

»Die trauernde Familie« war natürlich aus einer Todesanzeige versehentlich in die Geburtstagsanzeige gerückt.

Geburtstage haben es in sich. Ich habe zahllose Geburtstagsartikel im Laufe der Jahrzehnte geschrieben, darunter nicht wenige, die von den Jubilaren selbst angeregt wurden. Ein Jerusalemer Arzt hielt mich auf offener Straße an und teilte mir mit, daß er demnächst siebzigsten Geburtstag habe. Mit frommer Miene fragte er, was sich tun ließe, um dieses Datum geheimzuhalten? Ich riet ihm, es niemand zu verraten, und ich … hätte es bereits wieder vergessen.

Der Leiter einer öffentlichen Wohlfahrtsinstitution, ein ehemaliger deutscher Rabbiner, unterrichtete mich davon, daß sein sechzigster Geburtstag bevorstünde. Ein Artikel wäre seiner Institution nur nützlich. Ich sah das ein, bat um kurze Lebensdaten und erhielt am nächsten Tage ein Konvolut, das mit den Schulzeugnissen des Jubilars begann.

Über Geburtstagsartikel sagte ein langjähriger Mitarbeiter unseres Blattes, Dr. Schloßberg: »Die Juden fürchten den Tod, aber sie lieben den Nachruf; deshalb haben sie den Geburtstagsartikel erfunden.«

Ich fürchte, daß man dieses Wort ins Allgemein-Humane erweitern kann. Die Juden haben Geburtstagsfeiern nicht erfunden, sondern von anderen Völkern übernommen. In der Bibel wird nur einmal ein Geburtstag erwähnt, nämlich der des Pharao Josephs, also gewiß keines Juden.

Es liegt im Wesen einer Presse, die einer überalterten, dahingehenden Generation dient, daß sie Gedenkartikeln einen weiteren Platz einräumen muß, als sonst üblich ist. Die deutschsprachige Presse in Israel steht im Zeichen des Untergangs. Man kann das bedauern oder begrüßen; bedauern, da damit ein letztes Zeichen einer deutsch-jüdischen Synthese oder Symbiose verschwindet; begrüßen, weil der Prozeß der Integration und der sprachlichen Einheit im hebräischen Israel nicht mehr aufzuhalten ist.

Man muß diesen Prozeß mit der Gelassenheit betrachten, die höheren Jahrgängen im allgemeinen zu Gesichte steht. Es war mir ein kleiner Trost, daß mich kürzlich ein Berliner Student besuchte, der seine zeitungswissenschaftliche Dissertation über die deutschsprachige Presse in Israel schreibt. Wir beginnen, in die Geschichte einzugehen, und das heißt freilich auch, in das große Vergessen, ohne das wir nicht leben können.

XII
Der blühende Mandelzweig

Gegenüber meiner Wohnung in Jerusalems höchstem Stadtviertel Romema, die ich 1936 bezog, steht ein anderes kleines Haus. Viele Jahre hat dort mein lieber Nachbar, der Arzt Dr. A. Stern, mit seiner umsichtigen, hilfsbereiten Frau ein Sanatorium geführt. Im Vorgärtchen dieses stillen Hauses steht ein Mandelbaum.

Wenn ich an kalten Februartagen auf den Balkon vor meinem Arbeitszimmer trat, fiel mein Blick immer und immer wieder auf diesen Mandelbaum, der bereits weißrosa Blütenblätter zeigte, wenn alle anderen Bäume ringsum noch winterlich kahl blieben.

Wenn ich diesen blühenden Mandelbaum inmitten der schlafenden Natur sah, mußte ich oft an das Wort denken, das an den Propheten Jeremia erging: »Und es geschah das Wort des Herrn zu mir sprechend: Was siehst du, Jeremia? Und ich sprach: Ich sehe einen blühenden Mandelzweig. Und der Herr sprach zu mir: Du hast recht gesehen, denn ich werde wach sein über meinem Worte, es zu tun.« (Jeremia 1, 11–12.) Die Vision des Propheten Jeremia ist eine audiovisuelle, die sich in andere Sprachen kaum übersetzen läßt. Der Mandelzweig heißt hebräisch »Makel Schaked«; Wachsein heißt hebräisch »Schoked«. Das Wortspiel, oder wie Buber sagte, der Worternst liegt nun im Gleichklang von Schaked und Schoked, der im inneren Ohr des Propheten durch den Anblick des blühenden Mandelzweiges ausgelöst wird.

Die Übersetzer haben sich bemüht, dieses unübersetzbare Geschehen zu verdeutschen. Die Züricher Bibel läßt den Propheten einen Wacholder sehen, so daß im Pflanzennamen die Silbe wach anklingt, aber der Wacholder ist nun eben keine Mandel und wohl nicht früher reif als andere Pflanzen.

Buber übersetzte mit »Zeitigreg«, sicher ein prachtvolles Wort, aber wer kann sich darunter einen Mandelzweig vorstellen? Hier zeigt sich die Unübersetzbarkeit mancher Stellen in der hebräischen Bibel, die im Original von besonders einprägsamer Schönheit sind.

Der blühende Mandelzweig in meiner Nachbarschaft wurde mir, im Lichte der Prophetie des Jeremia, ein Wahrzeichen. Wenn ich sehr verzagt und hoffnungslos dem kommenden Tag entgegenblickte, haben mich der Mandelbaum und seine geflüsterte Botschaft gestärkt.

In den düstersten Jahren des Zweiten Weltkrieges und der beispiellosen Verfolgungen hat sich mir dieses Erlebnis zu einem Lied verdichtet, das ich im März 1942 schrieb:

Das Zeichen

Freunde, daß der Mandelzweig
Wieder blüht und treibt,
Ist das nicht ein Fingerzeig,
Daß die Liebe bleibt.

Daß das Leben nicht verging,
So viel Blut auch schreit
Achtet dieses nicht gering
In der trübsten Zeit.

Tausende zerstampft der Krieg,
Eine Welt vergeht.
Doch des Lebens Blütensieg
Leicht im Winde weht.

Freunde, daß der Mandelzweig
Sich in Blüten wiegt,
Das bleibt mir ein Fingerzeig
Für des Lebens Sieg.

Weit über das Datum hinaus sind mir Erlebnis und Deutung innerster Besitz geblieben. In Krieg und Belagerung, in Sorgen und Nöten des eigenen Lebens hat mich der Mandelbaum im Nachbargarten getröstet.

Ein seltsames, kaum beachtetes Spiel des Zufalls wollte es, daß die unselige Grenze, die quer durch das geteilte Jerusalem lief, ihren einzigen Übergang (nicht für uns) am sogenannten Mandelbaumtor hatte.

Das Mandelbaumtor war kein Tor, und kein Mandelbaum stand an seiner Stelle. Der merkwürdige Name, der sogar in die Literatur eingegangen ist (es gibt einen amerikanischen Roman über Jerusalem: ›The Mandelbaum Gate‹), ist der Familienname eines schlichten Jerusalemer Bürgers, der an der Jaffaroad ein Weiß- und Kurzwarengeschäft betrieb und ein altes Familienhaus in jener Zone besaß, die ab 1948 blutende Grenze wurde. Vom Kriege stark mitgenommen, halb zerschossen, stand nun das Mandelbaum-Haus im Niemandsland. Es hatte zwei Eingänge, einen von der israelischen, einen von der jordanischen Seite, und diente den UNO-Beobachtern als Grenzposten.

Zu christlichen Feiertagen wie Weihnachten und Ostern gab es hier einen kleinen Grenzverkehr, aber für die jüdischen Bürger Israels und für jüdische Touristen blieb das Mandelbaumtor verschlossen, auch zu den Festtagen der Synagoge.

Ein amerikanischer Fundamentalist, der die Endzeit genau ausgerechnet hat, stellte in Aussicht, daß Jesus bei seiner Wiederkunft vom Ölberg über Jerusalem sich durch das Mandelbaumtor nach West-Jerusalem begeben werde.

Berechnungen dieser Art sind wohl immer falsch, auch wenn sie mit Hilfe eines Computers durchgeführt werden. Der Heilige Geist läßt sich nicht elektronisch regulieren.

Die Christenheit wartet weiter im Sinne ihres alten aramäischen Gebetsrufes »Maranatha« (Herr, komme bald), der sich im 1. Korintherbrief und am Schluß der Offenbarung Johannis findet, auf die Wiederkunft ihres Herrn. Ganze Kongresse in Jerusalem waren diesem Thema gewidmet.

Wann immer dieses von den Gläubigen erwartete Geschehen Ereignis werden sollte ... das Mandelbaumtor wird dabei keine Rolle mehr spielen, denn es ist verschwunden.

Christus ist nicht durch das Mandelbaumtor eingezogen, nur sein Stellvertreter auf Erden, Papst Paul VI., durchschritt es, im Januar 1964, aber in umgekehrter Richtung, von der israelischen Neustadt in die damals jordanisch besetzte Altstadt. Anläßlich des Papstbesuches wurde das Mandelbaumtor, diese unscheinbare Passage, überdacht und machte den Eindruck einer Großmarkthalle oder eines zweitrangigen Bahnhofs.

Auch diese Relikte sind verschwunden. Mir aber schien es, als ob in dem Namen »Mandelbaumtor« etwas vom Mandelbaum des Jeremia, von seinem blühenden Mandelzweig anklinge, freilich nur für ein Ohr, das durch »Sprachgewöhnung und Erinnerungszwang« (Alfred Kerr) an den Wiegenklang der deutschen Sprache gebunden blieb.

Im Mandelbaumtor war Verheißung: »Und ich will diese Stadt beschirmen, daß ich ihr helfe um meinetwillen und um Davids, meines Knechtes willen.« (2. Könige 19, 34)

Dieses Trostwort steht auf dem Sockel von Jerusalems seltsamstem Denkmal, das ein kleines Geschütz zeigt, die hausgemachte Davidka, mit der wir 1948 das bedrohte Jerusalem verteidigten. Es ist eine Mörserkanone, die mehr Lärm machte als Schaden anrichtete, aber durch ihr ungeheures Getöse den Feinden Angst ins Gebein jagte.

Ich habe dem Jerusalemer Bürgermeister Teddy Kollek vorgeschlagen, den Spruch vom blühenden Mandelzweig aus dem Prophetenbuch des Jeremia an der Ruine des Mandelbaumhauses anzubringen. Die Anregung wurde leider nicht ausgeführt, und ich kann das verstehen, denn die prophetische Pointe wird ja nur aus einem weiteren Doppelklang verstehbar, aus einem deutsch-hebräischen, so daß nur relativ wenige Bewohner Jerusalems sie ganz erfassen können.

Ein Witz verliert seinen Reiz, wenn man ihn kommentiert, ein Ernst verliert das Pathos seiner Botschaft, wenn man sie erst lang und breit erklären muß.

So will ich hier die Botschaft vom Mandelzweig und vom Mandelbaum, die mir zuteil wurde, dankbar registrieren, wobei ich mir der Anfechtbarkeit solcher Botschaft wohl bewußt bin. Ich besitze nicht die Naivität von Fundamentalisten, die ihre Deutungen biblischer Worte (meist nur auf Übersetzungen gestützt) als etwas Unumstößliches verkündigen. Davon bin ich weit entfernt. Ich erzähle nur, was mir Sinnbild und Trost geworden ist, wobei ich mir des skurrilen Charakters solcher Überlegungen bewußt bleibe.

Sie überfallen mich zuweilen. So wurde mir die merkwürdige Bedeutung der heiligen Zahl Sieben für die jüdische Geschichte und natürlich wiederum insbesondere für die Geschichte Jerusalems blitzartig klar, wobei ich offenbar ganz gegen meine meist nüchterne Disposition dem Geist meiner Umwelt verfiel. Am 17. Juni 1971 wurde mir auf der Nachmittagssitzung der »prophetischen Konferenz« amerikanischer Fundamentalisten in den Bauten der Nation in Jerusalem die Bedeutung der Zahl Sieben in Gericht und Gnade der Geschichte Israels klar, obwohl in den Referaten davon überhaupt nicht die Rede war.

Es erging mir offenbar wie Saul unter den Propheten. Das spekulative Denken der Menschen rings um mich im Kongreßsaal nahm von mir Besitz.

Ich ging von der neueren und neuesten Geschichte aus:

1897	Erster Zionistenkongreß.
1917	Erlaß der Balfour-Deklaration.
1947	UNO-Beschluß zur Teilung Palästinas.
1967	Wiedervereinigung des geteilten Jerusalem.

Eine seltsame Tabelle, die mich nun zu weiterem Nachschlagen in den Geschichtsbüchern anregte. Und wieder fand ich die Zahl Sieben, entweder als erste oder letzte in den entscheidenden Daten:

721 v. Chr.	wird das Nordreich Israel von den Assyrern zerstört.
587 v. Chr.	Zerstörung des Ersten Tempels in Jerusalem durch Nebukadnezar, König von Babylon.
537 v. Chr.	Rückkehr der Exulanten aus der Babylonischen Gefangenschaft.
167 v. Chr.	Judas Makkabäus weiht den Tempel in Jerusalem neu.
70 n. Chr.	Zerstörung des Zweiten Tempels durch den Römer Titus.

Man sieht also, daß in der alten und in der neuen Geschichte diese entscheidenden Daten die Zahl Sieben entweder am Anfang oder am Ende aufweisen.

Ich wage es nicht, hier Deutungen anzubieten. Ich stelle nur das Faktum fest. In der jüdischen Zahlenmystik der Kabbala nimmt die Zahl Sieben einen hervorragenden Platz als Sabbath- und Planetenzahl ein, allerdings sind auch andere Zahlen, wie Eins, Drei, Vier, Zehn und Dreizehn, mystisch stark befrachtet.

Die Tatsache, daß die hebräischen Buchstaben zugleich einen Zahlenwert haben, hat der oft willkürlichen Errechnung des Zahlenwertes bestimmter Wörter, der Gematria, Tür und Tor geöffnet. Damit läßt sich alles und nichts beweisen. Zahlenbeispiele dieser Art, wie sie in neuerer Zeit Friedrich Weinreb wieder in seinen zahlenmystischen Deutungen der Genesis, des Buches Jona und der Esther-Rolle angeboten hat, können mich nicht faszinieren, wahrscheinlich schon deshalb nicht, weil ich ein miserabler Mathematiker bin. Aber die Einfachheit und damit Eindrücklichkeit der Sieben in der Geschichte meines Volkes hat mich nachdenklich gestimmt. Mehr als das möchte ich nicht sagen, aber damit rühre ich an ein Geheimnis, das immer wieder in meinem Leben durchbrach. Es war mir oft, als würde, auch und gerade in Zusammenhängen des privaten Lebens, für Minuten ein Vorhang beiseite gezogen, so daß mir die große Hand sichtbar wurde, die hinter dem Geschehen wirkt, uns an unsichtbaren Fäden hält und dirigiert.

Das Wort Zufall wurde mir immer fraglicher. Oft konnte ich nicht umhin, Fügung und Führung zu erkennen, obwohl ich kein Mystiker bin und nicht glaube, daß man mit dem Himmel einfach telefonieren kann. Wenn ich an die Millionen Gebete denke, die täglich und vor allem in den Nächten emporsteigen, dann muß ich zugleich lästerlicherweise denken, daß die Leitung doch oft belegt sein muß. Sie ist es, wir finden nicht immer Anschluß. In geradezu tragischer Weise hat dies ein ehemaliger Häftling des Vernichtungslagers Auschwitz formuliert, der das Grauen zwar überlebte, aber von den Gebeten in Auschwitz bemerkte: sie glichen Telephongesprächen mit einem unverbundenen Apparat. Auch das muß man sehen, so hart es uns ankommen mag. Aber andererseits hatte ich immer wieder in meinem Leben den Eindruck, ja die Gewißheit, von oben her angeredet zu werden, wobei ich den göttlichen Humor nicht in Abrede stellen will. Es schien mir, als würde ich fast lächelnd belehrt und zuweilen auch zurechtgewiesen. Auf jeden Fall wurden mir die Grenzen des Zufalls so deutlich, daß mir dieses Wort suspekt erschien.

Ich möchte hier nur zwei kleine Beispiele geben, wobei ich absichtlich harmlose, ja periphere Episoden wähle, da es mir widerstrebt, Ereignisse zu berichten, die tiefer in den innersten Kreis meines Lebens eingegriffen haben.

An einem Freitagabend besuchte ich den Gottesdienst in unserer Har-El-Reformsynagoge und hörte eine Predigt des Rabbiners Dr. Meir Ydit. Der Prediger führte eine allgemein verbreitete Halbwahrheit an: der Sterbliche könne Gott nicht schauen und leben.

So verbreitet diese Ansicht in Judentum und Christentum ist, so ist sie exegetisch doch nicht ganz durchzuhalten. Ich wollte den Prediger nach Schluß des Gottesdienstes auf die merkwürdige Stelle im zweiten Buch Mose hinweisen, in welcher berichtet wird, daß die Ältesten Israels Gott gesehen haben und anschließend ein Opfermahl feierten. Da mir aber die genaue Bibelstelle nicht im Gedächtnis stand, verschob ich das Gespräch.

Zum Abendessen kam Professor Kremers von der Pädagogischen Hochschule in Wuppertal zu uns zu Gast und brachte mir einen Sonderdruck seiner neuesten Arbeit mit, welche die Überschrift trug: Exodus 24, 10–11.

Das ist genau die Stelle, die ich gesucht hatte: »Und sie sahen den Gott Israels und daß unter seinen Füßen war wie ein Werk aus leuchtendem Saphir und wie der reine Himmel an Klarheit. Und gegen die Edlen der Kinder Israel streckte er seine Hand nicht aus; und sie schauten Gott und aßen und tranken.«

Professor Kremers unterzog diesen Text nun einer genauen wissenschaftlichen Exegese und ging mit großer Gründlichkeit und Sachkenntnis auf das Problem der Gottesschau im Alten Testament ein. Natürlich hatte der Autor keine Ahnung davon gehabt, worüber an diesem Abend gepredigt werden sollte. Der evangelische Theologe gab also dem Rabbiner eine Antwort, genau *die* Antwort, die ich geben wollte und die mir nun pünktlich zur rechten Stunde vermittelt wurde.

Ist das Zufall?

Am 31. Juli 1966 sah ich in Gwatt am Thuner See im Rahmen eines Kongresses des Christlichen Friedensdienstes eine schöne Aufführung des biblischen Dramas ›Jaákobs Traum‹ von Richard Beer-Hofmann. Eine junge Mitwirkende, Elisabeth Roggli aus Spiez, sandte mir im Anschluß an die Aufführung eine ganze Serie von Photos mit Szenenbildern. Ich wußte durch Martin Buber, daß eine Tochter des Dichters Richard Beer-Hofmann in Amerika das Erbe ihres Vaters hütet und pflegt, und wollte ihr gerne einen Teil dieser Bilder zukommen lassen. Mir fehlte aber die Adresse von Miriam Beer-Hofmann-Lens, und Buber weilte bereits nicht mehr unter den Lebenden.

Ich legte die Sendung mit den Bildern beiseite und ging, wie täglich, in mein Redaktionsbüro. Dort fand ich einen Brief vor, der an die Redaktion in Tel Aviv adressiert war und mir weitergeleitet wurde. Der Brief stammte von Miriam Beer-Hofmann-Lens und lautete:

14. 10. 66

Lieber Schalom Ben-Chorin: Von Freunden aus Israel haben wir Ihren Aufsatz über meinen Vater zugeschickt bekommen. Es sind viele und gute Aufsätze heuer geschrieben worden, aber Ihrer hat mich und meine Schwester, Naemah Beer-Hofmann, ganz besonders gefreut.

Er ist irgendwie anders als die meisten, tiefer, und ich bin überzeugt, daß er meinen Vater sehr gefreut hätte. Haben Sie sehr herzlichen Dank dafür! Und ich würde mich freuen, einmal von Ihnen zu hören, ich weiß nicht, ob Sie immer so geheißen haben und ob wir uns nicht vielleicht aus Europa kennen.

Mit besten Grüßen auch von meiner Schwester Ihre

Miriam BH Lens

Aus dem Wortlaut des Briefes geht hervor, daß wir uns nicht kannten. Ich bin Frau Miriam Beer-Hofmann-Lens in Europa nie begegnet. Und nun bat sie mich um eine

Antwort, so daß ich die ihr zugedachten Bilder in die rechten Hände legen konnte. Es war mir, als ob der tote Dichter selbst hier eingegriffen hätte.

Manchmal tritt ein Ortsname, der in meinem Leben keine Rolle spielt, serienhaft in ein oder zwei Tagen von den verschiedensten Seiten auf und gibt mir dann eine bestimmte Ausrichtung, die ich weder gesucht noch gewünscht haben kann. Der Sinn solcher Hinweise wird mir nicht immer klar, und ich habe auch keinerlei Einfluß auf solche Vorkommnisse, bleibe ganz passiv.

Auf einem etwas anderen Gebiet liegt ein telepathisches Ahnungsvermögen, das ebenfalls außer meiner Kontrolle steht. So erinnere ich mich, vor vielen Jahren im Hause der hebräischen Schriftstellerin Mirjam Tal die Übersetzung eines Manuskriptes besprochen zu haben. An einer bestimmten Stelle machte ich Mirjam Tal aufmerksam, daß es sich um eine Variante eines Psalmverses handle, man hier also nicht übersetzen, sondern zitieren müsse. Als sie daraufhin ins Nebenzimmer gehen wollte, um eine hebräische Bibel zu holen, sagte ich ihr, daß dies doch nicht nötig sei, da im Wandschrank eine Bibel liege. Sie sah mich völlig entgeistert an und mir selbst wurde bewußt, daß ich hier etwas sagte, was ich doch gar nicht wissen konnte. Sie ging aber zum Wandschrank, öffnete ihn, fand dort keine hebräische Bibel, wohl aber ein kleines hebräisches Psalmenbüchlein, das sie völlig vergessen hatte.

Beispiele dieser Art ließen sich häufen und beweisen mir nur, daß unser kontrollierbares Wissen und Bewußtsein keineswegs unsere geistige Existenz voll umfassen.

Man muß allerdings bei solchen Beobachtungen sehr vorsichtig sein.

Jahre hindurch hörte ich am frühen Morgen die Stimme des Muezzin, des mohammedanischen Rufers, der vom Minarett herab den Gläubigen die Gebetsstunden ansagt. Die langgezogenen Gebetsrufe drangen vom Minarett des benachbarten arabischen Dorfes Lifta zu mir.

In einer Nacht im Frühling 1948 flohen die Bewohner von Lifta, aber nun ereignete sich ein Mysterium. Die Stimme des Muezzin tönte weiter. Ich nahm zuerst an, daß es sich um ein Tonband handle, aber nachdem die

Geisterstimme durch Monate hindurch weitertönte, ging ich ihr nach und fand ..., daß es nie die Stimme des Muezzin war, die ich gehört hatte, sondern die sehr ähnliche Stimme eines jüdisch-orientalischen Synagogendieners, der ebenfalls Beter aus dem Schlaf weckte, aber die Bewohner eines benachbarten jüdischen Altersheims.

Mit einem Bekannten, der zeitweilig in Indien lebte, entwickelte sich tatsächlich ein telepathischer Verkehr, so daß ich etwa ganz deutlich empfand, daß er in eine schwierige Situation geraten war, ohne daß er mich benachrichtigte. Einmal fragte ich telegraphisch nach seinem Ergehen, was zu Komplikationen führte, da er die Adresse gewechselt hatte. Er meinte dann nur lakonisch, als wir uns nach Monaten wiedersahen: »Wenn du telegraphierst statt telepathierst, kann die Verbindung ja nicht klappen.«

Ein tief eingewurzeltes Mißtrauen gegen Telekommunikation im technischen Sinne ist bei mir wahrscheinlich die Kehrseite solch unbewußter Begabungen.

Der Religionsphilosoph Oskar Goldberg, ein merkwürdiger Einzelgänger, der den Begriff der mythischen Realität geprägt hat, ging davon aus, daß es zwei Wege zur Bewältigung der Realität gäbe: den geistigen und den technischen.

Die beiden Wege schließen einander, nach Goldberg, weitgehend aus. Der antike Mensch wählte geistige, mythische und magische Wege zur Bewältigung der Wirklichkeit, der moderne Mensch wählt technologische, elektronische, mechanische Wege.

Ziel und Ergebnis ähneln einander oft mehr, als man gemeinhin annimmt. So empfinden wir die Raumfahrt, die Eroberung des Mondes als ein beispielloses Ereignis, vorläufige Gipfelleistung technologischer Kultur und Zivilisation.

Und doch berichten Dokumente einer mythischen Vergangenheit von Himmelfahrten in einem anderen Zusammenhang. Ich denke hier nicht nur an die Himmelfahrt des Elia, die im Alten Testament erzählt wird, an die Himmelfahrt Christi, die in der Apostelgeschichte des Neuen Testaments berichtet wird, und an die Himmelfahrt Mariens, die in der katholischen Kirche zum Dogma erhoben wurde. Viel weniger bekannt ist eine Stelle aus der rabbinischen Spruchsammlung Thana de Be-Elijahu, die behauptet, daß die Gerechten in Fahrzeugen die Himmel durcheilen. Der Sachgehalt solcher Aussage bleibt unüberprüfbar, aber sie muß als psychisch-mythische Realität beachtet werden.

Die hier aus einer Fülle von Erlebnissen herausgegriffenen Beispiele bewegen sich am Rande des Erklärbaren, werden heute mit dem wissenschaftlichen Ausdruck Parapsychologie bezeichnet. Damit ist allerdings auch nicht mehr gesagt, als daß es sich um Phänomene *neben* der erklärbaren oder deutbaren Sphäre der Psychologie handelt. Viele Forscher und Laien sind in bezug auf diese Phänomene äußerst optimistisch, nehmen an, daß es nur noch eine Frage der Zeit ist, bis wir die Ursachen telepathischer und ähnlicher Vorgänge ergründen können.

In diesen Zusammenhang gehört für mich immer wieder das Phänomen der Koinzidenz: Während ich die hier beschriebenen Ereignisse zu Papier brachte, rief mich der Jerusalemer Parapsychologe Dr. H. C. Berendt an, um mir das Erscheinen seines Taschenbuches ›Parapsychologie‹ (1972) mitzuteilen und mir ein Exemplar zukommen zu lassen. Bedenkt man, daß ich mich mit dem Gebiet der Parapsychologie niemals systematisch beschäftigt habe und seit dem Erscheinen von Berendts erstem hebräischen Buch über dieses Thema im Jahre 1966 kaum Kontakt mit dem Verfasser hatte, so ist es in der Tat überaus merkwürdig, daß ich gerade im Augenblick der Behandlung einschlägiger Phänomene wieder mit dem Autor und seinem Werk in Verbindung geriet, so daß mir gleichsam ein Leitfaden für diesen letzten Teil meiner Erinnerungen in die Hand gegeben wurde.

Ich habe den Kontakt mit der Parapsychologischen Gesellschaft in Israel, ihrer Vorsitzenden Frau Margot Klausner, und Vertretern anderer okkulter Richtungen wie der Astrologie, die in Israel durch Hans Zeuger repräsentiert wird, nie ausgebaut, aber ich bin mir immer bewußt geblieben, daß es sich um Grenzgebiete der Erkenntnis handelt, die nicht ignoriert werden dürfen. Die Gefahr bei diesen Bemühungen besteht – und das erkennen ihre ernsthaften Vertreter durchaus selbst – darin, daß aus Parapsychologie und Astrologie, Spiritismus und verwandten Gebieten, Ersatzreligionen werden. Aber was könnte nicht zur Ersatzreligion werden? Politik und Sex, Erwerb und Wissenschaft, Kunst und sozialer Geltungstrieb und – raffinierteste Form der Ersatzreligion – die Religion selbst, die zu Betrieb und Organisation, Kirchentum (inklusive Synagoge) und Kathedertheologie pervertiert werden kann und so degeneriert.

Ein integraler Bestandteil parapsychologischer Untersuchungen und okkultistischer Forschung ist die Lehre von der Reinkarnation, der Seelenwanderung, den wiederholten Erdenleben. Es ist eine weit verbreitete Halbwahrheit, daß diese Lehre ein Sondergut fernöstlicher Religionen darstelle. Wenn die Lehre von der Wiederverkörperung auch im Fernen Osten besonders populär und ausgebildet ist, so darf nicht übersehen werden, daß sie auch dem Judentum nicht fremd blieb.

Das orientalisch-sephardische Judentum hat diese Vorstellung lebendig bewahrt und in seiner Liturgie Ausdruck gegeben. Da die Chassidim, die Pietisten des Ostjudentums im 18. Jahrhundert, das lurianische Gebetbuch der orientalisch-sephardischen Mystiker übernahmen, wurde auch in der Volksfrömmigkeit des osteuropäischen Judentums die Vorstellung von Seelenwanderung und Wiederverkörperung, von Reinkarnation und wiederholten Erdenleben neu erweckt. Nur das westliche Judentum, wie es in Mitteleuropa zu Hause war, hat diese Vorstellungswelt verdrängt, so daß man einfach nichts mehr davon wußte. Das war nur möglich, da die Kenntnis der Quellen des Judentums außerordentlich dürftig geworden war. Wer nur einen Blick in die Aggada, die Welt der hebräischen Sage und Legende, geworfen hat, wie sie uns im Talmud und in den Midraschim überliefert ist, der weiß, daß die antiken Hebräer, zumindest in der Zeit des herodianischen Tempels, bereits den Glauben an die Reinkarnation kannten. Bekannte biblische Personen werden als Wiederverkörperung älterer Persönlichkeiten eingeführt: Mordechai, der Vormund der Esther, gilt als die Wiederverkörperung des Richters Samuel. Besonders interessant ist die Erzählung von Josua, dem Eroberer von Jericho, der Rahab, die galante Wirtin an der Stadtmauer, heiratete. Sie ist die Wiederverkörperung der Frau des Potiphar, während Josua selbst die Wiederverkörperung des Joseph ist. In Ägypten konnten sie zusammen nicht kommen; in Jericho klappte es dann mehrere Jahrhunderte später. Die hebräische Legende deutet hier das »Geheimnis der Reminiszenz« an, dem Goethe in dem berühmten Gedicht an Charlotte von Stein im Juli 1776 Ausdruck gab:

> ... Sag, was will das Schicksal uns bereiten?
> Sag, wie band es uns so rein genau?
> Ach, du warst in abgelebten Zeiten
> Meine Schwester oder meine Frau ...

Hier handelt es sich bei Goethe nicht um eine poetische Lizenz, denn schon im April desselben Jahres 1776 schrieb er an Wieland: »Ich kann mir die Bedeutsamkeit – die Macht, die diese Frau über mich hat, anders nicht erklären als durch die Seelenwanderung ...«

Ich habe diese Erlebnis des ahnungsreichen Wiedererkennens mehrmals in meinem Leben erfahren. In seltsamem Zusammenhang auch mit der Wahl meines hebräischen Namens: Ben-Chorin, der mir nicht in die Wiege gelegt wurde.

Dieser Name meint: Sohn der Freiheit. Er ist aus einer populären Formel zur Einleitung der häuslichen Feier in der Passah-Nacht genommen: »Dieses Jahr (noch) hier; das kommende Jahr im Lande Israel. – Dieses Jahr (noch) Knechte; das kommende Jahr Söhne der Freiheit.« (Benej-Chorin.) Ich kam also in das Land Israel und wurde ein Ben-Chorin, aber ich hatte das Geschehen schon vorausgenommen und den Namen als literarisches Pseudonym bereits seit 1931 geführt. In Israel wurde Ben-Chorin dann mein legaler, im Paß vermerkter Name.

Wenn dieser Name auch Sohn der Freiheit bedeutet, und dies war meine bewußte Absicht, so kann man natürlich Ben-Chorin auch als Sohn des Chorin lesen, wobei Chorin unübersetzt ein Eigenname bleibt ... und hier zeigte sich mir nun, viele Jahre später, ein überaus seltsamer Zusammenhang. Einwanderer aus Ungarn wiesen mich auf Aaron Chorin (1766–1844) hin, der zu den geistigen Vätern der jüdischen Reformbewegung in Europa im 19. Jahrhundert gehörte. Er stammte aus Mähren und starb in Ungarn und trat für eine Erneuerung jüdischer Theologie ein. In einer 1803 publizierten Arbeit legte er an Hand der dreizehn Glaubensartikel des Maimonides seine Theologie dar. Genau denselben Versuch unternahm ich in einem bis heute unveröffentlichten Manuskript. Während ich an demselben arbeitete, wurde ich auf den mir bis dahin völlig unbekannten Chorin und sein ganz gleich ausgerichtetes Unternehmen hingewiesen.

Einen fundamentalen Gegensatz aber gab es zwischen Aaron Chorin, der ursprünglich Choriner hieß und den hebräischen Namen Chorin daraus bildete, und mir: Er erklärte dogmatisch die Unstatthaftigkeit des Glaubens an die Gründung eines israelischen Reiches.

Wer die Mystik der Kabbala kennt, weiß um den Begriff des Thikkun. Darunter versteht man die Wiedergutmachung eines Fehlers im Leben durch eine entsprechende Handlung in einem künftigen Leben. Sollte von hier aus mein Leben in Jerusalem einen ungeahnten oder spät geahnten Aspekt gewinnen?

Freilich verlaufen Erkenntnisse und Ahnungen dieser Art nicht eindeutig.

Als ich im Jahre 1938 meine Streitschrift ›Kritik des Esther-Buches‹ veröffentlichte, waren mir (bei der Abfassung) oft blitzartig Zusammenhänge klar, die ich durch Studium und Lektüre so nicht gewonnen hatte. Erst nachdem die Schrift gedruckt vorlag, und naturgemäß in traditionell-orthodoxen Kreisen des Judentums vehement Ablehnung erfuhr, wurde ich auf die Gestalt des Isaak Samuel Reggio (1784–1855), der in Görz wirkte, hingewiesen. Er veröffentlichte 1841 einen hebräischen »Schlüssel zum Esther-Buch«, in welchem eine starke Verurteilung der Handlungsweise Mordechais ausgesprochen wird, oft nahezu mit denselben Worten, wie ich das getan hatte. In diesen Zusammenhängen beschlich mich wieder eine ungewisse Ahnung, jenes vage Erinnern, von welchem Goethe in dem angeführten Gedicht sagt:

Und von allem dem schwebt ein Erinnern
Nur noch um das ungewisse Herz ...

Mehr als das ist es nicht und kann es nicht sein. Wir dürfen allerdings nicht vergessen, daß wir die Fähigkeit der Rückerinnerung an vergangene Erdenleben nicht kultivieren, ausbilden, systematisieren, wie dies zum Beispiel in Tibet der Fall ist. Würden wir die Musikalität nur als Naturbegabung gelten lassen, ohne Unterricht in Musiktheorie und bestimmten Instrumenten, so würden wir nicht über den primitiven Gesang hinausgelangen, könnten keine Symphonie produzieren und reproduzieren.

Entscheidende Impulse für Erkenntnisse auf dem Gebiet der Wiederverkörperungsidee verdankte ich frühzeitig dem Buch von Emil Bock, ›Wiederholte Erdenleben‹ (1932), das mir durch anthroposophische Freunde zukam. Jahrzehnte später durfte ich es erleben, daß mir ein Leser aus Deutschland, der mich in Jerusalem besuchte, versicherte, die entscheidenden Denkanstöße durch dieses Buch von Emil Bock und mein Buch ›Bruder Jesus‹ empfangen zu haben. Durch die Erschütterungen in Deutschland, den Zusammenbruch der Werte, die in seinem Milieu einer aristokratischen Offiziersfamilie galten, war er geistig heimatlos geworden. Durch Bocks ›Wiederholte Erdenleben‹ war ihm der Zusammenhang von Schuld und Sühne aufgehellt worden. Durch mein Jesus-Buch trat ihm nun die Gestalt des Nazareners sichtbar entgegen, um ihn aus der Umklammerung des Schicksals zu lösen. Für mich war daran bewegend, daß ein Buch, welches mich selbst erziehen half, zusammen mit meinem eigenen Versuch einen ganz anders geprägten Menschen aufzurichten vermochte.

Die zweifache Grundfrage menschlicher Existenz ist unser Woher und Wohin. Der denkende Mensch (und eigentlich ist jeder Mensch ein denkender Mensch: »Cogito, ergo sum«, wie es Descartes ausdrückte) stellt sich die Frage: Woher komme ich? Wohin gehe ich?

In den Sprüchen der Väter III, 1 schärfte Akabja, Sohn des Mahalalel, dieses Fragen geradezu als Pflicht ein: »Betrachte folgende drei Dinge, so kommst du nicht in die Gewalt der Sünde: Wisse, woher du kommst, wohin du gehst, und vor wem du künftig Rechenschaft abzulegen hast.«

Der zitierte Zeitgenosse Hillels fügt also unserer Existenzfrage noch die der letzten ethischen Verantwortung hinzu.

Auf das Woher und Wohin gibt er aber eine recht unzulängliche, erstaunlich rationalistische Antwort: »Woher du kommst? Von einem eklen Tropfen (Sperma); und wohin du gehst? Zu einem Ort des Staubes, des Moders und des Gewürms.«

Bis dahin würde sich die Aussage des alten Schriftgelehrten von keiner atheistisch-materialistischen, biologistischen Seins-Definition unterscheiden. Nun fügt er allerdings hinzu: »Und vor wem du einst Rechenschaft abzulegen hast? Vor dem König der Könige, dem Heiligen, gelobt sei er.«

Die Frage des Woher und Wohin läßt sich aber nicht durch eine so eingeschränkte Ontologie bewältigen, die den metaphysischen Aspekt radikal vom Biologischen trennt.

Rückblickend wage ich keine wie immer gearteten dogmatischen Aussagen, aber zugleich wird es mir klar, daß Ahnungen und Träume, *Wiederbegegnungen* mit Menschen, Landschaften und Dingen, die wir bewußt zum ersten Male sehen, zur Substanz unserer Existenz gehören.

Das Wiedererkennen in diesem Sinne lehrt schon die Philosophie Platos, und sie hat sich bis heute bewahrheitet. Immer wieder ist es mir geschehen, daß sich für Momente das nicht ganz undurchdringbare Dunkel der Vergangenheit im präexistenten Sinne aufhellte, in einem Wetterleuchten der Seele.

Noch verhangener ist für mich das Wohin. Hier schweigen auch die Überlieferungen, wenn wir nicht einer rein spekulativen Jenseitigkeit zustimmen wollen, die weder in der Erfahrung noch in der Bibel ein tragfähiges Fundament findet.

Der Weg verläuft im Nebel. Für mich tritt hier immer und immer wieder das Bild meiner Geburtsstadt München in wie von Nebelschwaden verhangene Erscheinung. Es ist der Fluß, der diese Stadt durchzieht, die Isar, an der ich mich stehen sehe. Es muß ein Novembertag sein. So grau und undurchlässig, wie sie nur am Ufer der Flüsse brauen, umhüllen mich die Nebel. Und eine Frauengestalt steht etwas höher auf einer Böschung. Eine Nonne? Eine vergessene Kinderfrau? Nicht die Gestalt der Mutter. Sie winkt nicht, diese Frau im Nebel. Ich kann ihr Gesicht nicht sehen, aber ich weiß, daß sie lächelt und mir mit den Augen ein Zeichen gibt. Und ich muß ihr folgen – in den Nebel, in die Ungewißheit, die unsere letzte Gewißheit ist.

Und während ich der verschwimmenden Gestalt am Ufer des ziehenden Flusses folge, muß ich mich noch einmal umwenden. Der Blick, der scheidende, fällt auf den Giebel eines Hauses, auf welchem eine kleine Figur steht. Ein Schiffer am Bug seines Nachens. Ich weiß, wo diese Figur zu finden ist. Auf einem älteren Hause einer Straße an der Isar. Ich habe nie in diesem Haus gewohnt. Es hat keine Bedeutung in meinem Bewußtsein, und doch war gerade diese – künstlerisch nicht bedeutsame – Figur immer wieder in Tag- und Nachtträumen als das letzte, das aus dem Nebel ragt, für mich sichtbar.

Wenn ich vom Flugplatz in Riem vor München in die Stadt fahre, die Isarbrücke unter dem Friedensengel überquere, fällt jedesmal zagend angstvoll mein Blick auf dieses Haus mit seiner Giebelfigur. Steht sie noch? Ist dieses geheimnisvolle Wahrzeichen noch an seinem alten Platze? Hat es alle Stürme und Bombenangriffe überdauert? Bleibt es noch zeichenhaft und zugleich völlig unentschlüsselt?

Hier liegt wohl ein Unterschied zwischen Symbolen und Allegorien vor. Eine Allegorie kann wie ein Rebus, ein Bilderrätsel, gelöst und aufgelöst werden. Ein Symbol bleibt Geheimnis, auch für den, der es gebraucht.

Warum verläuft der Weg im Nebel, so oft gesehen, geträumt, erlebt – am Fluß, am Fluß meiner Kindheit?

Es sind alte Symbole, Archetypen der Seele, individuell-biographisch determiniert, die mir Ereignis wurden und werden. Der Fluß ist selbst ein Symbol des Lebens, das unaufhaltsam dahinfließt und zugleich der Acheron, der Fluß der Unterwelt. Der Schiffer, der startbereit neben seinem Nachen steht, soll er mich übersetzen über den Acheron?

Das sind nachträgliche Interpretationen, Konstruktionen und Rekonstruktionen. Wesentlich bleibt das Bild, das wiederkehrende, das sich nicht durch Interpretation auflösen läßt. Die Bilder der Seele gleichen den großen Kunstwerken der Malerei und Plastik, der Musik und der Dichtung. Auch sie lassen sich nicht auflösen durch Interpretation. Ein Rest von Geheimnis bleibt. Ja, wo kein Geheimnis waltet, mag Kunstfertigkeit am Werke sein, nicht Urkraft der Kunst.

In Traum und Wachtraum, in den Bildern der Seele, sind wir alle große Künstler. Wir unterscheiden uns von den wirklichen Künstlern nur dadurch, daß die Bilder der Seele, die bereits das Kind und gerade das Kind so leuchtend zu bilden vermag, nicht mittelbar werden, sich aus der Subjektivität des Erlebnisses nicht in die Objektivität der Schöpfung erheben. Aber wir würden nicht angerührt von der Gewalt künstlerischer Schöpfung ohne den Resonanzboden unserer unvollzogenen Schöpfung, die sich der Seele eingeprägt hat. Warum umschließt mich das Bild dieses bestimmten Flusses mit seinen brauenden Nebeln? Die Alten haben das Leben oft im Bilde des Kreises dargestellt. Hier schließt sich der Kreis meines Lebens. Der Ausgang ist auch Ausgang im anderen Sinne. Die Polarität des Wortes wird Bild. Aber Ausgang ist nicht Endpunkt. Der Weg führt weiter. Wohin? In Nebel und Ungewißheit, denn es gibt keine Sicherheiten. Es ist eine fremde Gestalt, die mir gebärdelos winkt und doch vertraut. Aus dem Geheimnis kommen wir, in das Geheimnis gehen wir, Geheimnis bleiben wir uns selbst.

Ich blicke zurück, aber zugleich auch vorwärts. Ich kenne den Anfang nicht und nicht das Ziel, aber ich weiß, was uns in all der Ungewißheit trägt: die Hoffnung und die Liebe. Wenn Paulus in seinem berühmten Lobpreis der Liebe (1. Korinther 13, 4–8) sie nicht nur mit der Hoffnung, sondern auch mit dem Glauben in unlösbare Beziehungen setzt, so kann ich nur zustimmen. Glaube ist verlängerte Hoffnung, und Lebenskraft erhalten sie, Hoffnung und Glaube, nur von der Liebe.

Personenregister

Manès Sperber

..die Tragödie des politischen
ewissens in unserem Jahrhundert.«
(Marcel Reich-Ranicki)

Manès Sperber:
Die Wasserträger
Gottes
ll das Vergangene...

dtv

v 1398

Manès Sperber:
Bis man mir
Scherben
auf die Augen legt
All das Vergangene...

dtv

dtv 1757

Manès Sperber:
Wie eine Träne
im Ozean
Romantrilogie

dtv

dtv 1579

Manès Sperber:
Churban
oder
Die unfaßbare
Gewißheit
Essays

dtv

10071

Manès Sperber:
Die Tyrannis
und andere Essays
aus der Zeit
der Verachtung

dtv

dtv 10770